西南大学学科建设经费专项资助

西南大学应用经济学一级学科博士点建设系列丛书（第二辑）

Financial Status Deepening, Fiscal Policy Incentive and Regional Real Economic Growth

金融业态深化、财政政策激励与区域实体经济增长

张林 著

西南师范大学出版社
国家一级出版社 全国百佳图书出版单位

图书在版编目(CIP)数据

金融业态深化、财政政策激励与区域实体经济增长 / 张林著. —— 重庆：西南师范大学出版社，2021.4
ISBN 978-7-5697-0758-8

Ⅰ.①金… Ⅱ.①张… Ⅲ.①金融业—关系—财政政策—研究—中国②金融业—关系—区域经济发展—研究—中国 Ⅳ.①F832②F812.0③F127

中国版本图书馆 CIP 数据核字(2021)第 055282 号

金融业态深化、财政政策激励与区域实体经济增长
JINRONG YETAI SHENHUA CAIZHENG ZHENGCE JILI
YU QUYU SHITI JINGJI ZENGZHANG

张　林　著

责任编辑：刘　彦
责任校对：龚明星
排　　版：瞿　勤
出版发行：西南师范大学出版社
　　　　　地址：重庆市北碚区天生路2号
　　　　　邮编：400715　市场营销部电话：023—68868624
经　　销：新华书店
印　　刷：重庆新生代彩印技术有限公司
幅面尺寸：170mm×240mm
印　　张：12.5
字　　数：208千字
版　　次：2021年4月第1版
印　　次：2021年4月第1次印刷
书　　号：ISBN 978-7-5697-0758-8
定　　价：59.00元

目 录

前　言 ··· 1

第一章　绪论 ··· 5
第一节　研究的具体问题及研究背景 ·· 5
　　一、研究的具体问题 ··· 5
　　二、研究背景 ··· 8
第二节　研究的理论价值与实践意义 ·· 10
　　一、理论价值 ··· 10
　　二、实践意义 ··· 10
第三节　研究的总体目标及思路 ·· 11
　　一、研究的总体目标 ··· 11
　　二、研究的思路 ··· 11
第四节　研究的假设及方法 ·· 12
　　一、研究的基本假设 ··· 12
　　二、研究方法 ··· 13
第五节　研究的内容及资料 ·· 13
　　一、研究的内容 ··· 13
　　二、研究的资料来源 ··· 14
第六节　研究的特色及创新 ·· 15

第二章　基础理论、文献综述与国际经验借鉴 ································ 16
第一节　基础理论 ·· 16
　　一、金融发展理论 ··· 16
　　二、财政激励理论 ··· 18
　　三、经济增长理论 ··· 20
第二节　文献综述 ·· 26
　　一、国外文献综述 ··· 26

二、国内文献综述 ···29
　　三、相关研究述评 ···33
第三节　国际经验借鉴 ···34
　　一、德国的实践经验借鉴 ···34
　　二、美国的实践经验借鉴 ···36
　　三、日本的实践经验借鉴 ···38
第四节　本章小结 ···39

第三章　金融业态深化、财政政策激励与实体经济增长的理论框架 ···40
第一节　金融业态深化、财政政策激励与实体经济增长的概念界定 ···40
　　一、金融业态深化的概念及内涵 ···40
　　二、财政政策激励的概念及内涵 ···41
　　三、实体经济增长的概念及内涵 ···42
第二节　金融业态深化、财政政策激励与实体经济增长的关系原理 ···43
　　一、金融业态深化与实体经济增长的关系原理 ·································44
　　二、财政政策激励与实体经济增长的关系原理 ·································50
　　三、金融业态深化、财政政策激励配合与实体经济增长的关系原理 ···56
第三节　金融业态深化、财政政策激励与实体经济增长的测度指标 ···59
　　一、金融业态深化的测度指标体系 ···59
　　二、财政政策激励的测度指标体系 ···62
　　三、实体经济增长的测度指标体系 ···64
第四节　本章小结 ···65

第四章　金融业态深化、财政政策激励与实体经济增长的现状及问题 ···66
第一节　中国实体经济的发展现状及特征 ···66
　　一、基于全国序列数据的分析 ···66
　　二、基于省际面板数据的分析 ···70
第二节　金融业态深化、财政政策激励支持实体经济增长的现状 ········78
　　一、金融业态深化支持实体经济增长的现状 ···································78
　　二、财政政策激励支持实体经济增长的现状 ···································84

第三节 金融业态深化、财政政策激励支持实体经济增长的问题 ……87
　　一、金融业态深化支持实体经济增长的问题 …………………87
　　二、财政政策激励支持实体经济增长的问题 …………………93
第四节 本章小结 …………………………………………………97

第五章 金融业态深化、财政政策激励与实体经济增长规模 ………98

第一节 引言 ………………………………………………………98
第二节 金融业态深化、财政政策激励与实体经济增长规模的理论分析…99
　　一、金融业态深化对实体经济增长规模的影响 ………………99
　　二、财政政策激励对实体经济增长规模的影响 ………………101
　　三、金融业态深化与财政政策激励配合对实体经济增长规模的影响…102
第三节 金融业态深化、财政政策激励与实体经济增长规模的实证研究 …103
　　一、空间计量方法 ………………………………………………103
　　二、计量模型设定 ………………………………………………105
　　三、空间权重构建 ………………………………………………106
　　四、指标选择与数据说明 ………………………………………108
　　五、实证过程与结果讨论 ………………………………………111
第四节 本章小结 …………………………………………………122

第六章 金融业态深化、财政政策激励与实体经济增长动力 ………123

第一节 引言 ………………………………………………………123
第二节 金融业态深化、财政政策激励与实体经济增长动力的理论分析 …125
　　一、金融业态深化对实体经济增长动力的影响 ………………125
　　二、财政政策激励对实体经济增长动力的影响 ………………126
　　三、金融业态深化与财政政策激励配合对实体经济增长动力的影响…127
第三节 实体经济全要素生产率及技术进步率的测算与分析 ………128
　　一、测算方法与数据说明 ………………………………………128
　　二、全要素生产率测算结果分析 ………………………………133
第四节 金融业态深化、财政政策激励与实体经济增长动力的实证研究 …137
　　一、模型设定与指标说明 ………………………………………138
　　二、模型估计与检验方法 ………………………………………140

　　　　三、实证过程与结果讨论…………………………………………141
　第五节　本章小结………………………………………………………145

第七章　金融业态深化、财政政策激励与实体经济增长结构………146
　第一节　引言……………………………………………………………146
　第二节　金融业态深化、财政政策激励与实体经济增长结构的理论分析…148
　　　　一、金融业态深化对实体经济增长结构的影响…………………148
　　　　二、财政政策激励对实体经济增长结构的影响…………………149
　　　　三、金融业态深化与财政政策激励配合对实体经济增长结构的影响…150
　第三节　金融业态深化、财政政策激励与实体经济增长结构的实证研究…151
　　　　一、计量模型设定…………………………………………………151
　　　　二、模型估计方法…………………………………………………153
　　　　三、指标选择与数据说明…………………………………………155
　　　　四、实证过程与结果讨论…………………………………………158
　第四节　本章小结………………………………………………………165

第八章　金融业态深化、财政政策创新促进实体经济增长的机制设计…167
　第一节　金融业态深化促进实体经济增长的长效机制………………167
　　　　一、科技金融促进机制……………………………………………167
　　　　二、多元金融协调机制……………………………………………168
　　　　三、绿色金融服务机制……………………………………………170
　第二节　财政政策创新促进实体经济增长的长效机制………………171
　　　　一、政府投资驱动机制……………………………………………172
　　　　二、财政补贴引导机制……………………………………………173
　　　　三、税费减免扶持机制……………………………………………174
　第三节　金融财政配合促进实体经济增长的长效机制………………175
　　　　一、风险防范化解机制……………………………………………175
　　　　二、资源成果共享机制……………………………………………176
　　　　三、国有民营协同机制……………………………………………177
　第四节　本章小结………………………………………………………179

第九章 研究结论、政策建议与研究展望 ··········· 180

第一节 研究结论 ··········· 180

一、改革开放以后,中国实体经济呈快速增长趋势,但表现出明显的阶段性特征和较大的区域差异 ··········· 180

二、金融业态深化和财政政策激励对区域实体经济增长均具有明显的促进作用,但在实践过程中也存在诸多问题 ··········· 181

三、金融业态深化与财政政策激励配合不协调显著地制约区域实体经济增长 ··········· 181

四、促进实体经济又好又快地增长需要构建金融业态深化、财政政策创新及其二者协调配合的长效促进机制 ··········· 181

第二节 政策建议 ··········· 182

一、根据实体经济发展需要加大基础建设有效投资 ··········· 182

二、完善区域产业政策加快实体经济产业结构优化 ··········· 183

三、增加研发经费投入提升实体经济科技创新能力 ··········· 184

四、加强职业技术教育提高实体经济人力资本存量 ··········· 185

五、深化对外开放与区域合作促进实体经济国际化 ··········· 185

第三节 研究展望 ··········· 186

重要参考文献 ··········· 188

前 言

本书是关于金融业态深化、财政政策激励与区域实体经济增长关系问题的研究。实体经济是一个国家综合国力的基础,实体经济越强,综合国力的基础越坚实。没有实体经济的有效成长,经济社会就不可能健康持续发展。金融业态深化、财政政策激励与区域实体经济增长三者之间关系密切。实体经济是金融业态深化和财政政策激励的基础,没有实体经济的持续稳定增长,金融业态深化和财政政策激励就没有可靠的经济基础;金融业态深化与财政政策激励是实体经济增长的两个"引擎",没有金融业态深化与财政政策激励及其有效协调配合,实体经济增长就没有动力。因此,系统地研究金融业态深化、财政政策激励与实体经济增长的关系具有非常重要的理论价值和现实意义。

一、研究的主要内容

1.构建了金融业态深化、财政政策激励与实体经济增长的理论分析框架。对相关概念的定义及内涵进行了界定,分别建立数理模型分析了金融规模、金融结构、金融效率、财政分权、财政支出、税收优惠与实体经济增长之间的理论关系,确定了金融业态深化、财政政策激励及实体经济增长的测度指标。

2.统计分析了金融业态深化、财政政策激励与实体经济增长的现状及问题。分别利用全国时间序列数据和省际面板数据分析了实体经济增长的现状、特征及区域差异;从社会融资规模和结构、财政分权和财政支出、实体经济与虚拟经济协调性、信贷资金和财政资金投放等方面分析了金融业态深化和财政政策激励支持实体经济增长的现状及问题。

3.实证研究了金融业态深化、财政政策激励及二者配合对实体经济增长的影响。分别从规模、动力和结构三个视角出发,建立空间计量模型、静态面板模型和动态面板模型,实证研究了金融业态深化、财政政策激励及二者配合对实体经济增长的影响。

4.本书基于实证研究结论,结合中国当前经济发展的现实背景,设计了金融业态深化、财政政策创新及二者配合促进实体经济增长的长效机制,并提出了促进实体经济增长的政策建议。

二、研究的主要结论

1.改革开放以后,中国实体经济呈快速增长趋势,但表现出明显的阶段性特征和较大的区域差异。1978年以来,中国实体经济总量增长了近157倍,年均增长率高达15.46%,2014年实体经济总量已达55 134 200亿元。2008年以前沿海地区实体经济年均增长率明显高于内陆地区和沿边地区[1],2008年以后内陆地区实体经济增长率高于沿海地区和沿边地区,呈现出"内陆经济崛起"新格局。实体经济空间相关性呈倒"U"型变动趋势,2008年达最大值0.353;2008—2010年中国实体经济全要素生产率呈明显的"V"型变动趋势。衡量实体经济区域差异的基尼系数、泰尔指数和对数离差均值三个指数均较大,且集中在0.28~0.43之间波动。沿海地区、内陆地区和沿边地区实体经济总量之比为3.18∶1.49∶1,沿海地区实体经济全要素生产率和技术进步率明显高于沿边地区和内陆地区。

2.金融业态深化和财政政策激励对区域实体经济增长均具有明显的促进作用,但在实践过程中也存在诸多问题。空间计量模型、静态面板模型、动态面板模型的回归结果表明,金融业态深化和财政政策激励两个变量的系数全部显著为正,说明二者对实体经济增长规模、增长动力和增长结构均具有明显的促进作用,金融业态深化程度和财政政策激励力度越高,实体经济增长越快。然而,在实践过程中逐渐暴露出诸多问题,主要表现:一是实体经济区域发展极不协调、差距极为显著;二是实体经济与虚拟经济不协调;三是国有经济与民营经济不协调;四是技术创新与产业结构优化不协调。

3.金融业态深化与财政政策激励配合不协调显著地制约区域实体经济增长。空间计量模型、静态面板模型和动态面板模型的回归结果表明,衡量金融业态深化和财政政策激励配合的交叉项的系数全部显著为负,说明金融业态深化和财政政策激励配合对实体经济增长规模、增长动力和增长结构均具有负向作

---

[1] 沿海地区包括北京、天津、河北、辽宁、上海、江苏、浙江、福建、山东、广东共10个省、直辖市;内陆地区包括山西、安徽、江西、河南、湖北、湖南、重庆、四川、贵州、陕西、甘肃、青海、宁夏共13个省、自治区、直辖市;沿边地区包括吉林、黑龙江、内蒙古、广西、云南、西藏、新疆、海南共8个省、自治区。

用,显著地制约实体经济增长。产生这一结果的原因是,在支持实体经济增长的实践过程中,财政手段和金融手段配合不协调,政策效率偏低。

4.促进实体经济有效增长需要构建金融业态深化和财政政策创新及二者协调配合的长效机制。具体来讲主要包括9个方面:科技金融促进机制、多元金融协调机制、绿色金融服务机制、政府投资驱动机制、财政补贴引导机制、税费减免扶持机制、风险防范化解机制、资源成果共享机制和国有民营协同机制。

三、研究的重要观点

1.实体经济是经济社会发展的基础,没有实体经济的有效增长,国民经济就不可能持续健康发展,社会就不可能长期和谐稳定。全民重视实体经济和回归实体经济,促进实体经济有效增长才是发展硬道理。

2.金融业态深化和财政政策激励是实体经济增长的重要条件,促进实体经济增长不仅需要进一步提升金融业态深化程度和财政政策激励力度,更需要强化金融业态深化与财政政策激励的紧密合作与协调配合。

3.金融业态深化既要加快金融产业市场化发展,又要坚持金融与实体经济深度融合。金融业态深化必须以实体经济可持续增长为基础,实体经济增长必须依靠金融业态深化的有效支持,二者缺一不可。

4.民营企业是社会主义市场经济体制构建的主体,是实体经济可持续发展的核心力量。金融业态深化和财政政策创新要为民营经济发展创造优良环境,要促进国有经济与民营经济的协调发展。

5.强化技术创新既是实体经济规模扩张和动力转换的基础,又是实体经济增长绩效提升和产业结构优化的关键。金融业态深化和财政政策创新必须有效协调配合增强实体经济的科技创新动力。

四、研究的政策建议

1.根据实体经济发展需要,加大基础建设有效投资。根据实体经济发展的实际需要,因地制宜创新基础设施建设投融资模式,增加有效投资,不能为创造GDP而盲目地增加无效投资或重复投资。

2.完善区域产业政策,加快实体经济产业结构优化。加快传统产业改造升级,重塑传统产业的竞争优势;找准重点突破领域,大力培育和发展战略性新兴产业与高端制造业;多措并举推动服务业快速发展。

3.增加研发经费投入,提升实体经济科技创新能力。多管齐下提高财政金融对科技创新的资金支持力度,创新实体企业科技研发经费管理模式,强化企业科技创新经费的投入和运用管理。

4.加强职业技术教育,提高实体经济人力资本存量。强化校企合作,重视理论与实践的深度融合,颁布大学生就业新政策,完善企业内部人才培养计划,加快实体企业人才的供给侧结构性改革。

5.深化对外开放与区域合作,促进实体经济国际化。加快对外开放体制改革和制度创新,加强对外开放基地和基础设施建设,强化国际区域合作,鼓励实体企业"引进来"和"走出去"。

第一章 绪 论

本书是关于金融业态深化、财政政策激励与区域实体经济增长关系的理论与实证研究。本章的主要目的是为全书构建一个清晰的研究框架,分别介绍研究的具体问题及研究背景、研究的理论价值与实践意义、研究的总体目标及思路、研究的基本假设及研究方法、研究的主要内容及资料来源、研究的特色及创新。

第一节 研究的具体问题及研究背景

一、研究的具体问题

没有实体经济的有效增长,国民经济就不可能持续发展,社会就不可能和谐稳定。全民重视实体经济和回归实体经济,促进实体经济的有效增长才是发展硬道理。实体经济与金融业态深化和财政政策激励之间是相互依存、相互制约、相互促进的互动关系。实体经济增长决定金融业态深化,金融业态深化制约实体经济增长,实体经济增长必须依靠金融产业的有效支持,金融产业发展绝不能脱离实体经济,二者相互依存,缺一不可。实体经济是财政政策激励的源泉,没有实体经济的有效增长,财政政策激励将成无水之源;财政政策激励是实体经济增长的重要条件,没有财政政策激励的有效支持,实体经济增长就无法扩大再生产。因此,关于金融业态深化、财政政策激励与实体经济增长的关系问题值得深入系统地研究。正处于经济转轨时期和新常态背景下的中国,面临着西方发达国家"再工业化"战略和新兴经济体群体性崛起这种"前有狼、后有虎"的挑战和压力,更需要加快夯实实体经济发展的基础,重塑实体经济优势,努力实现实体经济与虚拟经济的协同发展。近年,有关实体经济问题的研究也引起了学术界的高度关注,而且中央也多次强调要大力发展实体经济,要采取多方面的措施保障财政金融资金投向实体经济,从而有效解决实体经济融资难融资贵的问题。

然而,在金融财政促进实体经济增长的实践过程中逐渐暴露出诸多问题,明显影响了金融财政支持实体经济增长的质量和效率,具体问题表现为:

(一)实体经济区域发展极不协调,差距极为显著

以沿海、内陆和沿边为区域划分标准,中国实体经济发展的区域差距极为显著。衡量实体经济区域差异的基尼系数、泰尔指数和对数离差均值都较大,集中在0.28~0.43之间波动,特别是基尼系数,一直高于0.4。从总量来看,沿海地区、内陆地区和沿边地区各省、自治区、直辖市实体经济总量的均值分别为30 457.94亿元、14 254.18亿元、9 576.96亿元,三大区域实体经济总量均值之比高达3.18∶1.49∶1;从实体经济产值占GDP比重来看,内陆地区实体经济占GDP之比一直大于90%且比较稳定,而沿海地区和沿边地区实体经济占GDP之比却呈逐年下降趋势;从增长率来看,2008年以前沿海地区实体经济年均增长率明显高于内陆地区和沿边地区,沿海地区、内陆地区、沿边地区三大区域实体经济年均增长率分别为15.34%、15.12%和14.68%,2008年以后,内陆地区和沿边地区实体经济增长加速并超过沿海地区,内陆地区、沿边地区、沿海地区三大区域实体经济年均增长率分别为17.17%、15.64%和13.60%,呈现出"内陆经济崛起"新格局。

(二)实体经济与虚拟经济不协调现象日益严重

近年,全球金融资本主义逐渐崭露头角,全球金融"脱媒"现象日益严重,流动性金融资产的增长速度远远超过实体经济的增长速度。有关统计数据显示,2007年全球金融衍生产品市值高达全球实体经济产值的60多倍(李慎明,2009),2013年全球流动性金融资产与GDP之比已高达350%(向松祚,2015)。当然,中国也不例外,虚拟经济、虚拟资本的增长速度明显高于实体经济、物质资本的增长速度,实体经济与虚拟经济的不协调现象日益严重。改革开放以后,中国金融业增加值增长了689倍,年均增长率高达20.53%,2013年金融总资产已达GDP的6.2倍,同期内实体经济增长157倍,年均增长率为15.46%。1998—2014年,广义货币供给M2、股票市值总额、债券年末托管额的年均增长率分别为16.65%、20.21%和25.12%,以金融业和房地产业为主的虚拟经济年均增长率为19.91%,均明显高于同期实体经济的年均增长率13.07%。金融机构信贷资金投放到实体经济部门的余额增长缓慢,而投放到金融业内部的余额却高速增长,2012年和2013年中

国金融业的贷款余额年增长率分别高达58.20%和29.24%,金融产业发展呈现出"自我循环加速"的不良趋势。

(三)国有经济与民营经济不协调现象不断加深

尽管近年民营企业和小微企业从金融机构获得的贷款总额在不断增加,但其在贷款总额中的占比仍非常低,而且产业分布也不合理。有关统计数据显示,2013年国有及集体控股企业贷款占比达54.78%,而民营企业所获得的贷款占比仅为39.35%,小型企业和微型企业贷款之和的占比不足30%,金融机构信贷资金投放集中在工业、批发零售业、交通运输业等产业。财政专项资金亦如此,大部分的财政资金都投向了国有大型企业,并重点支持铁路、公路、机场等重大工程项目建设,对关乎民生的产业和企业支持太少。以西部A省为例,2011年A省共向347户企业投入财政资金40.57亿元,其中投向国有企业39.42亿元,占比高达97.2%,投向民营企业的财政资金为1 504.00万元,仅占全部资金的0.4%;从资金产业投向来看,投向公益性行业的资金仅占0.96%,投向铁路、公路、航空、水利等大型项目的资金占全部资金的63.45%(俞文源,2013)。金融财政资金对国有经济的"偏袒"使得国有企业中的重复投资和无效投资不断累积,较多国企出现产能过剩,"僵尸企业"不断增多,而民营企业的发展又面临严重的资金瓶颈,国有经济与民营经济的矛盾不断加深。

(四)技术创新与产业结构优化不协调现象日益突显

技术创新是产业结构优化的动力基础,财政金融资金投入是实体经济技术创新的关键。有关统计数据显示,财政金融资金投入不足显著制约实体经济技术创新,技术创新不足又制约产业结构优化,技术创新与产业结构优化不协调现象日益突显。2010—2013年间金融机构科技贷款余额呈逐年上升趋势,但其占总贷款余额之比仍不足0.2%。2007—2013年研发经费支出中政府资金占比较小且呈下降趋势,从2007年的26%下降到了2013年的21%;尽管国家财政科技支出总量增长较快,但其占财政总支出之比仍非常小,一直处于3.5%左右。1999—2013年实体经济技术进步的平均增长率下降了0.2%,全要素生产率下降了0.9%。截至2013年,中国绝大多数省、自治区、直辖市的实体经济产业结构仍为"二三一"状态,且近年来出现了较为严重的产业结构趋同和产业结构逆动现象,第二产业比重显著上升,第三产业比重不升反降,部分行业产能过剩问题加剧,区域产业结构调整压力进一步增大。

二、研究背景

任何研究都必须置于相应的背景而展开,脱离特定背景的研究都毫无价值。以下将从三个方面来阐述金融业态深化、财政政策激励与实体经济增长关系问题的研究背景。

(一)中国经济新常态背景

改革开放40多年来,中国经济的年均增长率接近10%,创造了世界经济史上的"中国奇迹"。但是,当前中国经济发展的内在支撑条件和外部需求环境已经发生了深刻的变化,经济发展进入新常态,经济增长速度、经济发展方式、经济产业结构和经济增长动力都在发生着巨大的转变。

1. 经济增长速度由高速向中高速转换。2003—2011年,中国经济的年平均增长速度都在10%以上,从2012年开始中国经济增长速度呈现出回稳态势,2012—2015年经济增长速度分别为7.7%、7.7%、7.3%和6.9%,而且7%左右的平均增长速度很可能成为未来一段时期内的经济增速常态。

2. 经济发展方式从规模速度型粗放式增长向质量效率型集约式增长转换。在经济新常态下,我们应该更加注重经济增长质量和经济增长效益,加快经济增长方式向集约型、内涵式增长转变。

3. 产业结构从中低端水平向中高端水平转换。有关统计数据显示,2014年中国最终消费对GDP的贡献率首次超过投资和出口,第三产业对GDP的贡献率首次超过第二产业,三大产业的结构顺序首次变为"三二一";高新技术和装备制造业的增长速度分别为12.3%和11.2%,明显高于工业平均增长速度;单位GDP的能耗强度下降4.6%。

4. 经济增长动力由要素驱动、投资驱动向创新驱动转换。长期以来,中国经济增长属于典型的要素驱动、投资驱动型增长方式,这种经济增长方式最大的特点就是高投入、高消耗、高污染、低产出的"三高一低",直接导致中国经济"大而不强,快而不优"。然而,支撑中国经济增长的传统人口红利和资源红利正逐渐消失,未来中国经济增长必须以创新驱动为发展新引擎,必须更多的依靠人力资本积累和科技进步,提高全要素生产率。

(二)中国经济面临着"三期叠加"的严重形势

所谓"三期叠加"主要是指经济增速换挡期、结构调整阵痛期、前期刺激政策消化期。

1.经济增速换挡期是指中国经济增长速度正由原先年均10%左右的高速阶段稳步向年均7%左右的中高速阶段过渡。在这种形势下,经济增长速度很容易因为惯性而出现大幅度下滑,甚至出现滞涨或通货紧缩现象。在这种经济增速放缓已成客观事实的情况下,应该将更多的注意力放在经济发展的平衡性、协调性和可持续性上。

2.结构调整阵痛期是指规模速度换质量效益,以短期阵痛换长远发展。结构调整阵痛主要体现在三个方面:一是产业结构、区域结构、增长动力、财富分配、要素投入、排放结构等多重结构调整的阵痛相互叠加、相互交织、相互影响;二是结构调整阵痛与过剩经济相互叠加,在中国成为世界制造大国、投资计划加剧经济产能过剩的背景下,增量调整已经穷途末路,加快存量调整已经势在必行;三是结构调整阵痛与"中等收入陷阱"相互叠加,"中等收入陷阱"既表现为经济波动、发展停滞的经济陷阱,又表现为矛盾凸显、阶层分化的社会陷阱。

3.前期刺激政策消化期是指2008年全球金融危机爆发后中国政府采取了4万亿元投资计划,这些刺激政策在刺激经济迅速企稳回升的同时也留下了较严重的"后遗症",加大了国家后期宏观调控的难度。一是通货膨胀压力增大,4万亿元投资计划的大部分都是以银行信用方式投入市场,市场流动性激增;二是产业结构逆动,第二产业比重显著上升,煤炭、钢铁、水泥、电解铝、平板玻璃、家电产品、房地产等多数行业都出现较严重的产能过剩,产业结构调整压力进一步增大;三是地方债务问题凸显,地方债务急剧膨胀对民间投资产生了"挤出"效应(国家行政学院经济学教研部,2015)。

(三)第四次工业革命浪潮的时代背景

当前,以信息技术为主导并由此带动新能源技术、新材料技术、生物工程、空间技术、海洋技术等的第三次科技革命方兴未艾,以"互联网+"为核心,以智能制造为主导,以物联网、大数据、云计算、智能机器人和3D打印技术等为主要内容的第四次工业革命(工业4.0)已经向我们迎面走来。第三次科技革命推动了社会生产力的不断发展和社会生产关系的不断改变,推动了社会经济结构和生活结构的重大变革,推动了资源消耗与生态环境关系的重大转变。在第四次工业革命浪潮下,更多前所未有的新技术、新业态、新模式、新资本、新产业、新企业、新产品将大量涌现,必将带动要素配置方式和社会分工、企业生产方式和生产过程、人们生活习惯和消费方式、国际经济贸易关系和政治关系、全球制造体系和分配体系等发生巨大变革。已来临的第四次工业革命和提出的"中国制造2025"强国战略,使得中国实体经济特别是制造业发展面临着新的机遇和新的挑战,如何利用金融财政手段帮助实体经济抓住新机遇、应对新挑战是我们必须思考和亟待解决的现实问题。

第二节 研究的理论价值与实践意义

基于上节的研究背景,系统性地研究金融业态深化、财政政策激励及其二者配合对实体经济增长的影响机理和长效机制,对丰富财政金融理论体系、指导实业界明智选择、促进各级政府科学决策都具有重要的理论价值和实践意义。

一、理论价值

在全面归纳总结前人相关研究成果的基础上,紧密结合中国现阶段的经济发展形势,构建金融业态深化、财政政策激励及实体经济增长的理论分析框架,实证研究金融业态深化、财政政策激励及其二者配合对实体经济增长规模、动力、结构的影响,并设计促进实体经济发展的长效机制,这不仅有助于丰富和深化现有关于金融业态深化、财政政策激励及实体经济增长的研究成果,还能够为促进实体经济增长,提高实体经济全要素生产率,优化实体经济产业结构提供理论支撑。

二、实践意义

在中国经济转轨的关键时期和经济新常态背景下,回归实体经济和重塑实体经济是中国促进经济稳定增长的上上策。全面深入地研究中国实体经济的发展现状、特征及趋势,有利于社会各界更加清晰准确的认识实体经济,重视实体经济和重拾实体经济;系统性地研究金融业态深化和财政政策激励支持实体经济发展的现状及问题,研究金融业态深化和财政政策激励对实体经济发展的影响机理和长效机制,有助于为中央及地方政府制定实体经济发展战略和政策措施提供科学的理论指导和现实依据,从而促进实体经济又好又快发展,实现区域经济协调可持续发展。

第三节 研究的总体目标及思路

本书的总体研究目标是运用科学的理论和方法,总体上厘清金融业态深化、财政政策激励与实体经济增长的概念内涵以及三者之间的关系原理,系统地研究金融业态深化、财政政策激励及其二者配合对实体经济增长规模、动力、结构的影响,设计金融业态深化、财政政策创新及其二者配合促进实体经济增长的长效机制,为促进中国实体经济又好又快的发展提供理论与实践依据。

一、研究的总体目标

为了实现以上的总体研究目标,必须解决以下关键性问题:

1. 系统地回顾和借鉴经典的基础理论,总结发达国家实体经济发展的实践经验和教训。整理和总结国内外相关问题研究的已有成果,科学界定实体经济、金融业态深化和财政政策激励的定义和衡量指标,厘清金融业态深化、财政政策激励及其二者配合与实体经济增长之间的关系原理。

2. 全面深入地分析中国实体经济的发展现状、特征及趋势,金融业态深化和财政政策激励支持实体经济发展的现状及问题。采用计量分析方法从规模、动力、结构三个视角来实证研究金融业态深化、财政政策激励及其二者的配合对实体经济增长的影响,并结合中国现实情况对实证结果进行深入分析和讨论。

3. 设计金融业态深化、财政政策创新及其二者配合促进实体经济发展的长效机制,提出促进实体经济发展的政策建议,以期为相关部门制定经济政策提供决策参考。

二、研究的思路

本书属于问题导向型应用研究,在研究过程中严格遵循"理论研究—实证研究—政策研究"的应用经济学研究一般过程的思路,具体的研究技术路线如图1-1所示。

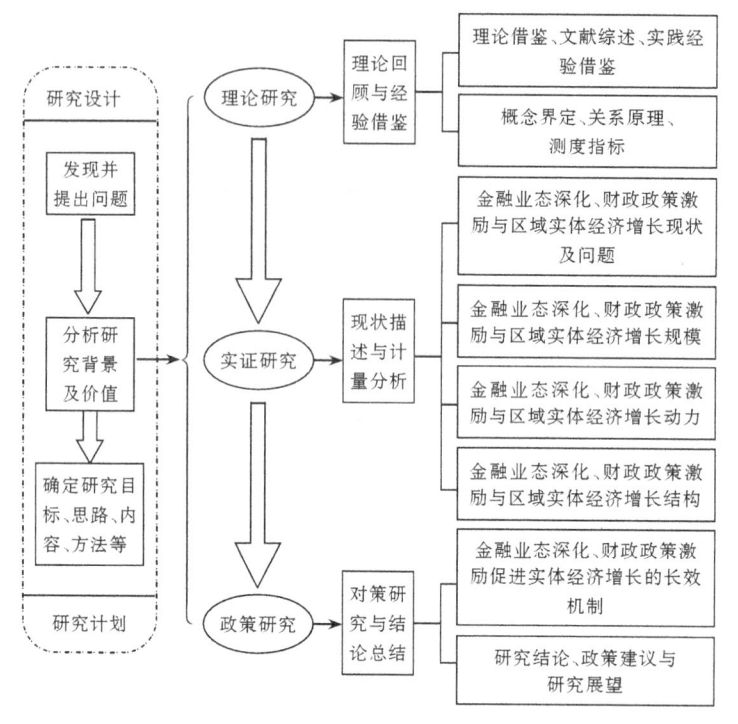

图 1-1 本书的研究技术路线图

第四节 研究的假设及方法

一、研究的基本假设

1.财政与金融好比实体经济增长的两个重要"引擎",二者同等重要、缺一不可;金融业态深化、财政政策激励与实体经济增长之间呈正相关关系,金融业态深化程度和财政政策激励力度越高,实体经济增长越好越快。

2.在支持实体经济增长的实践过程中,财政金融具有不同的作用机理、侧重点、导向性和政策时滞效应,只有二者紧密合作与协调配合才能有效地促进实体经济持续稳定增长;当二者配合的协调程度较低时,其对实体经济增长的正向促进作用将不显著,甚至可能会产生负向阻碍作用。

3.金融业态深化、财政政策激励及二者配合对实体经济增长规模、动力、结构的重要作用在很大程度上还受外部环境、宏观政策、经济形势等因素的综合影响,因此,其作用方向和大小具有较为明显的区域性差异和阶段性差异。

二、研究方法

1. 文献研究方法。根据实际研究需要,首先对国内外相关文献资料进行了广泛搜集、筛选和整理,全面系统地梳理了相关的理论借鉴、归纳和评述了国内外相关问题的研究文献,总结发达国家实体经济发展的成功经验及其对中国的启示,力求掌握本研究相关问题的基本理论和研究动态。

2. 数理模型推导法。本文第三章第二节在基本假定条件下,利用数理模型推导法逐一分析了金融规模、金融结构、金融效率、财政分权、财政支出、税收优惠与实体经济增长之间的关系原理。

3. 综合指数测度法。本文第三章第三节首先从金融规模、金融结构、金融效率等方面设计了金融业态深化的综合指标体系,从财政分权激励、财政税收激励、财政支出激励等方面设计了财政政策激励的综合指标体系,然后采用熵值赋权法和线性加权求和法分别计算了金融业态深化和财政政策激励的综合指数。

4. 描述性统计分析方法。本文第四章中采用描述性统计分析方法,分别利用全国时间序列数据和省际面板数据,从总量、占比、结构等多个方面分析了中国实体经济增长的现状、特征、趋势及区域差异,以及金融业态深化、财政政策激励支持实体经济增长的现状与问题。

5. 计量模型研究方法。在第五至七章中,本书首先从理论上阐述了金融业态深化、财政政策激励及其二者配合对实体经济增长规模、增长动力、增长结构的影响机理;然后基于中国其中的31个省、自治区、直辖市1999—2013年的省际面板数据,采用空间面板计量模型、DEA-Malmquist指数、静态面板模型和动态面板模型GMM估计等现代计量分析方法,借助Stata12.0、Matlab2012b、GeoDa、MaxDEA Pro6.0、SPSS等数据处理软件,实证研究了金融业态深化、财政政策激励及二者配合对实体经济增长规模、动力、结构的影响效应。

第五节 研究的内容及资料

一、研究的内容

从结构上看,本书的研究内容主要包括绪论、理论研究、实证研究和对策研究四个方面。具体内容及框架为:

1.绪论部分为第一章,主要阐述本书研究的问题及背景、研究的目标及思路、研究的假设及方法、研究的内容及资料、研究的特色及创新等。

2.理论研究部分包括第二章和第三章。第二章主要回顾和整理了相关的理论基础,归纳、总结和评述了国内外相关问题的研究成果,并重点介绍了德国、美国和日本等发达国家实体经济发展的实践经验及其对中国的启示。第三章为本书研究的理论框架,主要界定了金融业态深化、财政政策激励和实体经济的概念及内涵,厘清了金融业态深化、财政政策激励及二者配合与实体经济增长之间的关系原理,确定了金融业态深化、财政政策激励及实体经济的测度指标体系。

3.实证研究部分包括第四、五、六、七章。第四章主要采用描述性统计分析方法,系统地分析了中国实体经济的发展现状、特征和趋势,金融业态深化和财政政策激励支持实体经济发展的现状及问题。第五章在分析中国实体经济空间相关性的基础上,采用空间面板计量模型实证研究了金融业态深化、财政政策激励及二者配合对实体经济增长规模的影响。第六章首先利用以DEA为基础的全局Malmquist指数测算了实体经济全要素生产率及技术进步率,然后构建静态面板数据模型实证研究了金融业态深化、财政政策激励及二者配合对实体经济全要素生产率及技术进步贡献率的影响。第七章构建动态面板模型实证研究了金融业态深化、财政政策激励及二者配合对实体经济产业结构合理化和高级化的影响。

4.对策研究部分为第八章和第九章。第八章主要设计了金融业态深化、财政政策创新及二者配合促进实体经济增长的长效机制。第九章首先总结了本书得出的重要结论,并据此提出了促进实体经济增长的政策建议,最后简要指出本书后续研究的方向与问题。

二、研究的资料来源

本书所借鉴的理论资料主要来自相关的经典论著和国内外经典教材,如菲利普·阿吉翁和彼得·霍依特著(陶然等译注)的《内生增长理论》、吴敬琏著的《当代中国经济改革教程》、国家行政学院经济学教研部编著的《中国经济新常态》、乔纳森·格鲁伯著(林江译注)的《财政学》等,以及国内外权威性学术期刊,如:*Journal of Development Economics*、*The Journal of Finance*、*Econometrica*及《经济研究》《管理世界》《金融研究》《中国工业经济》等。本书研究过程中所采用的宏观数据资料主要来源于历年的《中国统计年鉴》《中国财政年鉴》《中国金融年鉴》

《中国人口与就业统计年鉴》《中国固定资产投资统计年鉴》《中国证券期货统计年鉴》等权威统计年鉴，以及 Wind 资讯数据库和国家统计局等权威数据网站。部分数据来源于历年的《金融运行报告》《国民经济与社会发展统计公报》等重要的报告资料。在研究过程中，本书根据具体问题对相关数据进行了必要的处理，比如针对所有与价格有关的数据都进行了平减处理，所有数据处理过程和方法都在相应部分进行了详细说明。

第六节　研究的特色及创新

1.探索性构建了金融业态深化、财政政策激励与实体经济增长的理论分析框架。本书对金融业态深化、财政政策激励、实体经济增长等相关概念及内涵进行了科学界定；分别建立数理模型分析了金融规模、金融结构、金融效率、财政分权、财政支出、税收优惠与实体经济增长的理论关系，采用图文结合的方法分析了金融业深化和财政政策激励配合与实体经济增长的关系；分别构建了金融业态深化和财政政策激励的综合评价指标体系，并采用熵值赋权法和线性加权求和法计算了二者的综合指数；确定了实体经济的测度指标。

2.本书从增长规模、增长动力、增长结构三个视角出发，分别建立空间计量模型、静态面板模型和动态面板模型，实证研究了沿海、内陆和沿边多个区域样本下金融业态深化、财政政策激励及其二者配合对实体经济增长的影响，研究发现金融业态深化和财政政策激励对实体经济增长均具有明显的促进作用，但二者配合不协调显著地制约实体经济增长。基于此，本书提出了"促进实体经济增长不仅需要进一步提升金融业态深化程度和财政政策激励力度，更需要强化金融业态深化和财政政策激励的紧密合作与协调配合"等重要观点。

3.基于实证研究的重要结论，结合当前中国经济发展的现实背景，本书设计了金融业态深化、财政政策创新及二者配合促进实体经济增长的长效机制，并提出了促进实体经济增长的政策建议。本书揭示和论证的重要理论观点和政策主张，能够为政府部门和金融机构制定支持实体经济增长的政策措施提供理论依据和决策参考。

第二章 基础理论、文献综述与国际经验借鉴

系统地研究金融业态深化、财政政策激励及二者配合对实体经济增长规模、增长动力、增长结构的影响,需要借鉴前人的理论研究成果和国外先进的实践经验。本章节的目的就是要对相关金融发展理论、财政政策激励理论和实体经济增长理论进行系统的回顾和整理,对国内外相关问题的研究成果进行归纳、整理和评述,同时总结发达国家的实践经验及其对中国实体经济发展的启示,为后面各章节的理论创新和实证分析奠定基础。

第一节 基础理论

一、金融发展理论

金融发展理论主要研究金融发展与经济增长之间的相互关系,研究如何构建有效的金融体系和金融政策组合从而最大限度地促进宏观经济增长,研究如何配置有限的金融资源以实现金融可持续发展并最终实现经济可持续发展。

(一)金融深化与金融抑制理论

1973年,美国经济学家Mckinnon和Shaw提出了著名的金融深化和金融抑制理论。金融深化是指政府减少甚至放弃对金融的过多干预,实现金融自由化,使利率与汇率都能反映真实的供求状况并有效地控制通货膨胀,从而带来金融与经济的良性互动和协同发展。金融深化一般表现为三个层次:一是金融规模的不断扩大;二是金融工具、金融服务、金融机构的优化和升级;三是金融市场体系的完善和健全,金融资源的优化配置和充分利用。这三个层次的金融深化互为因果关系,相互影响,相互制约。金融抑制是指一个国家或地区政府对金融活动施加过多的干预,金融市场机制不能充分发挥应有的作用,导致金融市场和体系发展滞后或不健全,受到压抑的金融会阻碍该国或地区的经济发展,并且形

成恶性循环。金融抑制也主要表现为三种形式:第一种是金融结构过于单一,金融市场发展滞后,可供选择的信用工具较少;第二种是对利率和汇率实施严格管制,致使利率和汇率出现剧烈波动,不能反映真实的资金供求和外汇关系;第三种是金融体系和资金流向的市场分割状态。

Mckinnon认为,在发展中国家,货币和资本在很大程度上是互补的,在货币需求函数中,实际利率与货币需求呈正比,实际利率越高,投资就越大。利率被人为地压低或出现通货膨胀,或者是两者共同作用,使得实际利率过低甚至为负,进而导致发展中国家经济发展缓慢甚至停滞。利率管制导致信贷配给,降低了信贷资金的配置效率;实际利率过低导致货币持有者的实际收益很低甚至为负,经济主体大量减少甚至不再持有现金、活期存款和定期存款,而转向以实物资产形式进行内部积累,导致银行存款总量不断下降,银行的中介功能不断减弱,国内投资持续减少,经济发展缓慢。Shaw认为,金融发展与经济增长之间可以形成良性循环的、相互促进的互动机制。完善的金融体系能够有效地将资金集聚起来并投资到社会各生产部门,从而促进经济增长;持续稳定的经济增长可以通过国民收入的不断提高以及经济活动主体对金融需求的不断扩大来刺激和促进金融产业的快速发展。

(二)金融结构理论

1969年,Raymond·W·Goldsmith在其代表作《金融结构与金融发展》中提出了"金融发展的实质就是金融结构变化"这一核心思想,从而创立了金融结构理论。Goldsmith指出,金融发展就是金融结构由初级向高级转化的过程,包括金融工具的多元化和金融机构的多样化。一个国家或地区的金融结构可以从金融工具、金融服务、金融机构等金融元素的存在、规模、形式及性质等体现出来,在不同的发展时期会有不同的金融结构。Goldsmith认为,金融理论研究的职责就是要找出一个国家或地区金融发展的主要影响因素及其作用机理。尽管世界各国的金融发展存在巨大的差异,但基本上都可以用金融相关率和金融结构两个指标去衡量。其中,金融相关率(Financial Interrelations Ratio,FIR)是指金融总资产与全部实物资产(大多数相关研究均以GDP来衡量)的比例,金融结构(Financial Structure)是指各种金融工具(债券、股票、保单等)和各种金融机构的相对规模,即单个金融工具和金融机构占总规模的比重。

(三)金融效率理论

现实情况下,效率更多地是指经济活动中要素投入与经济产出之间的比例关系,因此金融效率则是指金融要素投入与相应的经济产出之间的比例关系,即金融作为一种稀缺资源的配置效率。金融效率是金融功能和金融结构的逻辑延伸,三者是一个统一的整体,密不可分。按照主流的划分标准,金融效率可以分为微观金融效率和宏观金融效率。微观金融效率主要是指经济活动的金融部门或金融产业等金融主体的运行效率、经营效率,或是指金融系统内部各部门间的资源配置效率;宏观金融效率主要是指金融部门、金融市场对国民经济发展的作用效率,即金融资源配置对宏观经济发展的作用效果。尽管微观金融效率和宏观金融效率各自所强调的重点不相同,但从本质上来讲微观金融效率和宏观金融效率又是一致的,是相互影响、相互作用的统一整体。微观金融效率的提升可以通过提高社会交易效率进而推动宏观金融效率的提升,反过来,宏观金融效率的提升又可以通过促进实体经济增长,扩大金融需求进而促进微观金融效率的提升。

二、财政激励理论

财政激励是一种保证地方政府经济增长竞争的制度机制,其实现的基础是财政分权。所谓财政分权,Bird等(1993)将其定义为地方政府在自己管辖区域内被赋予经济活动权利的过程,包括不同层级地方政府财政责任的划分和地方政府实现公共品供给的财政程序;而Oates(1999)认为财政分权是指中央政府给予地方政府一定的税收权的同时规定其支出责任范围,并允许地方政府自主决定预算支出结构和规模,能够自主选择所需要的财政政策类型。从财政分权理论的发展历程来看,主要有以Tiebout和Oates为代表的第一代财政分权理论和以Qian和Weingast等为代表第二代财政分权理论。

第一代财政分权理论又称为"财政联邦主义",该理论主要关注公共品的供给效率问题。1956年,美国经济学家Tiebout发表了《地方公共支出的纯理论》,成了财政分权理论的发展起源。Tiebout(1956)认为除了"用手投票"以外,选民还可以对地方政府的政绩进行"用脚投票",从而使得地方政府必须优化财政决策来满足当地居民的偏好。随后,Musgrave(1959)和Oates(1972)对该理论进行了深化和扩展。Musgrave(1959)根据不同公共物品的收益范围论证了不同层级的中央和地方政府存在的必要性和合理性。Oates(1972)也认为地方政府相对中央政府具有明显的信息优势,由地方政府所提供的公共品能更好地覆盖地方居民的偏好,提供公共品所需的财政资源能实现最优配置,因此中央政府向地方政府放权更有利于区域经济增长。然而,第一代财政分权理论以新古典经济学理论框架为理论基础,以联邦制国家为主要研究对象,并且假设政府是高效的,政府和政府官员都以追求社会福利最大化为基本目标,假设居民对不同社区间的公共服务差异完全了解,假设有足够多的社区可供居民选择等(朱浩,2014)。这使得第一代财政分权理论具有诸多缺陷或不足,对这些缺陷的完善便发展起了第二代财政分权理论。

第二代财政分权理论又称为"市场维护型的财政联邦主义",该理论认为政府和政府官员并非大公无私的,他们在追求社会福利最大化的同时也会追求个人的经济利益,因此在外部约束不足的情况下会出现地方官员寻租现象。以钱颖一和Weingast为代表的学者突破了第一代财政分权理论的局限,深入地分析了政府官员与选民福利之间的激励机制,形成了第二代财政分权理论。Qian和Xu(1993)认为中国中央政府与地方政府之间"条块分割"的M型组织结构比"条条"模型的U型组织结构在信息反应等方面更具有优势。Weingast(1995)认为地方政府及官员也是理性经济人,也追求自身利益的最大化。Qian和Weingast(1997)认为财政分权可以有效地限制中央政府对地方经济的掠夺,有助于地方政府财政预算的"硬约束"。Qian和Roland(1998)研究指出,地方政府对经济增长资源的竞争可以减少政府市场干预,进而有助于推进市场化进程,财政支出与财政收入的挂钩将促使地方政府更加积极地来发展地方经济。

从激励手段来看,财政激励主要包括财政分权、财政投资、财政补贴、税收优惠等多种激励手段。其中,财政投资是政府为了满足社会公共需要而进行的资金投入,是政府购买的重要组成部分。财政投资的实质是政府的一种宏观调控手段,具有集中性、公益性、公共性、无偿性等特征(夏梦瑶,2014)。财政投资对经济增长的作用主要表现为:一是政府对公共基础设施、环境污染治理等的投资有利于为经济增长营造良好的外部环境;二是财政投资可以引导社会投资结构的优化,从而促进社会资源的优化配置;三是政府对科教文卫体等公益性项目的投资有助于国民综合素质的提高和社会科技进步,从而有助于经济增长质量和增长效率的提高;四是财政投资作为一种宏观调控手段,在经济周期波动时可以通过调整投资结构和规模来刺激社会总需求,进而促进经济增长和充分就业。财政补贴是政府为了实现某一经济目标或完成某项经济任务,在一定时间内向某些特定行业或地区的企业、个人所提供的一种无偿援助。一般情况下,财政补贴的规模越大、形式越多,其所起到的激励效应也就越明显。财政补贴也是一种重要的宏观经济调控手段,对社会需求与供给都具有重要的调节作用,主要表现为:一是财政补贴可以通过调节商品和服务的价格对社会需求产生激励效应,从而对社会需求结构产生调节;二是财政补贴可以通过对某些特殊行业或地区的企业进行生产成本补贴从而吸引更多的企业进入该行业或地区,从而有效地调节社会供给结构,缩小经济发展的区域差异。作为市场失灵的一种弥补手段,税收优惠是指政府通过减税、免税等手段来减轻某些特殊行业纳税人的纳税负担,从而对经济发展起到激励作用。一般来说,税收和经济之间呈负相关,即政府通过税收优惠政策可以促进经济发展,立法机关提高税率或增加税种都可能抑制经济发展。

三、经济增长理论

(一)古典经济增长理论

古典经济增长理论由亚当·斯密、大卫·李嘉图、托马斯·马尔萨斯、约瑟夫·熊彼特等经济学家的核心观点和理论所构成。亚当·斯密(1776)在《国民财富的性质和原因的研究》中深刻地描述了经济增长的动态过程,阐述了经济增长的原因,认为增加劳动数量和提高劳动效率是促进经济增长的最重要途径,且劳动效率的提高对经济增长的贡献更大。专业化分工是影响劳动生产率的主要因素,市场容量的不断扩大促使劳动出现专业化分工,而专业化劳动分工又不断促进技术进步和提高劳动生产率。亚当·斯密还认为,资本积累也对经济增长产生较大的影响,一方面资本积累可以扩大资本存量和增大劳动数量,从而对经济增长产生直接效应;另一方面资本积累往往与专业化和分工相互联系,从而对经济增长产生间接效应。劳动分工和资本积累对提高劳动效率进而促进经济增长具有不可替代的作用。后来,大卫·李嘉图将研究经济增长问题的核心转向收入分配,重点分析劳动数量增加和资本积累对经济增长的重要作用。大卫·李嘉图在其著作《政治经济学与赋税原理》中提出了边际报酬递减的规律,并认为劳动数量增加和资本积累对经济增长的贡献也呈边际递减趋势,经济增长的长期趋势也将最终停止,即经济增长是有限的。

此外,托马斯·马尔萨斯、约瑟夫·熊彼特、弗兰克·拉姆齐和弗兰克·奈特、卡尔·马克思等著名经济学家为古典经济增长理论提供了很多基本的思想,包括边际报酬递减、人均收入与人口增长率之间的作用关系、物质资本与人力资本之间的相互关系、劳动专业化分工和技术进步的作用等。总体来看,以亚当·斯密等为代表的古典经济增长理论是以一种静态的观点来研究经济增长问题,更注重劳动分工和资本积累对提高劳动生产率的作用,并认为劳动生产率的提高是经济增长的主要动力。

(二)哈罗德—多马经济增长理论

哈罗德和多马将凯恩斯理论长期化和动态化,从而提出了哈罗德—多马经济增长模型。哈罗德—多马模型的基本假设条件为:(1)全社会只生产一种产品,且只使用劳动和资本两种生产要素;(2)储蓄是国民收入Y的函数;(3)不考虑技术进步和资本折旧;(4)劳动和资本按照固定不变的比例增长,生产任何一单位的产品所需要的劳动和资本的数量固定不变,即规模报酬不变。在上述假设条件下,哈罗德认为,在技术不变的情况下,资本产出比v等于边际资本产量比,当经济处于均衡时,国民收入增长率G等于全社会的储蓄率s与资本产出比的比值,即有$G=DY/Y=s/v$。哈罗德—多马模型反映的是国民收入增长率、社会储蓄率和加速度三者之间的关系。在资本产出比既定的条件下,要保证经济稳定增长就必须保证经济增长率能使预期的投资等于预期的储蓄;反之,如果要将一定的储蓄全部转化为投资,国民收入增长率必须保持稳定。根据哈罗德—多马模型,如果一个国家经济开始就处于充分就业的状态,要实现经济增长必须满足实际增长率G、有保证的经济增长率G_w、自然增长率G_n和人口增长率n相等,即必须满足式子:$G = G_w = G_n = n$。其中,有保证的经济增长率G_w等于合意的储蓄率S_w和合意的资本产出比V_w的比值,即$G_w = S_w/V_w$,自然增长率等于社会最适储蓄率与合意资本产出比的比值,即$G_n = S_n/V_w$。

哈罗德—多马模型率先提供了研究长期经济增长过程的分析思路和研究方法,但在该模型中,有保证的经济增长率和自然增长率都是外生的,要保证这两者相等是很难实现的,因此其所描述的充分就业稳定状态下的经济增长是很难达到的。一旦有保证的经济增长率与实际增长率之间有偏差,这种偏差就会不断扩大,经济系统就不可能实现充分就业。因此,哈罗德—多马模型不能解释长期经济增长率的决定条件,也不能解释经济增长的决定机制。

(三)新古典经济增长理论

新古典经济增长理论是美国经济学家索罗在哈罗德—多马模型的基础上发展起来的。新古典经济增长理论有几个重要的假设:(1)全社会只生产一种产品;(2)劳动和资本互为替代品,即资本、产出之比可以变动;(3)市场是完全竞争市场,工资率和利润率分别等于劳动和资本的边际生产率;(4)不考虑技术进步,技术变化不改变资本产出比;(5)资本和劳动是影响经济增长的内在因素,而且资本和劳动的边际生产率递减。基于以上假定,新古典经济增长理论在传统C-D函数的基础上推导出了新的生产函数:$Y=Af(K,L)$,经济稳定增长的条件是:$DY/Y=DK/K=S*Y/K$,当投资与储蓄不相等时可以调整资本—产出比来达到均衡。

新古典经济增长理论以索罗—斯旺模型为代表,索罗—斯旺模型包括1个基本的生产函数(2.1)和2个基本的要素积累方程(2.2)和(2.3):

$$Y=Af(K,L) \quad (2.1)$$

$$\dot{L}/L = n \quad (2.2)$$

$$\dot{K} = I - dK = sY - dK \quad (2.3)$$

上式中,n为常数,表明劳动增长率与人口增长率n一致且保持不变;s是储蓄率,d是资本折旧率,储蓄率和折旧率都保持不变。上式(2.3)表明,在静态经济系统中,储蓄全部转化为投资,扣掉资本折旧。对上式(2.3)左右同时取人均量,便可得到人均资本存量的积累方程:

$$\dot{K} = sy - (n+d) \quad (2.4)$$

上式的左边K为人均资本存量的变化量,称为资本深化;$(n+d)k$为新增劳动力所配备的资本数据和资本折旧,称为资本广化。在稳态条件下,人均资本存量不变,即$\dot{K}=0$或者$sy=(n+d)k$。下图2-1简单地显示了索罗—斯旺模型的动态变化情况。图2-1中的直线$(n+d)k$是劳动力增加和资本折旧所减少的人均资本存量线,也称持平投资直线;$s*f(k)$为实际投资曲线;c为人均消费,等于$f(k)$曲线和$s*f(k)$曲线的垂直距离;图$K*$处称为经济稳态点。从图中可以看出,在点$K*$的左边,实际投资曲线位于持平投资直线的上方,由公式(2.4)可知此时$\dot{K}>0$,人均资本存量k必然增加。反之,在点K^*的右边时必有$\dot{K}<0$,人均资本存量必然减少;当经济系统刚好处于K^*点时必有$sy=(n+d)k$,$\dot{K}=0$,人均资本存量保持不变。这说明,无论经济系统开始位于什么位置都将最终收敛到持平投资直线与实体投资曲线的交点K^*处,因此K^*即是经济系统的稳态点。

根据新古典经济增长理论,资本可以在全球自由流动以获得最高的实际利率,而且不同的经济体可以得到相同的技术。在市场机制调节作用下,生产要素将不断向实际利率高的国家流入,直至要素收益达到均衡。因此,发展中国家的经济增长速度要明显高于发达国家的经济增长速度,最终不同国家的经济产出将趋同于稳定的增长状态,而且均衡经济增长率就等于技术进步率。如果不存在技术进步,经济系统将处于一个停止的稳定状态,除非有正的人口增长率。新古典经济增长理论将技术进步看作是经济增长的重要影响因素,并用"索罗余值"来度量,但又假定技术进步是外生的,从而将其排除在考虑之外。

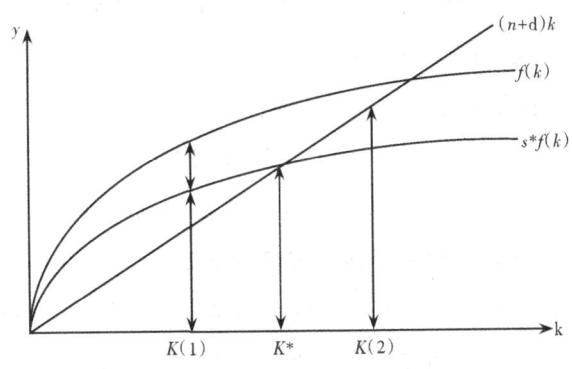

图2-1 新古典经济增长理论的索罗图

(四)内生经济增长理论

内生经济增长理论又称为新经济增长理论,是由Romer(1986,1990)和Lucas(1988)等人在新古典经济增长理论基础上发展起来的,其主要任务是揭示经济增长差异的原因,解释经济持续增长的可能。内生经济增长理论放宽了新古典经济增长理论的基本假设,并将技术内生化。该理论认为,经济增长取决于经济系统本身而非外生的,一个国家的长期经济增长决定于技术进步、人力资本等主要的内生变量;技术进步既是经济增长的源泉,又是知识内生积累的结果。内生经济增长理论包括三个方面的主要内容：一是知识积累、人力资本积累是经济增长的内在动力,技术进步是推动经济增长的最重要因素；二是政府应该加大对教育、基础设施、基础研究等方面的资金投入,应该对人力资本和物质资本积累实施相应的减税免税政策,政府投资可以对经济增长产生正"溢出"效应,"溢出"效应可以促使生产呈现规模报酬递增；三是高度重视对外开放和国际贸易,通过国家和区域间的交流,进而促进科技、知识、人才的国际流动,实现优势互补。

内生经济增长理论主要是在以下几个基本模型的基础上发展起来的。

1. 阿罗"干中学"模型

Arrow(1962)提出了著名的"干中学"模型,他认为生产过程中所积累的经验知识也是一种重要的要素投入,在实际工作中所积累的经验也能形成人力资本,这种方式形成的"资本"是人力资本的外部效应。阿罗"干中学"模型具有两个重要的假设条件：(1)经验知识是公共品,具有外部性,单个厂商可以免费从其他厂商或整个社会的资本积累所引起的知识积累中获益；(2)经验知识是资本积累的副产品,经验知识会随着社会资本存量的增加而不断增加,同时技术水平也会不断提高,从而对生产起到规模报酬递增的效应。

阿罗"干中学"模型的生产函数形式为：

$$Y = AK^a [b(t)L]^{1-a} \tag{2.5}$$

$$b(t) = CK^b \quad C\text{为常数}, 0 < b < 1 \tag{2.6}$$

其中,K是资本,L是有效劳动,$b(t)$是劳动效率。

知识溢出的长期经济增长模型假设市场是完全竞争的,知识的增加量由知识生产的投资和知识存量K决定,消费者是价格的被动接受者。知识增长模型为：

$$\frac{k(t)}{k} = g\left(\frac{I}{k}\right) = gg\left(\frac{f(k(t)) - C(t)}{k}\right) \tag{2.7}$$

上式中,$C(t)$是消费函数。消费者的效用函数为：

$$U(c) \int_t^\infty \frac{e^{1-\sigma}}{1-\sigma} e^{\rho t} dt \quad 1 > \sigma > 0, 1 > \rho > 0 \tag{2.8}$$

该模型求得最优解的条件是消费的边际效用等于知识的边际产出,即：

$$g \frac{N^{1-a} - r}{S} \tag{2.9}$$

由上式(2.9)可知,长期均衡的经济增长条件取决于贴现率ρ和消费者数量N,N越大,ρ越小,经济增长率越高。这一均衡条件也说明,一个国家的长期经济增长率只取决于知识的外部性及由此产生的规模报酬递增,与其他因素无关。

2.AK模型

AK模型又称知识积累模型,以Romer和Lucas的思想为代表。Romer(1986)提出了知识溢出模型,把知识看作一个变量直接引入模型,同时重点强调了知识的"溢出"效应、知识积累与资本积累的协同关系。从Romer的知识溢出模型中可以得出几个重要结论:(1)当专业知识积累的递减速度刚好等于整体知识积累的递增速度时,生产处于规模报酬不变的状态,经济按某个常数增长;(2)当专业知识积累的递减速度小于整体知识积累的递增速度时,生产将处于规模报酬递增的状态;(3)当专业知识积累的递减速度大于整体知识积累的递增速度时,生产将处于规模报酬递减的状态。Lucas(1988)提出了强调"干中学"的阿罗型专业化人力资本积累模型和强调正规教育的舒尔茨型人力资本积累模型。AK模型在技术内生的假设条件下考察经济增长的情况,更符合现实情况,在逻辑上也相对更为严密;AK模型较好地解释了新古典经济增长模型所不能解释的一些现实经济问题。

3.R&D模型

R&D模型是Romer(1990)率先提出来的,他在垄断竞争的假设条件下考察技术进步的产生和经济均衡增长的决定。Romer指出,由R&D所产生的知识具有一定程度的排他性,新思想新知识的开发者具有一定程度的市场势力。在R&D活动市场上,垄断是最基本的保证,与之相关的制度则是对从事R&D活动的产权激励。无论是哪种R&D活动,明晰的产权都是最有效、最持久的激励手段。

R&D模型假设劳动可以用于最终商品的生产(H_Y)和研发部门的生产(H_n),两种活动中的劳动投入总额即为劳动总供给L,于是有$L = H_Y + H_n$。假设最终产品部门的生产活动使用四种投入要素:物质资本K、一般劳动H_Y、人力资本H_n和技术A,其生产函数的形式为:

$$Y(H_Y, K, H_n) = AH_Y^a H_n^b \sum_{i=1}^{N} K_i^{1-\alpha-\beta} \qquad (2.10)$$

式(2.10)中,n表示资本品的种类数,会随着新资本品的发明而增加。式(2.10)还说明,当经济中存在技术进步且表现为中间产品种类扩张时,不同中间产品相互独立,资本总量的增加并不会导致各中间产品的边际产品递减。因此,技术进步可以提高资本收益率,使最终产品部门的生产呈规模报酬递增。

第二节 文献综述

一、国外文献综述

针对相关问题的国外文献,本书主要从以下几个方面进行归纳和综合。

(一)关于实体经济影响因素的实证研究

Cochrane、Jacobson等(2005)研究了金融市场与实体经济之间的关系,前者发现金融市场回报率与实体经济的发展密切相关,后者发现金融市场与实体经济之间具有交互作用。Franklin(2006)研究了实体经济结构与金融体系结构之间的关系,结果表明金融体系结构随着实体企业金融需求而发展变化,即金融体系结构的变迁是由实体经济特征所决定的。Sharmishtha等(2007)利用多分辨率小波滤波技术,实证研究了美国和印度两国股票收益率、通货膨胀与实体经济间的动态相互关系,并用小波滤波的低频数据验证了经典的费舍尔假说和代理效应假说。研究结果发现印度的宏观经济指标数据服从费舍尔假说而非代理效应假说,而美国的宏观经济指标数据则服从代理效应假说而非费舍尔假说。Stephan(2012)研究了互助基金流动、股票市场收益率与实体经济之间的相互关系,发现宏观经济信息的替代指标比股票市场收益率能更好地描述互助基金的流动,互助基金流动同股票市场收益率一样能帮助预测实体经济活动,该结果为"股票市场收益率和互助基金流动是对宏观经济信息的反应"这一理论提供了有效的证据。Terhi和Pierre(2013)基于18个OECD(经济合作与发展组织)国家的面板数据,利用面板VAR模型检验了银行部门的稳定度与实体经济增长之间的关系,结果表明银行稳定度与实体经济增长之间具有正相关关系,银行部门的不稳定性将增加实体经济增长的不确定性。Giampaolo等(2015)构建了同业银行市场和实体经济的关系模型,并利用该模型研究了不同结构同业银行市场的稳定性与经济绩效间的平衡,研究发现市场需求和监管约束将决定银行对实体经济绩效和信贷系统稳定性的贡献,杠杆率监管对银行绩效的影响会发生复杂的非线性变化。Lorenzo 和 Daryna(2015)利用 1970—2010 年 101 个国家的面板数据实证分析了金融发展与实体经济之间的相互关系以及对经济增长的影响效应。研究结果表明金融发展对经济增长的影响效应取决于私人信贷的增长与实体经济产出间的关系,当私人信贷的增长速度快于实体经济的产出增长时,金融发展将阻碍经济增长。

(二)关于金融与实体经济关系的研究

综合已有的相关文献来看,国外学者关于金融与实体经济增长关系的研究更多地隐含在金融发展、金融创新等与经济增长关系的研究之中。King 和 Levine(1993)、Rajan 和 Zingales(1998)、Levine 等(2000)、Rousseau 和 Wachtel(2000)、Cetorelli 和 Gambera(2001)、Liang 和 Teng(2006)、Michael(2009)、Ilyinaia 和 Samaniego(2011)、Gazi 等(2013)、Jeremy 等(2013)、Khoutem 等(2014)、Nahla 等(2015)等众多学者从不同的视角研究了金融发展与经济增长之间的关系,但他们并没有得出一致的研究结论。关于金融创新与经济增长之间的关系,自从奥地利经济学家 Joseph 于 1912 年首次对此进行论述以来,不少学者对该问题也进行了深入分析论证。例如:Robert(1992)从理论角度分析了金融创新对经济运行的影响,Fanti(2001)分析了金融创新对 IS—LM 模型的影响,Harri(2001)分析了金融创新对中央银行基础货币垄断发行权及负债的影响,Steven(2003)分析了金融创新在经济运行过程中的潜在威胁,但他们都缺乏对金融创新与经济增长之间作用机制的深入研究。后来,Laeven 和 Levine(2007)、Laeven 等(2009)对金融创新与经济增长之间的作用机制进行了深入研究,将金融创新纳入内生经济增长模型中研究了金融创新、技术进步与经济增长三者间的关系。

此外,还有部分学者研究了金融危机爆发对实体经济的影响。Michael(2001)曾指出,金融危机的爆发帮助了我们认识金融与实体经济之间的联结关系。Stijn 等(2012)利用来自 42 个国家 7 722 个非金融类企业的财务数据分析了 2007—2009 年金融危机所引起的商业周期、国际贸易及外部融资环境的变化对实体企业利润、销售、投资等的影响,研究结果表明金融危机对实体企业具有强烈的负向影响,实体企业对商业周期和贸易发展变化的反应比较敏感。Dirk(2012)、Dimitris 和 Dimitrios(2015)分别以不同的样本研究了 2007—2009 年的全球金融危机对实体经济的影响,以及不同地区和实体经济部门间的金融传染渠道,两者都认为地区间股票市场、金融和非金融部门间的传染效应是金融危机最大的特征,几乎所有的国家和行业都受到金融危机的不利影响,其中消费品、医疗卫生、交通通信、技术等行业所受到的影响相对较小。

(三)关于财政与经济增长关系的研究

到目前为止,国外较少有直接研究财政与实体经济增长关系的文献,都是研究财政与宏观经济增长之间的关系。本书主要综述财政分权、财政支出与经济增长的关系。

关于财政分权与经济增长关系的理论研究,Oates(1993)根据内生经济增长理论,研究发现财政分权作为一种制度安排能促进经济增长,Xie等(1999)研究了财政分权影响长期经济增长的内在作用机理,Olson(2000)认为财政分权的实质是中央政府采取"攫取之手"和"援助之手"来对地方政府进行资源分配,进而对区域经济增长产生作用。Breuss和Eller(2004)、Eller(2004)认为财政分权与经济增长之间是一个弧线关系,即存在一个最优财政分权度。关于财政分权与实体经济增长关系的实证研究,部分学者认为财政分权可以促进经济增长,这种观点最早可以追溯到1972年奥茨的研究(Oates,1972),他认为地方政府拥有充分的信息优势,财政分权有助于财政支出对经济增长的促进作用。后来,Oates(1985)、Panizza(1998)、Lin和Liu(2000)、Akai和Sakata(2002)、Atsushi(2005)等的相关研究也支持了财政分权可以促进经济增长这一观点。与之相反,部分学者研究认为财政分权对经济增长没有促进作用或者有负向作用,Davoodi和Zou(1998)实证研究发现发达国家的财政分权对经济增长没有显著作用,而发展中国家的财政分权对经济增长具有显著负向影响;Woller和Phillips(1998)、Sato和Yamashige(2000)、John(2007)的研究都认为财政分权不能促进经济增长;Xie(1999)研究发现美国的财政分权不但不能促进经济增长,反而对经济增长产生阻碍;Zhang和Zou(1998、2001)也发现财政分权与经济增长之间呈负相关。

国外关于财政支出与经济增长关系的研究成果较多。Arrow和Kurz(1970)将公共资本引入到内生经济增长模型中,研究了财政支出对经济增长的影响途径,并认为财政支出从政府购买、政府投资和公共支出三个方面对经济增长产生影响,但是财政支出不能改变经济稳态增长率,只能影响经济向稳态转移的速度。Barro(1990)将财政支出引入到效用函数和生产函数模型中,实证分析了财政支出对经济增长的影响,结果表明财政支出会影响经济增长,因此,理论上存在最优财政支出规模。此后,较多的学者利用不同的样本,从不同角度研究了财政支出结构对经济增长的影响。Carrere和Melo(2012)运用118个发展中国家和22个发达国家1972—2005年的数据,采用"事件研究"方法实证分析了政府财政支出与经济增长之间的关系。Barro和Sala-i-Martin(1992)、Devarajan等(1993)研究了生产性财政支出和非生产性财政支出对经济增长的影响,并认为生产性财政支出才能促进经济增长;同时,Turnovsky(2000)研究发现政府消费支出也可以促进经济增长;Easterly和Rebelo(1993)研究发现财政对交通、通信等的支出有利于经济增长。Gupta等(2005)利用39个低收入国家的面板数据研究发现财政对资本、非工资性产品和服务支出的增加能促进经济增长;Bose等(2007)利用30个发展中国家的面板数据进行的实证研究得出了相似的结论,认为政府投资性支出占GDP的比重的增加可以促进经济增长,而政府教育支出对经济增长的作用只在考虑政府预算约束和遗漏变量的情况下显著。也有部分学者研究发现不同的财政支出对经济增长的影响效应具有明显差异。如:Afonso和Furceri(2010)研究认为财政总支出、财政补助和政府购买对经济增长具有负向影响,政府投资对经济增长的影响不显著,而政府转移支付对经济增长具有显著促进作用。Alex和Jones(2014)利用尼日利亚1986—2010年的数据研究发现,财政支出与经济增长之间具有长期稳定关系,政府经常性支出和资本支出对经济增长具有促进作用,而免税和政府负债对经济增长没有影响。除上述研究成果以外,还有很多学者对财政支出与经济增长之间的关系进行了研究,但都没有得到一致的结论。

二、国内文献综述

综合来看,国内学者对相关问题的研究主要集中在以下几个方面。

(一)关于实体经济增长及相关问题的研究

罗能生和罗富政(2012)实证研究了改革开放以后中国实体经济的时空演变特征、结构演变特征和实体经济效益,并分析了我国实体经济快速发展的推动力,以及虚拟经济与实体经济发展间的促进与背离关系。吴晓求(2006)通过对中国、美国、英国和法国实体经济与资产价格变动之间关系的分析,反驳了"资本市场资产价格波动是国民经济晴雨伞"这一近乎"公理式"的结论,发现资产价格变动与实体经济增长之间呈现出一种发散的"剪刀差"态势,并认为金融的结构性因素是导致出现"剪刀差"态势的根本原因。何德旭和饶明(2010)通过构建引入资产价格的局部均衡分析模型和IS—LM扩展模型,实证研究了中国资产价格波动与实体经济稳定性之间的相关性、因果关系、影响程度、影响过程和影响机制,研究发现资产价格波动通过影响商品市场总需求和影响货币市场总需求的均衡来影响实体经济增长;资产价格波动产生的财富效应对城市消费支出具有显著正向影响,托宾Q效应和资产负债表效应对企业投资既会造成正向冲击,也会造成负向冲击,但总体上正向冲击多于负向冲击。另外,还有部分学者研究了实体经济资本配置效率。比如:韩立岩和王哲兵(2005)参考Wurgler(2000)的资本配置效率模型,测算了中国1993—2002年实体经济的资本配置效率,并考察了实体经济资本配置效率的年度变化趋势和行业差异。谢富胜和李安(2011)采用将利润率分解成利润份额、产能利用率和产能资本比三个变量的方法,对1975—2008年美国实体经济的利润率进行了实证分析。李青原等(2010)运用Wurgler(2000)的资本配置效率估算模型考察了国有经济比重对地区实体经济资本配置效率的影响,发现中国实体经济资本配置效率在省际和年度间呈现出显著差异,地区国有经济比重与该地区实体经济资本配置效率呈负相关关系。李延凯和韩廷春(2011)研究发现金融发展对实体经济增长促进作用的有效性受其所在外部金融生态环境的影响。李青原等(2013)从实体经济运行的视角讨论了金融系统是否发挥了改善中国地区实体经济资本配置效率的功能,结果表明金融发展促进了中国地区实体经济资本配置效率的提高。陈长石(2014)利用1997—2012年辽宁省工业企业数据测算了实体经济资本配置效率,并实证检验了不同投资类型对资本配置效率的影响。

(二)关于金融与实体经济关系的研究

归纳起来,国内关于金融与实体经济关系的研究主要集中在以下几个方面。

1.关于金融资本与实体经济增长的关系

陆岷峰和张惠(2012)综合分析了金融资本脱离实体经济的根源,并认为促进金融产业与实体经济良性互动发展需要构建金融产业与实体产业利润挂钩的跟踪定价机制、利润反哺机制、利益共享机制、风险共担机制。陆岷峰(2013)从金融支持实体经济发展的现状出发分析了金融支持实体经济有效性不足的原因,并提出了相关的政策建议。

2. 关于金融集聚与实体经济的关系

刘军等(2007)从理论上分析了金融集聚对实体经济增长的促进机制,发现金融集聚通过金融集聚效应、金融扩散效应以及金融功能促进实体经济增长。潘辉等(2013)利用中国省际面板数据实证分析了金融集聚与实体经济增长之间的关系,并对不同区域金融集聚的经济效应进行了比较分析,结果显示,金融集聚显著促进了实体经济增长,且东部地区金融集聚的经济效应远大于中西部地区。

3. 金融发展、金融创新与实体经济增长之间的关系

李强和徐康宁(2013)研究表明金融发展对经济增长和实体经济发展的影响存在异质性,金融发展可以促进经济增长,但会阻碍实体经济发展;金融发展对实体经济增长的阻碍作用在西部地区最大,东部次之,中部最小。张亦春和王国强(2015)研究发现中国区域金融发展与实体经济增长之间存在非均衡性,金融发展的过度偏离会抑制实体经济增长。钱龙(2013)认为实体经济发展可以推动金融业发展,但在金融业快速发展的同时并存着金融资源配置与实体经济需要脱节的现象。余朝锋(2011)从产业集群、产业优化升级等多个视角系统地研究了天津滨海新区金融创新对实体经济增长的支持。

4. 关于虚拟经济与实体经济之间的关系

部分学者认为中国虚拟经济与实体经济之间存在背离关系(曹源芳,2008;董俊华,2013),但也有部分学者认为虚拟经济与实体经济之间并没有出现实质性分离,而存在长期稳定的关系(刘金全,2004;周莹莹和刘传哲,2010)。除此之外,何宜庆等(2006)的实证研究发现中国虚拟经济对实体经济的边际溢出效应要远大于实体经济对虚拟经济的边际溢出效应,中国实体经济与虚拟经济互动发展在此期间内还处于"供给引导型"阶段。董俊华(2011)认为虚拟经济发展不是实体经济发展的"格兰杰"原因,但是实体经济发展是虚拟经济发展的"格兰杰"原因,实体经济对虚拟经济具有显著的正向影响。周莹莹和刘传哲(2014)的研究结果表明虚拟经济对实体经济固定资产投资的长短期影响均较显著,且长期内的影响作用更强。

5. 社会融资与实体经济的关系

相关研究主要包括:社会融资结构变迁对实体经济及产业结构的动态影响

(牛润盛,2013),社会融资规模与融资结构对实体经济增长的影响(郭丽虹等,2014),社会融资规模、融资结构与实体经济增长之间的联动性(张原等,2014),基准利率、社会融资规模对实体经济增长的影响(冉光和等,2015),社会融资规模扩张对实体经济增长的影响(刘业明,2014)。

6.不同金融行业与实体经济增长之间的关系

一方面,较多学者研究了股票市场与实体经济之间的关系,如股票市场与实体经济的背离关系(刘骏民和伍超明,2004;伍超明,2004;杜江和沈少波,2010)、股票市场与实体经济的作用效应(肖洋等,2012)。另一方面,张晓朴和朱太辉(2014)从理论研究和经济实践两个视角讨论了金融体系与实体经济的关系,并认为金融体系并非实体经济所对立的虚拟经济,而是作为服务业的一部分直接贡献于实体经济产出,并且还是实体经济配置资源的核心;陈华强(2011)系统地研究了银行体系推动实体经济发展的作用机理,银行信贷结构、所有制结构和区域结构与实体经济增长的关系,银行体系变迁的路径依赖问题以及实体经济对其的作用,银行体系脆弱性与实体经济波动间的关系等多个方面。

(三)关于财政与实体经济增长关系的研究

同国外一样,国内相关研究都是直接研究财政与宏观经济增长之间的关系,几乎没有直接研究财政与实体经济增长关系的文献。这里也主要从财政分权和财政支出两个方面来归纳总结国内关于财政与经济增长之间关系的研究。

关于财政分权对经济增长的影响具有不同的观点,部分学者认为财政分权可以促进经济增长(沈坤荣和付文林,2005;张曙霄和戴永安,2012;赖玥,2013;袁思农和龚六堂,2014),也有部分学者认为财政分权不仅没能促进经济增长,反而具有负面影响(宋玉华等,2008);还有部分学者得出了更丰富的结论,如:温娇秀(2006)研究发现中国财政分权可以促进经济增长,但存在显著的跨区差异,东部地区财政分权对经济增长的促进作用明显大于中西部地区;周业安和章泉(2008)发现财政分权在1994年前对经济增长没有促进作用,在1994年后具有显著促进作用;李国璋和刘津汝(2010)发现财政分权所带来的市场分割会削弱财政分权对经济增长的促进作用,且存在显著的区域差异;王韬和沈伟(2009)、王韬和底偃鹏(2010)研究发现中国财政支出分权可以促进经济增长,但财政收入分权却阻碍了经济增长;贺俊和吴照奕(2013)认为财政分权在促进经济增长的同时也拉大了城乡收入差距;缪小林等(2014)发现地方财政分权与县域经济增长之间呈显著倒"U"型关系。

关于财政支出及财政支出结构与经济增长之间关系的研究也没有得到一致的结论。一些研究认为财政支出有助于促进经济增长,如:邓悦和詹添丞(2013)实证研究发现地方财政支出能显著地促进经济增长,且以教育支出的促进作用最大;张志伟和佘金花(2014)认为财政支出结构中的基本建设支出、支农支出、教育支出、卫生支出和社会保障支出均能促进经济增长;陈高和王朝才(2014)发现地方财政支出对经济增长的影响具有正向外部效应和显著的区域差异。另外一些研究认为财政支出对经济增长的作用较小甚至为负,如:郭庆旺等(2003)研究发现,尽管财政生产性支出与经济增长呈正相关,但财政支出总水平与经济增长呈负相关;高军和刘博敏(2013)认为财政支出对经济增长的长期作用非常小,而在短期内对经济增长的促进作用也具有很强的滞后性;杨瑞平和敖小波(2014)认为财政支出与经济增长之间并不存在长期的均衡关系。还有少数学者认为我国财政政策与经济增长之间存在非对称性(满向昱等,2015)、非线性效应(张淑翠,2011)和倒"U"型关系(严成樑,2010)。

三、相关研究述评

通过对国内外相关文献的分析不难看出,现有国内外文献对金融财政与实体经济之间的关系进行了有益探索,对本书展开论述也具有重要的参考价值。但是,无论是国外相关研究还是国内相关研究,都还有需要进一步深入和完善的地方。

1.国外早期关于金融与实体经济关系的研究更多地隐含于金融发展与经济增长关系的研究中,鲜有直接研究金融与实体经济关系的文献。全球金融危机爆发以后,关于实体经济的专门研究逐渐增多,但更多的是分别从股票市场或银行市场等方面来展开研究,很少有专门研究金融业态深化与实体经济关系的文献。

2.国内文献关于金融与实体经济增长关系的研究更多地集中在实体经济资本配置效率,金融资本、金融创新、金融集聚、金融发展与实体经济增长之间的关系,虚拟经济与实体经济的关系,股票市场或银行市场与实体经济的关系,资产价格波动与实体经济的关系等方面,很少有文献系统地研究金融业态深化对实体经济增长规模、增长动力、增长结构和增长效率等的影响。

3.无论是在国内还是在国外,都鲜有文献直接研究财政与实体经济增长的关系,都是直接研究财政分权、财政支出与宏观经济增长之间的关系,即关于财政与实体经济增长关系的研究结论都被隐含在财政与宏观经济增长关系之中。

4.无论是国内还是国外,同时研究金融财政及其二者配合对实体经济增长影响的文献还是一片空白。

综合国内外相关文献来看,关于金融业态深化、财政政策激励与实体经济增长的研究还没有形成特有的理论框架体系,还没有系统地研究实体经济发展现状及问题,金融业态深化、财政政策激励及其二者的配合对实体经济增长规模、增长动力、增长结构、增长效率的影响,还没有系统地研究金融业态深化和财政政策创新促进实体经济增长的长效机制。而且,现有国内外相关文献由于研究方法、研究视角和指标选择等方面所存在的差异,研究结论也并未达成一致。基于此,无论从理论还是实证上对金融业态深化、财政政策激励对实体经济增长影响的研究都还有待进一步深化和完善。

第三节 国际经验借鉴

当曾经的"世界工厂"——英国逐渐衰落之后,重视实体经济发展的德国、美国、日本相继成为"世界工厂"。但在此后的经济发展过程中,美国和日本的经济却出现了严重的"脱实向虚"现象,唯独德国始终坚持发展实体经济(黄聪英,2014)。根据联合国统计,2011年中国制造业产值为2.05万亿美元,首次超越美国成为世界第一,2013年底中国200多种工业品产品也跃居世界第一,中国制造业大国的国际地位基本确立(国家行政学院经济学教研部,2015)。尽管如此,德国、美国、日本等实体经济强国的先进经验和教训都值得中国借鉴和总结。因此,本书主要总结德国、美国和日本的实体经济发展实践经验及其对中国的启示。

一、德国的实践经验借鉴

德国是全世界工业实力最雄厚的国家之一,是全世界唯一始终坚持发展实体经济的制造业强国。当全球金融危机和欧洲债务危机相继来袭时,德国经济也陷入了短暂的衰退期,但凭借其强大的实体经济,德国经济很快实现复苏并在欧洲一枝独秀。德国发展实体经济的实践经验有以下几个方面。

(一)德国长期坚持发展实体经济的兴国战略,同时有序地发展虚拟经济对实体经济予以辅助

1.德国长期坚持发展实体经济,坚持走"制造业兴国"的工业化道路,并先后制定了一系列有利于实体经济发展的法律法规,出台了一系列有助于实体企业发展的优惠政策,为实体经济发展营造了良好的外部环境。目前,德国已经注册有300多万家企业,不仅拥有宝马、奔驰、大众、西门子等世界知名大型企业,也有上千家被称为"隐形冠军"的中小企业(徐占忱、刘向东,2012)。

2.德国高度重视实体产业结构,坚持适时调整优化实体产业结构。一方面,德国政府重视和支持传统工业的转型、优化和升级,鼓励不同地区的产业通过各种形式形成产业集群;另一方面,德国大力创建高附加值的工业企业,鼓励和支持发展战略性新兴产业,减少高能耗高污染的产业,增加低能耗低污染的高新技术产业。

3.德国政府注重国际市场的开拓,积极帮助实体企业提升国际竞争力和国际知名度。德国企业凭借其顶尖的技术更新、过硬的产品质量和周到的售后服务,其产品对外出口长盛不衰。统计数据显示,2013年德国高技术出口额高达1 930.88亿美元,占制成品出口的百分比高达16%,出口总量和占比均位于世界前列[1]。特别是宝马、奔驰、大众等"德国制造"的世界知名品牌在激烈的国际市场上也能长期占据较高的市场份额。

(二)集政府、科研院所、实体企业于一体的国家创新体系是德国实体经济发展的"稳定器"

1.德国高度重视科技创新的研发经费投入,政府财政科技投入以及实体企业和社会力量的研发经费投入都在不断扩大,为实体经济发展提供了源源不断的强大动力。统计数据显示,德国2012年研发支出占GDP的比例高达2.92%,仅次于以色列的3.93%、芬兰的3.55%、瑞典的3.41%和丹麦的2.98%,远高于中国的1.98%[2]。

2.德国高度重视实用技术创新。德国政府坚持实施高科技发展战略,鼓励企业和个人发明创新,并专门出台了一系列法律法规来保护发明专利拥有者的

---

[1]数据来源:世界银行网站 http://data.worldbank.org.cn/。

[2]数据来源:世界银行网站 http://data.worldbank.org.cn/。

合法权益。德国80%的大型企业都拥有自己独立的研发机构,中小企业则成立联合研发机构(徐占忱、刘向东,2012)。

3.德国高度重视理论知识与实践经验的紧密结合,鼓励和支持科研机构、高等院校、实体企业密切合作,多渠道提高科研成果的转化率和转化速度,从而促进实体经济快速增长。

(三)独具特色的双元制职业教育,注重应用科学技术教育的高等教育体系是德国实体经济发展的"秘密武器"

双元制职业教育是指由职业学校和实体企业共同完成对学生职业技能的培养教育工作,学生利用大约30%的时间在职业学校接受普通文化知识教育和专业理论知识教育,利用大约70%的时间在实体企业将所学的专业理论知识运用到生产经营实践中。这种双元制职业教育模式具有理论知识与实践技能相互渗透、完美对接的特点,受到广大企业家、学生和家长的喜爱,这种独特的职业教育模式在德国已经取得了显著的成效,为德国实体经济发展输送了大量技术人才。另一方面,德国一直非常重视自然科学和工程技术人才的培养,从20世纪60年代就开始专门创立应用技术大学,目前在德国众多的高等院校中,应用技术大学共计140所,占比高达54%(史世伟、陈建平,2012),而且其中一些应用技术大学在全世界都赫赫有名,如亚琛工业大学、柏林工业大学、慕尼黑工业大学、斯图加特工业大学等。德国应用技术大学授课以应用为导向,尤其重视创新技术的应用和学生创新精神的培育。德国应用技术大学为实体经济发展培养了大量的优秀人才,是德国实体经济产业一线工程师的诞生地,成为德国实体经济长盛不衰的核心动力。

二、美国的实践经验借鉴

20世纪前半叶,美国实体经济生产规模的急剧扩张以及对外贸易的快速发展使其迅速成为世界第一经济强国。但在20世纪末期和21世纪初期,美国经济出现了严重的"脱实向虚"趋势,虚拟经济日益膨胀而实体经济不断萎缩。2008年全球金融危机爆发以后,美国迅速提出"再工业化"战略,要求大力发展实体经济。美国实体经济发展的实践经验有以下几点。

(一)美国实体经济经历了"迅速崛起—逐渐衰落—重塑优势"的发展历程

20世纪50年代以前,美国坚持以制造业为核心产业,大力发展实体经济。

在19世纪,美国制造业出现了空前的迅猛发展,工业总产值占全球总量的比重也迅速上升。美国抓住第二次科技革命的机遇,大力发展实体经济,经济总量迅速超越英国并成为第二个"世界工厂",其制造业产值曾在全球制造业总产值中占比高达40%以上(董书礼,2009)。20世纪80年代,美国开始认为制造业是"夕阳产业",并逐渐忽视了实体经济的发展,导致制造业"空心化"现象逐渐突显,制造业的国际竞争力也被逐渐削弱。到了20世纪90年代,信息产业迅速发展,逐渐成为美国第一产业,并推动美国从工业经济时代跨越到知识经济时代,实体经济再次得到发展。但在接下来的20年时间里,美国又开始忽视实体经济,产业结构加速向金融业等虚拟经济产业倾斜,以金融和房地产业为代表的虚拟经济逐渐取代制造业成为美国的主导产业。统计数据显示,1980—2006年间美国虚拟经济资产增长了4.53倍,其中金融和房地产业占比高达90%以上,2007年底美国虚拟经济规模已是实体经济的30多倍(陈凌岚和陈永志,2010;李长久,2012)。2008年全球金融危机的爆发使得美国经济出现长期下滑,社会各界再次深刻认识到了发展实体经济的重要性和必要性,美国政府也迅速提出了"再工业化"发展战略,力求重塑实体经济特别是制造业的竞争优势。

(二)美国政府高度重视和支持发展各类实体企业

美国政府对各类大型实体企业实施减税免税优惠政策以降低实体企业赋税负担,加大政府科研经费拨款向大型实体企业的倾斜以保证其研发经费的充足,同时对大型企业实施政府采购倾斜政策,积极培育各类大型实体企业。当然,美国政府也高度重视对各类中小企业的扶持。美国政府前后出台了50多部关于扶持中小企业发展的法律法规,为中小企业发展建立了完善的法律保障体系;成立了专门扶持中小企业发展的中小企业管理机构和非营利性服务组织,为中小企业发展提供了便捷的、多样化的中介服务;专门为中小企业实施了税费减免、政府采购倾斜、融资担保等各种扶持政策。

(三)美国政府和企业都高度重视科技创新,强大的科技创新能力是美国成为世界第一经济强国并长久不衰的重要原因

1.美国政府和实体企业都高度重视科技研发经费投入。相关数据显示,2012年美国研发投入高达2.81%,而中国仅为1.93%;2013年美国研发投入超过5 370亿美元,是中国的三倍[①]。

[①]数据来源:世界银行网站 http://data.worldbank.org.cn/和环球网 http://mil.huanqiu.com。

2.美国政府和实体企业都高度重视本土科技创新人才的大力培养和国外优秀科技创新人才的引进。2015年全球前100强大学中美国大学占据66席,前30强中美国大学占据22席,前15强中占据11席[1],由此可见美国高等教育的发达和强大。美国高等学府凭借雄厚的教学实力和丰厚的奖助学金吸引了世界各国的优秀青年,并采用各种政策促使较大比例的留学生定居美国加入美国人才库。

3.美国高度重视和支持科技创新,采用立法形式保护科技创新成果,率先将专利权写进国家宪法并建立和完善了一套专门保护知识产权的法律体系,为科技创新和科技成果转化提供了坚实的保障。

三、日本的实践经验借鉴

二战以后,日本大力发展制造业并迅速成为继英国和美国之后的第三个"世界工厂"。从20世纪90年代初期开始的20年时间里,日本实体经济出现青黄不接的现象,"产业空心化"问题日趋严重,经济增长缓慢,如今仍面临着一些问题。日本实体经济发展的实践经验有以下几点。

(一)日本从国家战略上高度重视实体经济

1.日本也长期坚持"制造业立国"的经济发展战略,为实体经济的健康发展营造了良好的环境,尽管近年来日本产业空心化问题和新兴经济体的壮大对日本实体经济产生了巨大冲击,但日本制造业占GDP的比重高于很多发达国家,仍具备较强的国际竞争力。

2.日本坚持实施"贸易立国"的发展战略,并将其确定为基本国策。日本政府采取发展互补型对外投资、加速日元国际化、实施"奖出限入"的贸易政策等一系列措施,鼓励和支持企业扩大对外出口,同时积极引进国外先进的资本、技术和设备。

3.日本非常重视大中小实体企业的培育和发展。较多的日本大型企业都拥有国际知名度和国际竞争力,如松下、索尼、三菱、佳能等;日本中小企业绝不盲目扩张,也不求全面发展,而是努力做好自己最擅长最拿手的事情,扮演市场竞争中不可或缺的角色,因而日本中小企业都具有顽强的生命力。

(二)同德国和美国一样,日本也非常重视科技创新

1.长期以来,日本坚持实施"科技创新立国"的发展战略,高度重视科技研发

---

[1] 数据来源:搜狐教育网:http://learning.sohu.com.。

经费投入。数据显示,2011年日本研发经费支出达17.3万亿日元,占GDP的比重高达3.39%,在发达国家中名列第一,其中80%以上的科研经费属于企业,国家科研经费不足20%;2013年科研经费投入排名前三的均为汽车企业,分别为丰田、本田、日产,三者的科研经费分别增长11.4%、12.4%和8.11%[①]。

2.同美国一样,日本也高度重视科技创新的立法保护和科技创新人才培养,相继出台了一系列关于科技创新的法律法规和科技创新人才培养计划,为科技创新营造了良好的外部环境。

3.日本高度重视产学研的密切合作,特别是核心技术的联合攻关,通过多种渠道和方式尽可能缩短新技术从实验室到产业的时间,力求不断提高科技创新成果转化率。

(三)日本政府重视宏观调控作用,积极为实体经济发展保驾护航

1.日本政府通过财政、金融、产业等政策法规扶持民族工业企业,重点培育战略性新兴产业,限制产能过剩产业。

2.日本十分重视内需产业发展,大力加快港口、高速公路、铁路等基础设施建设,将内需产业的投资作为实体经济发展的重要引擎。

3.日本政府采取多种政策措施很好地化解了产能过剩的问题。一方面,日本确立"贸易兴国"战略,不断增加产品出口以消化过剩产能,同时不断扩大对外投资以稳步转移过剩产能;另一方面,日本也出台各种政策促进内需发展,充分释放国内消费需求,以民间消费主导型的发展模式成功地应对了产能过剩问题。

第四节 本章小结

本章首先系统地回顾了金融深化与金融抑制理论、金融结构理论等重要的金融发展理论,财政分权激励和财政支出激励等财政激励理论,新古典经济增长理论和内生经济增长理论等经典的经济增长理论。在此基础上,从实体经济增长影响因素、实体经济资本配置效率、金融创新、金融发展、金融集聚等与实体经济增长的关系、财政分权、财政支出与实体经济增长的关系等多个方面对国内外相关研究文献进行了全面归纳、总结和评述。最后,本章还系统地总结了德国、美国和日本等发达国家实体经济发展的实践经验及其对中国实体经济发展的启示。

第三章 金融业态深化、财政政策激励与实体经济增长的理论框架

要全面系统地分析金融业态深化、财政政策激励及二者配合对实体经济增长的影响,首先必须构建相应的理论分析框架,弄清金融业态深化、财政政策激励、实体经济增长等相关概念的内涵及衡量指标,厘清三者之间的基本关系原理。因此,本章将首先对相关概念进行界定,然后从理论上分析金融业态深化、财政政策激励及二者配合与实体经济增长之间的关系原理,最后为金融业态深化、财政政策激励与实体经济增长选择科学合理的衡量指标。

第一节 金融业态深化、财政政策激励与实体经济增长的概念界定

一、金融业态深化的概念及内涵

金融深化的概念最早由美国经济学家 Mckinnon 和 Shaw 所提出,它是指政府放弃对金融市场和金融体系的过度干预,放松对利率和汇率的严格管制,使利率和汇率充分反映资金和外汇的供求状况,金融市场能有效的动员和配置社会资金,从而有效促进经济快速增长。简单来讲,金融深化的实质就是政府放松严格的金融管制以促进金融市场化发展的过程。在现代市场经济条件下,金融逐渐成为一门独立的产业,而且逐渐发展成为国民经济的核心产业。金融产业包括多种不同的金融业态,如银行业、证券业、保险业、信托业等各种金融行业,黄金交易市场、金融衍生市场等各种金融市场,以及私人银行、票据中心等各种金融营运中心等。金融深化与金融业态深化是包含与被包含的关系,金融深化包含金融业态深化,金融业态深化是金融深化的一个重要组成部分或是一种表现形式。本书将金融业态深化定义为:在金融市场化进程中,金融产业发展演化及金融资本实力增强的状态与过程。从定义可知,金融业态深化包括两层含义:一是指各种不同金融行业或金融市场等金融业态的发展演化过程;二是金融资本积累和金融实力增强的过程。更直接地说,金融业态深化就是金融规模扩张、金融

结构优化、金融效率提升的状态及过程,是一个国家或地区金融发展的综合表现。金融业态深化的最终结果是区域金融实力的提升,即金融业态深化是过程,金融实力增强是结果。金融业态深化程度越高,金融实力越强,金融支持实体经济增长的作用越强。金融实力包括金融硬实力和金融软实力,其中金融硬实力主要包括金融资产规模、股票市值、金融机构数量、金融市场交易量、金融产业增加值、经济金融化程度和经济货币化程度等;金融软实力主要包括金融创新水平、金融监管能力、金融人才配置、金融市场体系发育程度、金融文化环境等多个方面。

二、财政政策激励的概念及内涵

在中国这种政府主导经济社会发展的现实背景下,财政是一种非常重要的激励措施,财政不仅为政府提供了激励还提供了制度便利(李永友,2014)。所谓财政激励,其实质是一种促进地方政府经济增长竞争的制度机制。傅勇(2008)从财政收入角度对财政激励进行了定义,认为财政激励是指地方政府采取激励措施促进地方经济增长后所能增加的财政收入的幅度。那么,财政收入增长幅度越大说明财政激励越强,反之,财政收入增长幅度越小说明财政激励越弱。在这种财政收入分成的激励机制下,地方政府和官员更关心的是如何把自己的"饼子"做大(乔宝云等,2014),而在官员"晋升锦标赛"激励机制下,地方官员更关心怎么把自己的"饼子"做得更大,进而在职位晋升评选中占据优势。安然(2013)认为财政激励是国家财政工具和财政政策在微观层面的具体表现形式,是政府利用财政补贴、税收优惠、政府采购、政府投资等手段为地方经济发展所提供的一系列激励措施。邓子基和杨志宏(2011)认为,政府财政激励通常可以采用税收减免优惠和财政补贴两种方式来实现。

现实中,地方政府实施财政激励手段的基础是财政分权,只有地方政府拥有一定财政收支权力的时候才能有效实施各种财政激励手段。财政激励手段主要包括政府财政投资、政府购买、财政补贴、税收优惠,以及各种财政专项经费支出和财政奖励等。基于此,本书认为财政政策激励是在中国式财政分权的基础上,中央和地方各级政府通过财政补贴、税收优惠、政府投资等多种财政手段来促进地方实体经济增长、优化实体经济产业结构和提高实体经济增长效率等。相应地,财政激励政策创新就是在财政体制改革深化过程中,促进实体经济增长的各种财政激励政策工具的创造性科学性协调配合运用的总称。

三、实体经济增长的概念及内涵

"实体经济"并非一个专用词语,在《辞海》中并不存在"实体经济"这一词语。当然,"实体经济"也并非经济学中的一个专业术语,在《新帕尔格雷夫经济学大辞典》中也没有收入"实体经济"(Real Economy)一词(李强和徐康宁,2013)。随着世界各国虚拟经济的不断发展,以及学者们对虚拟经济的广泛关注,"实体经济"作为与"虚拟经济"(Fictitious Economy)相伴生的术语逐渐被学者们广泛提及和运用。国外相关文献中与实体经济相对应的经济学术语主要是"货币政策""金融深化""金融市场"等,而中国关于实体经济的研究主要是因研究虚拟经济或金融危机而起,与实体经济相对应的也多为"虚拟经济"。

从现有文献来看,国外学者关于实体经济的界定最早可以追溯到1827年萨伊的"货币面纱论",萨伊将货币与实体经济的运行分离开来(萨伊,2010)。随后,凯恩斯(1936)、Hicks(1937)和Tobin(1958)等都对实体经济的概论进行了阐述。2008年金融危机爆发以后,美联储在多种场合下频繁使用"实体经济"这一词语。美联储将除去金融业和房地产业以外的其他部门笼统地概括为"实体经济"。目前,国内已有较多学者对实体经济的概念进行了界定。雷建(2003)认为实体经济是指用于物质产品和精神产品的生产与销售,以及为此提供服务的经济活动,包括农业、建筑业、制造业、交通运输业、零售业、商业、医疗保健、文化体育等多种产业部门。周小川(2011)认为实体经济主要包括物质产品的生产和相应的服务业[1]。徐康宁(2012)认为凡是能够给人们带来实际效用的经济活动都属于实体经济范畴[2]。随着对实体经济研究的不断深化,学者们对其的定义也逐渐趋于统一,普遍认为实体经济是指物质的、精神的产品和服务的生产、流通等经济活动,其在经济运行中以有形的物质为载体、进入市场的要素以实物形态为主体的经济活动,不仅包括农业、工业、交通通信业、商业服务业、建筑业等物质生产和服务部门,也包括教育、文化、知识、信息、艺术、体育等精神产品的生产和服务部门(毛克贞和王超,2011;中央党校中国特色社会主义理论体系研究中心,2011;罗能生和罗富政,2012;张林等2014)。

综合以上分析,本书在现有国内外相关文献的基础上将实体经济定义为:实体经济是指经济运行中以有形的物质为载体、进入市场的要素以物质形态为主

---

[1] 资料来源:中央政府门户网站 http://www.gov.cn/。

[2] 资料来源:新华日报(南京),2012-01-17。

体的物质产品、精神产品的生产、销售、消费、服务等所有经济活动,不仅包括广义农业、制造业、建筑业、交通运输业、仓储业、能源开采业、邮电通信业等物质生产和服务部门,也包括教育、文化、艺术、医疗、信息、体育、社会保障等精神产品的生产和服务部门。根据上述定义,中国实体经济主要有"有形性、载体性、主导性、下降性"四个基本特征。"有形性"和"载体性"是指实体经济部门的所有产品和服务都必须是有形的物质载体,"主导性"是指实体经济在国民经济中占据着主导地位,"下降性"是指实体经济在国民经济中的比重呈下降趋势。从公布的最新国民经济行业分类(GB/T 4754-2011)来看,第一产业和第二产业明显属于实体经济范畴,第三产业中除"金融业"和"房地产业"以外的其他产业也基本上可以归为实体经济范畴。因此,后文所指的实体经济均为除金融业和房地产业以外的其他所有产业,金融业和房地产业归为虚拟经济范畴。

第二节 金融业态深化、财政政策激励与实体经济增长的关系原理

根据前面概念界定可知,金融业态深化是金融规模扩张、金融结构优化、金融效率提升的状态及过程,财政政策激励对实体经济增长的影响作用主要是通过财政分权激励、财政支出激励和税收优惠激励等方式来实现的。因此,本节接下来将分别从金融规模、金融结构、金融效率三个方面来建立数理模型分析金融金融业态深化与实体经济增长的关系原理,从财政分权、财政支出和税收优惠三个方面来建立数理模型分析财政政策激励与实体经济增长之间的关系原理。

本书在建立数理模型分析过程中,以经典的也是常用的Cobb-Douglas(柯步—道格拉斯)生产函数$Y=f(K,L)$为基础,然后根据不同的研究目的对生产函数进行变形处理。同时,假定在均衡增长路径下,经济增长率、消费增长率和知识增长率完全相等,即$g=g_Y=g_c=g_n$。社会人力资本总供给为给定值L,人力资本可以无成本的在社会各部门之间自由流动,即在均衡条件下社会各部门的劳动报酬(工资率)完全相等。每个代表性消费者的效用函数为:

$$U(c)=\int_0^\infty \frac{c^{1-\varepsilon}-1}{1-\varepsilon}e^{-\rho t}dt \qquad (3.1)$$

其中,c表示人均个人消费,ε表示跨期替代弹性的倒数,ρ表示为正的消费者主观贴现率。

一、金融业态深化与实体经济增长的关系原理

(一)金融规模与实体经济增长的关系原理

本书综合借鉴 Romer(1990)、Alfaro(2010)、苏基溶和廖进中(2010)、张林等(2014)等文献的思路建立包含完全竞争的最终产品部门、研发部门、金融部门以及垄断的中间产品生产部门的四部门经济系统,构建基于中间产品种类扩张的内生经济增长模型来分析金融规模与实体经济增长的关系原理。首先,假定经济系统中只有一种由最终产品部门所提供的最终产品,每个中间产品生产商只生产一种中间产品,金融部门以相同的租金 R_F 向最终产品部门和研发部门提供金融产品和服务,其中向研发部门提供的金融产品和服务总和占比为 f。

1. 基本模型设定

最终产品生产商利用劳动 L_Y、金融服务 F_Y 以及中间产品 x_i 来生产最终产品 Y,其生产函数为:

$$Y = AF_Y^\alpha L_Y^\beta F^\gamma = AF_Y^\alpha L_Y^\beta \int_0^n x_i^\gamma di \tag{3.2}$$

其中,Y 为最终产品的产出;A 为技术水平参数($A>0$);F_Y 表示金融部门为最终产品部门提供的金融产品和金融服务,L_Y 表示最终产品部门的劳动投入,K 为资本投入,由 n 种不同的中间产品 x_i 组成,$K=[\int_0^n x_i^\gamma di]^{1/\gamma}$。

对于中间产品部门而言,生产商既要从研发部门购买知识产品作为固定投入,同时也要使用最终产品 Y 来生产中间产品 x_i,然后将中间产品销售或出租给最终产品生产商从而获得产品销售收入或租金。为了简化模型,假设中间产品生产商的生产函数为 $x_i = j^{-1}Y$。金融部门所能够提供的金融产品和服务总量取决于投入到金融部门的人力资本存量 L_F 和产出效率参数 h,即金融部门的生产函数为 $F = hL_F$。研发部门的知识生产主要取决于投入到该部门的人力资本投入 L_n、已有知识存量 n、金融部门所提供的金融产品与服务 F_n,研发部门的生产函数为:

$$\dot{n} = \delta n L_n F_n \quad (\delta > 0) \tag{3.3}$$

其中,$\dot{n}$ 表示研发部门的知识增量,δ 表示研发部门的生产率参数。由假定可知,$F_n = fF$,其中 F 表示金融部门向最终产品部门和研发部门所提供的金融产品和服务总和,本文用其来表示金融规模。

2. 市场均衡分析

为简化模型，假定最终产品的价格为 $P_Y=1$。设 P_Y 为最终产品部门的人力资本工资率，P_i 表示中间产品 x_i 的价格，金融产品的租金率为 R_F，则最终产品部门的利润最大化问题为：

$$Max\, p_Y = Y - \int_0^n p_i x_i d_i - \omega_Y L_Y - R_F F_Y \tag{3.4}$$

对上式(3.4)分别用 x_i 和 L_Y 求偏导数，可得：

$$\begin{cases} P_i = \gamma A F_Y^\alpha L_Y^\beta x_i^{\gamma-1} \\ \omega_i = \beta A F_Y^\alpha L_Y^{\beta-1} n x_i^\gamma \\ P_F = A\alpha n F_Y^{\alpha-1} L_Y^\beta x_i^\gamma \end{cases} \tag{3.5}$$

中间产品生产商的利润最大化问题为：

$$Max\, \pi_m = P_i x_i - \varphi x_i \tag{3.6}$$

由条件 $\partial \pi_m / \partial x_i$ 可得，$P_i = \varphi/\gamma$，$\varphi = \gamma P_i$。结合上式(3.5)可以得出 $x_i = A^{\frac{1}{1-\gamma}} F_Y^{\frac{\alpha}{1-\gamma}} L_Y^{\frac{\beta}{1-\gamma}} \gamma^{\frac{2}{1-\gamma}} \varphi^{\frac{1}{1-\gamma}}$，$\omega_Y = \beta A^{\frac{1}{1-\gamma}} n \gamma^{\frac{2\gamma}{1-\gamma}} \varphi^{\frac{\gamma}{1-\gamma}} F_Y^{\frac{\alpha}{1-\gamma}} L_Y^{\frac{\gamma}{1-\gamma}}$。再结合式(3.2)可得出，最终产品部门在均衡状态下的产出水平为：

$$Y = A^{\frac{1}{a}} n F_Y^{\frac{\alpha}{1-\gamma}} L_Y^{\frac{\beta}{1-\gamma}} \gamma^{\frac{2}{1-\gamma}} \varphi^{\frac{\gamma}{1-\gamma}} \tag{3.7}$$

金融部门的利润最大化问题为：

$$Max\, p_F = R_F h L_F - \omega_F L_F \tag{3.8}$$

由一阶条件可得：

$$\omega_F = \eta R_F \tag{3.9}$$

假定研发部门知识产品的价格为 P_n，人力资本工资率为 ω_n，金融产品的租金率也为 R_F，则研发部门的利润最大化问题为：

$$Max\, \pi_F = P_n \dot{n} - \omega_n L_n - R_F F_n \tag{3.10}$$

由条件 $\partial \pi_n / \partial L_n = 0$ 可得：

$$\omega_n = \delta n P_n F_n \tag{3.11}$$

$$R_F = P n \delta n L_n \tag{3.12}$$

根据中间产品部门的非套利条件有：

$$P_n = v_t \int_t^\infty e^{-r(s-t)} \pi_m(s) ds \tag{3.13}$$

$$P_n = v_t = \frac{1}{r}\pi_m(t) = \frac{1}{r}(1-\gamma)A^{\frac{1}{1-\gamma}}\gamma^{\frac{1+\gamma}{1-\gamma}}\varphi^{\frac{\gamma}{1-\gamma}}F_Y^{\frac{\alpha}{1-\gamma}}L_Y^{\frac{\beta}{1-\gamma}} \tag{3.14}$$

结合式(3.5)、式(3.12)和式(3.14)可以得出：

$$L_n = \frac{\alpha r}{\delta\gamma(1-\gamma)F_Y} \tag{3.15}$$

结合式(3.9)、式(3.11)和式(3.12)得：$L_n = F_n/\eta$。再带入式(3.15)得：

$$F_n = \frac{\alpha r \eta}{\delta\gamma(1-\gamma)F_Y} \tag{3.16}$$

根据前面的基本假定，在均衡路径上有 $g = g_Y = gc = gn$，即有：

$$\frac{r-\rho}{\varepsilon} = \delta L_n F_n \tag{3.17}$$

结合式(3.15)、式(3.16)和式(3.17)可得：

$$r = \frac{\rho\gamma(1-\gamma)F_Y}{\gamma(1-\gamma)F_Y - F_n\alpha\varepsilon} \tag{3.18}$$

将式(3.18)带入式(3.16)可得：

$$\delta F_n = \frac{\alpha\rho\eta}{\gamma(1-\gamma)F_Y - F_n\alpha\varepsilon} \tag{3.19}$$

$$g = \frac{\alpha\rho F_n}{\gamma(1-\gamma)F_Y - F_n\alpha\varepsilon} = \frac{\delta}{\eta}F_n^2 = \frac{\delta}{\eta}\phi^2 F^2 \tag{3.20}$$

对上式(3.20)关于 F 求偏导，可得：

$$\frac{\partial g}{\partial F} = 2\frac{\delta}{\eta}\phi^2 F > 0 \quad \frac{\partial^2 g}{\partial F^2} = 2\frac{\delta}{\eta}\phi^2 > 0 \tag{3.21}$$

由上式(3.20)和式(3.21)可知，实体经济增长率是关于金融规模的二次函数。一阶偏导数 $\partial g/\partial F > 0$，说明金融规模对实体经济增长具有正向促进作用，金融规模越大，实体经济增长越快；二阶偏导数 $\partial^2 g/\partial F^2 > 0$，说明金融规模的加速扩张会促进实体经济以更快地速度增长，即金融规模扩张速度越快，金融促进实体经济增长的速度越快。

综合以上分析，可以得出以下结论1。

结论1：金融规模对实体经济增长具有正向促进作用，而且金融规模扩张速度越快，实体经济增长速度越快。

(二)金融结构与实体经济增长的关系原理

金融产业结构优化是金融业态深化的重要过程,其对实体经济产业结构调整及实体经济增长都具有重要的促进作用。金融产业结构升级和实体产业结构升级二者之间相互影响,金融产业结构升级可以带动实体经济产业结构升级,实体经济产业结构升级反过来又促进金融产业结构升级,二者的相互作用主要通过社会资源的流动表现出来。本书借鉴范方志和张立军(2003)的思想建立理论模型分析金融结构优化与实体经济产业结构优化、实体经济增长之间的关系。

假设经济系统是封闭的,只有金融和实体经济两个重要的经济部门,分别用部门1和部门2表示。同时为了简化模型,假定金融部门包括传统金融行业a和新兴金融行业b,实体经济部门也包括传统产业a和新兴产业b;金融部门中传统金融行业a和新兴金融行业b的资本存量分别为K_{1a}和K_{1b},实体经济部门中传统产业a和新兴产业b的资本存量分别为K_{2a}和K_{2b}。同理,可以将传统金融行业a和传统实体产业a归为传统部门A,将新兴金融行业b和新兴实体产业b归为新兴部门B。基于以上假定,可以构建如下生产函数:

$$Y = f(K) = f(K_1、K_2), K_1 + K_2 = K \tag{3.22}$$

$$K_{1a} + K_{1b} = K_1, K_{2a} + K_{2b} = K_2 \tag{3.23}$$

其中,K_1、K_2分别为金融部门1和实体经济部门2的资本存量。设金融部门内传统金融行业a和新兴金融行业b的资本配置最合意比例为$K_1^* = K_{1a}^*/K_{1b}^*$,实体经济部门内传统实体产业a和新兴实体产业b的资本配置最合理比例为$K_2^* = K_{2a}^*/K_{2b}^*$,传统部门A内实体产业和金融业的资本配置最合理比例为$K_a^* = K_{2a}/K_{1a}$,新兴部门B内实体产业和金融业的资本配置最合理比例为$K_b^* = K_{2b}/K_{1b}$。当金融部门和实体经济部门之间的资本配置达到最合理比例,金融部门和实体经济部门内部传统产业a和新兴产业b之间的资本配置也分别达到最合意比例K_1^*和K_2^*,传统部门A和新兴部门B内部的资本配置也分别达到最合理比例K_a^*和K_b^*,此时实体经济将实现最大化增长。

不难理解,实体经济部门中新兴产业的发展比传统产业发展需要更多的金融服务,即实体经济产业结构的升级必然要求更大数量、更多种类、更为便捷、更高质量的金融服务。因此,新兴部门B的合意比例K_b^*应该大于传统部门A的合意比例K_a^*(范方志、张立军,2003),即有$K_b^* > K_a^*$。讨论产业结构变迁对经济增长的影响,假定金融部门所提供的金融服务总量和实体经济部门所提供的产品总量都保持不变,而各种产品和服务的相对规模发生变化,因此产业结构调整过程中传统部门A和新兴部门B的最合意比例均保持不变,即有:

$$\frac{K_{2a} - \Delta K_{2a}}{K_{1a} - \Delta K_{1a}} = K_a^* \frac{K_{2b} + \Delta K_{2b}}{K_{1b} + \Delta K_{1b}} = K_b^* \tag{3.24}$$

在金融部门和实体经济部门的产业结构升级过程中,社会资本存量将从传统部门A流向新兴部门B,因此有:

$$\Delta K_a = \Delta K_{1a} + \Delta K_{2a} = \Delta K_b = \Delta K_{1b} + \Delta K_{2b} \tag{3.25}$$

$$\Delta K_{2b} - \Delta K_{2a} = \Delta K_{1a} - \Delta K_{1b} \tag{3.26}$$

综合以上各式可以求得:

$$\frac{\Delta K_{1b}}{\Delta K_{1a}} = \frac{1 + K_a^*}{1 + K_b^*} < 1 \tag{3.27}$$

即有 $\Delta K_{1b} < \Delta K_{1a}$。再根据上式(3.26)可得 $\Delta K_{2b} > \Delta K_{2a}$。产业结构升级最重要的表现就是社会资本将从传统部门A流向新兴部门B。而且式子 $\Delta K_{1b} < \Delta K_{1a}$ 表明从传统金融部门流出的社会资本 ΔK_{1a} 大于流入新兴金融部门的社会资本 ΔK_{1b},式子 $\Delta K_{2b} > \Delta K_{2a}$ 表明流入新兴实体经济部门的资源 ΔK_{2b} 要大于从传统实体经济部门流出的资源 ΔK_{2a}。因此,传统部门的资本存量减少量 ΔI_a($\Delta I_a = \Delta K_{1a} + \Delta K_{2a}$)小于新兴产业部门的资本存量增加量 ΔI_b($\Delta I_b = \Delta K_{1b} + \Delta K_{2b}$),即 $\Delta I_a < \Delta I_b$。实体经济产业结构升级反作用于金融系统,使金融产业结构也不断优化升级,从而形成一个良性循环系统。接着上面的分析,在产业结构优化升级过程中,新兴产业部门生产同样的产品需要更多的投资,因此,新兴产业部门的投资率 i_b 将会不断上升,而传统部门的投资率 i_a 将不断下降,且 $i_b > i_a$。根据投资乘数原理,新兴产业部门B增加投资 ΔI_b 将会增加 $\Delta Y_b = \Delta I_b/(1 - i_b)$ 的产出;同理,传统部门A减少投资 ΔI_a 将会减少 $\Delta Y_a = \Delta I_a/(1 - i_a)$ 的产出。

由于 $i_b > i_a$,$\Delta I_a < \Delta I_b$,因此有:

$$\begin{cases} \Delta Y_b = \dfrac{\Delta I_b}{1 - i_b} > \dfrac{\Delta I_a}{1 - i_a} = \Delta Y_a \\ \Delta Y = \Delta Y_b - \Delta Y_a > 0 \end{cases} \tag{3.28}$$

上式(3.28)说明,新兴产业部门新增投资所带来的产出增量要大于传统部门减少等量投资所导致的产出减少量。

综合以上分析,可以得出如下结论2。

结论2:金融产业结构升级将促进实体经济传统部门的资本向新兴产业部门流动,新兴产业部门增加投资所带来的产出增加量大于传统部门减少等量投资所导致的产出减少量,从而促进实体经济不断加速增长。

(三)金融效率与实体经济增长的关系原理

首先,假定金融系统在将储蓄转化为投资的过程中存在一定的"漏出"现象,不可能将所有储蓄百分之百转化为投资,即投资 $I = \varphi S$,其中 $0 < \varphi < 1$,本文用 φ 表示金融效率,其值越大表示金融系统将储蓄转化为投资的比例越高;资本折旧率为 δ,储蓄等于收入减去消费;社会初始资本存量为 k_0,资本积累方程为 $\dot{k} = \varphi(y - c - \delta k)$,据此建立如下目标函数:

$$\begin{cases} Max: U = \int_0^\infty \frac{c^{1-\varepsilon} - 1}{1 - \varepsilon} e^{-\rho t} dt \\ s.t.: \dot{k} = \varphi(Ak^\alpha - \delta k - c) \\ \dot{k} \geq 0 \quad k(0) = k_0 \end{cases} \quad (3.29)$$

为求解上式(3.29),建立如下 Hamilton 函数:

$$H = \frac{c^{1-\varepsilon} - 1}{1 - \varepsilon} + \lambda \varphi(Ak^\alpha - \delta k - c) \quad (3.30)$$

分别对 c 和 k 求偏导数可得:

$$\begin{cases} \frac{\partial H}{\partial c} = c^{-\varepsilon} - \lambda \varphi = 0 \Rightarrow c^{-\varepsilon} = \lambda \varphi \\ \frac{\partial H}{\partial k} = \rho \lambda - \dot{\lambda} = \lambda \varphi(\alpha A k^{\alpha-1} - \delta) \end{cases} \quad (3.31)$$

在均衡路径上有:

$$g_y = g_c = \frac{\dot{c}}{c} = \frac{1}{\varepsilon} [\varphi(\alpha A k^{\alpha-1} - \delta) - \rho] \quad (3.32)$$

由上式(3.32)可知,均衡经济增长率 g_y 是关于金融效率 φ 的函数,且有 $\partial g_y / \partial \varphi = \alpha A k^{\alpha-1} / \varepsilon > 0$,即金融效率与实体经济增长之间呈正相关关系。

综上分析,可以得出以下结论3。

结论3:金融效率提升对实体经济增长具有正向促进作用,金融效率越高,即金融系统将储蓄转化为投资的比例越高,实体经济增长越快。

综合以上结论1、结论2和结论3可知,金融规模、金融结构和金融效率均对实体经济增长具有正向促进作用,而且金融规模越大、金融结构越好、金融效率越高,实体经济增长越快。根据前面的概念界定,本书认为金融业态深化FS是关于金融规模F_1、金融结构F_2、金融效率F_3的复合函数,而且金融业态深化与金融规模、金融结构和金融效率之间呈正相关关系,即$FS=f(F_1、F_2、F_3)$,$\partial FS/\partial F_1>0$、$\partial FS/\partial F_2>0$、$\partial FS/\partial F_3>0$。因此,金融产业规模扩张、金融产业结构优化、金融服务效率提升的综合过程——金融业态深化对实体经济增长具有正向促进作用,金融业态深化程度越高,实体经济增长越快。

二、财政政策激励与实体经济增长的关系原理

(一)财政分权与实体经济增长之间的关系原理

借鉴Barro(1990)、Davoodi和Zou(1998)的分析思路和分析框架,假设资本投入包括私人资本、中央财政支出和地方财政支出三个部分,对C-D生产函数取人均值将其变形为:

$$y = Ak^\alpha f^\beta s^\gamma \tag{3.33}$$

其中,y表示人均产出,A表示技术进步率,k表示人均私人资本,f表示人均中央政府财政支出,s表示人均地方政府财政支出,α、β、γ表示各自的产出弹性,且$0<\alpha$、β、$\gamma<1$,$\alpha+\beta+\gamma=1$。

借鉴贺俊和吴照奚(2013)的思想,假定政府财政支出对消费者的效用具有一定影响,因此每个消费者的效用函数表达式将变为:

$$U(c,f,s) = \int_0^\infty [\frac{c^{1-\varepsilon}-1}{1-\varepsilon} + \frac{f^{1-\varepsilon}-1}{1-\varepsilon} + \frac{s^{1-\varepsilon}-1}{1-\varepsilon}]e^{-\rho t}dt \tag{3.34}$$

消费者税后可支配收入部分用于消费,另外一部分用于储蓄,其资本积累的预算约束式:

$$\dot{k} = (1-t)y - c = A(1-t)k^\alpha f^\beta s^\gamma - c \tag{3.35}$$

其中,$\dot{k}$表示人均资本存量增量,t表示个人所得税率,c为人均消费支出。

假定政府的预算总是平衡的,中央政府及地方政府的财政总支出总是等于总税收收入,即:

$$G = f + s = ty = tAk^\alpha f^\beta s^\gamma \tag{3.36}$$

其中,G表示中央政府和地方政府的财政支出总和,假定中央政府财政支出

和地方政府财政支出占总财政支出的比重分别为 ϕ_f 和 ϕ_s，即 $\phi_f = f/G, \phi_s = s/G$，且 $\phi_f + \phi_s = 1$。

综上分析，代表性消费者的决策问题可以转化为如下动态最优化问题：

$$\begin{cases} \max(U) = \int_0^\infty u(c,f,s) e^{-\rho t} dt \\ s.t. \dot{k} = A(1-t) k^\alpha f^\beta s^\gamma - c \end{cases} \quad (3.37)$$

根据上式(3.37)，建立如下 Hamilton 函数：

$$H = \left(\frac{c^{1-\varepsilon} - 1}{1-\varepsilon} + \frac{f^{1-\varepsilon} - 1}{1-\varepsilon} + \frac{s^{1-\varepsilon} - 1}{1-\varepsilon} \right) + \lambda [A(1-t) k^\alpha f^\beta s^\gamma - c] \quad (3.38)$$

其中，λ 为 Hamilton 函数的系数。解 Hamilton 方程得到如下欧拉方程：

$$\begin{cases} \dfrac{\partial H}{\partial c} = u'(c,f,s) - \lambda = c^{-\varepsilon} - \lambda = 0 \\ \dfrac{\partial H}{\partial k} = \lambda \alpha A(1-t) k^{\alpha-1} f^\beta s^\gamma = \rho\lambda - \dot{\lambda} \end{cases} \quad (3.39)$$

横截性条件为：

$$\lim_{t \to \infty} [\lambda(t) \cdot k(t)] = 0 \quad (3.40)$$

上式(3.40)表示消费者的最终剩余资产必为0，即私人资本随时间趋于无穷而趋于0，否则消费者可以通过增加前期消费来增加效用(冉光和等，2009)。

对式(3.39)继续化简得：

$$c^{-\varepsilon} = \lambda \quad (3.41)$$

$$\dot{\lambda} = \rho\lambda - \alpha\lambda(1-t) A^{\frac{1}{\alpha}} t^{\frac{1-\alpha}{\alpha}} \left(\frac{f}{G} \right)^{\frac{\beta}{\alpha}} \left(\frac{s}{G} \right)^{\frac{\gamma}{\alpha}} \quad (3.42)$$

$$\frac{\dot{\lambda}}{\lambda} = \rho - \alpha(1-t) A^{\frac{1}{\alpha}} t^{\frac{1-\alpha}{\alpha}} \left(\frac{f}{G} \right)^{\frac{\beta}{\alpha}} \left(\frac{s}{G} \right)^{\frac{\gamma}{\alpha}} \quad (3.43)$$

在均衡路径上有：

$$g_y = g_c = \frac{\dot{c}}{c} = \frac{1}{\varepsilon} \left[(1-t) \alpha A^{\frac{1}{\alpha}} t^{\frac{1-\alpha}{\alpha}} (1-\varphi_s)^{\frac{\beta}{\alpha}} (\varphi_s)^{\frac{\gamma}{\alpha}} - \rho \right] \quad (3.44)$$

由式(3.44)可知，实体经济增长率是关于个人所得税率 t 和财政分权度 φ_s 的函数，且实体经济增长率与财政分权 φ_s 之间呈正相关关系。通过极大化式(3.44)可以得到实体经济增长率最大时，中央政府和地方政府的财政支出份额分别为：

$$\phi_f^* = \frac{\beta}{\beta+\gamma} \quad \phi_s^* = \frac{\gamma}{\beta+\gamma} \qquad (3.45)$$

综上分析,可以得出以下结论4。

结论4:财政分权激励有助于促进实体经济增长,且财政分权度越高,实体经济增长率越高。

(二)财政支出与实体经济增长之间的关系原理

综合借鉴冉光和等(2009)和张淑翠(2011)的思路来建立理论模型分析财政支出对实体经济增长的影响作用。首先,假定政府财政支出分为生产性支出 G_1 和非生产性支出 G_2,即有 $G = G_1 + G_2$,生产性支出影响实体经济增长水平,非生产性支出影响个人福利水平。假定每个家庭的跨期效用函数表达式为:

$$U(c, g_2) = \int_0^\infty [\frac{c^{1-\varepsilon}-1}{1-\varepsilon} + \frac{g_2^{1-\varepsilon}-1}{1-\varepsilon}]e^{-\rho t}dt \qquad (3.46)$$

其中,g_2 表示人均政府非生产支出。

根据前面的基本假定,企业人均产出的方程表达式为:

$$y = Ak^\alpha g_1^\beta g_2^\gamma \qquad (3.47)$$

其中,y 表示人均产出,A 表示技术进步率,g_1、g_2 分别表示人均政府生产性支出和人均政府非生产性支出,α、β、γ 表示各自的产出弹性,且 $0 < \alpha、\beta、\gamma < 1, \alpha + \beta + \gamma = 1$。

假设每个家庭都满足"非蓬齐博弈条件",家庭资本积累的预算约束式为:

$$\dot{k} = rk + w - nk - \delta k - c = (1-t)y - (n+\delta)k - c \qquad (3.48)$$

其中,r 是资本收益率,k 为家庭私人资本,n 为保持不变的人口增长率,w 为工资收入,δ 为资本折旧率。

同上文一样,假定政府生产性支出和非生产性支出之和等于总税收收入,即 $G = G_1 + G_2 = ty$,t 为固定的税率,也可以说是财政支出占GDP的比重。生产性支出占总支出的比重为 φ_1,非生产性支出占总财政支出的比重为 φ_2,$\varphi_1 + \varphi_2 = 1$。

根据家庭效用最大化和企业利润最大化条件,市场均衡可以表述为如下最优化问题(在竞争经济体中,家庭和企业面临着相同的工资率和利率):

$$\begin{cases} \max(U) = \int_0^\infty [\dfrac{c^{1-\varepsilon}-1}{1-\varepsilon} + \dfrac{g_2^{1-\varepsilon}-1}{1-\varepsilon}]e^{-\rho t}dt \\ s.t.: \quad \dot{k} = (1-t)y - (n+\delta)k - c \\ \lim_{t \to \infty}\{k(t) \cdot \exp[-\int_0^t (r(v)-n)dv]\} \geq 0 \end{cases} \quad (3.49)$$

为求解上式的均衡经济增长率，建立如下 Hamilton 函数：

$$H = [\dfrac{c^{1-\varepsilon}-1}{1-\varepsilon} + \dfrac{g_2^{1-\varepsilon}-1}{1-\varepsilon}] + \lambda[A(1-t)k^\alpha g_1^\beta g_2^\gamma - (n+\delta)k - c] \quad (3.50)$$

解上式 Hamilton 方程得到如下欧拉方程：

$$\begin{cases} \dfrac{\partial H}{\partial c} = u'(c,g_2) - \lambda = c^{-\varepsilon} - \lambda \Rightarrow c^{-\varepsilon} = \lambda \\ \dfrac{\partial H}{\partial k} = \lambda\alpha A(1-t)k^{\alpha-1}g_1^\beta g_2^\gamma - (n+\delta) = \rho\lambda - \dot{\lambda} \end{cases} \quad (3.51)$$

由此可以求解均衡路径上的经济增长率：

$$g_y = g_c = \dfrac{\dot{c}}{c} = \dfrac{1}{\varepsilon}[(1-t)\alpha A^{\frac{1}{\alpha}} t^{\frac{1-\alpha}{\alpha}}(\varphi_1)^{\frac{\beta}{\alpha}}(\varphi_2)^{\frac{\gamma}{\alpha}} - \delta - \rho] \quad (3.52)$$

由上式(3.52)可知，除了固定税率 t 和资本折旧率 δ 以外，政府财政支出规模和财政支出结构都会对实体经济增长产生影响作用。结合上式(3.52)分别对 t 和 φ_1 求偏导数，即可得出最优的财政支出规模和财政支出结构：

$$\dfrac{g}{y} = t = 1 - \alpha\dfrac{\varphi_1}{\varphi_2} = \dfrac{\varphi_1}{1-\varphi_1} = \dfrac{\beta}{\gamma} \quad (3.53)$$

综上分析，可以得出以下结论5。

结论5：财政支出规模扩张和支出结构调整均对实体经济增长具有促进作用。政府财政支出规模越大，财政支出结构越合理，实体经济增长越快。

(三)税收优惠与实体经济增长之间的关系原理

类似于本章第二节中关于金融规模与实体经济增长模型的思路，构建包含政府、最终产品生产部门、中间产品生产部门和研发部门的四部门经济系统，建立基于中间产品种类扩张的内生经济增长模型来分析税收优惠与实体经济增长之间的关系原理。为了简化模型，假定政府对最终产品部门、中间产品部门和研发部门征收相同税率 t_π 的企业所得税。最终产品生产部门利用劳动 L_Y 和中间产品 x_i 来生产最终产品 Y，其最终产品生产商的生产函数为：

$$Y = AL_Y^\alpha K^{1-\alpha} = AL_Y^\alpha \int_0^n x_i^{1-\alpha} di \quad (0 < \alpha < 1) \tag{3.54}$$

其中,Y为最终产品的产出;A为技术水平参数($A>0$);L_Y表示最终产品部门的劳动投入,K为资本投入,由n种不同的中间产品x_i组成,$K = [\int_0^n x_i^\gamma di]^{1/(1-\alpha)}$。

同样地,假设中间产品生产部门的生产函数为$x_i = 1/\phi Y$。研发部门的知识生产主要取决于投入到该部门的人力资本投入L_n和已有的知识存量n,其生产函数可以表示为:

$$\dot{n} = \delta n L_n \frac{\dot{n}}{n} = \delta L_n \tag{3.55}$$

其中,$\dot{n}$表示研发部门的知识增量,δ表示研发部门的生产率参数($\delta > 0$)。

假定最终产品的价格为$P_Y = 1$,最终产品生产商的税后利润函数表达式为:

$$\pi_Y = (1 - t_\pi)(Y - \int_0^n P_i x_i di - \omega_Y L_Y) \tag{3.56}$$

其中,ω_Y表示最终产品生产部门的劳动工资率,t_π表示政府对企业征收的所得税率,P_i表示中间产品x_i的价格。最终产品生产商的目标是税后利润最大化,用上式(3.56)分别对x_i和L_Y求偏导数,可得:

$$\begin{cases} P_i = (1-\alpha) AL_Y^\alpha x_i^{-\alpha} \\ \omega_Y = \alpha AL_Y^{\alpha-1} n x_i^{1-\alpha} \end{cases} \tag{3.57}$$

假定研发部门知识产品的价格为P_n,劳动工资率为ω_n,则研发部门的税后利润函数为:

$$\pi_n = (P_n \dot{n} - \omega_n L_n)(1 - t_\pi) \tag{3.58}$$

由条件$\partial \pi_n / \partial L_n = 0$可得:

$$\omega_n = P_n \delta n \tag{3.59}$$

中间产品生产商的税后利润函数为:

$$\pi_m = (p_i x_i - \phi x_i)(1 - t_\pi) \tag{3.60}$$

由条件$\partial \pi_m / \partial x_i = 0$可得,$P_i = \phi/(1-\alpha)$,$\phi = (1-\alpha)P_i$,再结合上式(3.57)可以得出$x_i = A^{\frac{1}{\alpha}} L_Y (1-\alpha)^{\frac{2}{\alpha}} \phi^{-\frac{1}{\alpha}}$。在将$P_i$和$x_i$带入到式(3.60)中便可得到:

$$\pi_m = \alpha A^{\frac{1}{\alpha}} (1-\alpha)^{\frac{2-\alpha}{\alpha}} \phi^{\frac{\alpha-1}{\alpha}} L_Y (1 - t_\pi) \tag{3.61}$$

$$\omega_Y = \alpha A^{\frac{1}{\alpha}} n (1-\alpha)^{\frac{2(1-\alpha)}{\alpha}} \phi^{\frac{\alpha-1}{\alpha}} \tag{3.62}$$

根据中间产品部门的非套利条件有：

$$P_n = v_t = \int_t^\infty e^{-r(s-t)}\pi_m(s)ds = \frac{1}{r}\pi_m(t) = \frac{1}{r}\alpha A^{\frac{1}{\alpha}}(1-\alpha)^{\frac{2-\alpha}{\alpha}}\phi^{\frac{\alpha-1}{\alpha}}L_Y(1-t_\pi) \quad (3.63)$$

其中，r为市场利率。假定人力资本总量$L = L_Y + L_n$，$H = H_Y + H_n$，且在均衡条件下最终产品部门和中间产品部门劳动的工资率相等，即有$\omega_Y = \omega_n$，$\omega_{H_Y} = \omega_{H_n}$，由此可以推出：

$$L_Y = \frac{r}{\delta(1-t_\pi)(1-\alpha)} \quad (3.64)$$

在均衡路径上，经济增长率、消费增长率和知识增长率相等，即：

$$g = g_Y = g_C = g_n = \dot{c}/c = \dot{n}/n = (r-\rho)/\varepsilon = \delta(L - L_Y) \quad (3.65)$$

$$r = g\varepsilon + \rho = \frac{(\varepsilon\delta L + \rho)(1-t_\pi)(1-\alpha)}{(1-t_\pi)(1-\alpha)+\varepsilon} \quad (3.66)$$

最后，综合计算以上各式可得到：

$$g = \frac{(\varepsilon\delta L + \rho)(1-t_\pi)(1-\alpha)}{\varepsilon(1-t_\pi)(1-\alpha)+\varepsilon^2} - \frac{\rho}{\varepsilon} \quad (3.67)$$

从上式（3.67）可知，均衡增长率主要取决于人力资本存量L、政府课征企业所得税率t_π以及偏好参数（ε、ρ）和技术参数（δ、α）。

对上式（3.67）关于t_π求导可得：

$$\frac{\partial g}{\partial t_\pi} = -\frac{(\varepsilon\delta L + \rho)(1-\alpha)\varepsilon^2}{[(1-t_\pi)(1-\alpha)+\varepsilon^2]^2} \quad (3.68)$$

在上式（3.68）中，$0<\alpha<1$，其他参数ε、δ、L和ρ、$(1-\alpha)$、δ、H、θ、ε和$(1-t\pi)$均大于0，因此恒定有$\partial g/\partial t_\pi < 0$，说明企业所得税率对实体经济增长的边际效应为负，均衡经济增长率与政府课征企业所得税之间呈负相关关系。同样地，政府对消费者课征消费税、个人所得税、财产税等税种，对企业课征营业税、资源税等税种都会对实体经济增长产生负向影响，而且税率越高对实体经济增长的阻碍作用越大。反之，政府对企业或个人实施税费减免政策，相当于增加了企业利润和个人可支配收入，对企业扩大再生产、居民增加消费和投资都具有促进作用，进而促进实体经济增长。

综上分析，可以得出如下结论6。

结论6：政府对企业和个人课征的各种税收对实体经济增长均具有负向影响

作用,而且税率越高,实体经济的增长速度越慢;反之,政府对企业和个人实施税收优惠政策可以有效促进实体经济增长。

综合上述结论4、结论5和结论6可知,无论是政府财政分权激励、财政支出激励还是税收优惠激励,都可以有效地促进实体经济增长。同样地,本文认为财政政策激励FI是关于财政分权激励Fis_1、财政支出激励Fis_2和税收优惠激励Fis_3的函数,而且财政政策激励与财政分权激励、财政支出激励、税收优惠激励之间呈正相关关系,即$FI = f(Fis_1、Fis_2、Fis_3)$、$\partial FI/\partial Fis_1 > 0$、$\partial FI/\partial Fis_2 > 0$、$\partial FI/\partial Fis_3 > 0$。因此,财政政策激励对实体经济增长具有正向促进效应,财政政策激励力度越高,实体经济增长越快。

三、金融业态深化、财政政策激励配合与实体经济增长的关系原理

上述分析已经表明,金融业态深化过程的金融产业规模扩张、金融产业结构优化和金融服务效率提升都有助于实体经济增长,财政政策激励中的财政分权激励、财政支出激励和税费减免激励也都有助于实体经济增长。除此之外,金融与财政的协调配合在实践过程中也能共同作用于实体经济增长过程。在实践过程中,每一项财政政策的执行和实施都需要相应的金融政策予以配合,同样地,每一项金融政策的执行和实施也需要相应的财政政策予以支持,只有二者协调配合并形成合力时才能发挥出"1+1>2"的政策效果。实体经济增长不是单纯的规模扩张过程,而是一个包含规模扩张、动力转化、结构调整与效率提升的复杂的系统性过程,而且实体经济规模扩张、动力转化、结构调整与效率提升之间是相互影响的作用关系,只有四者实现协同发展才能有效促进实体经济稳定可持续增长。要实现规模扩张、动力转化、结构调整与效率提升四者之间的协同发展,不仅需要实体经济系统内部的自我调节,更需要金融和财政等重要外部力量的大力支持。有效地金融财政支持可以为实体经济发展营造良好的外部基础环境,可以充分发挥政策导向作用引导社会资本向实体经济部门流动,可以为实体企业提供多元化的财政金融服务进而促进各类实体企业快速发展。因此,金融业态深化与财政政策激励协调配合对实体经济增长的作用机理可以简单的概括为:财政部门和金融部门协调配合运用财政投资、税费减免、财政补贴、政府采购、信贷优惠、风险共担、融资担保等多种财政金融服务手段来优化实体经济发展的外部环境,引导社会资本向实体经济部门流动和集聚,为实体经济部门提供

多元化的财政金融服务,全方位多渠道促进实体经济快速稳定增长。具体而言,金融业态深化与财政政策激励协调配合对实体经济增长的作用机理可用图3-1进行描述。

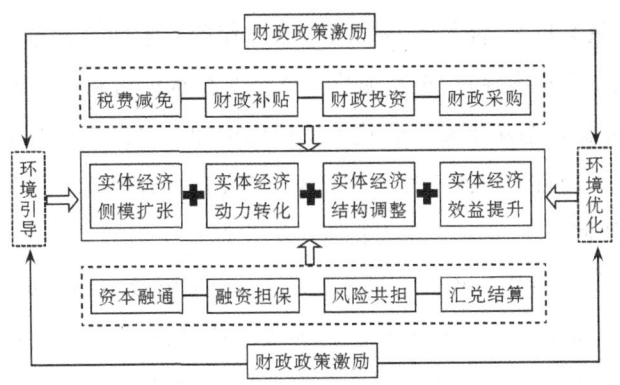

图3-1 金融业态深化与财政政策激励配合对实体经济增长的作用机理

第一,金融业态深化与财政政策激励配合可以为实体经济发展营造良好的外部环境。金融业态深化为实体企业发展营造良好的外部金融环境,财政政策激励为实体企业发展提供优质的外部基础条件,如果没有金融业态深化和财政政策激励的协调配合予以支持,实体企业就失去了外部环境支撑体系的坚实保障,实体经济增长也就失去了基础。在金融业态深化支持体系下,发达的金融中介服务组织一方面可以为实体企业生产经营、产品销售、进出口、外汇保值、风险分散、上市融资、资产重组与资产证券化等方面提供充足的、全方位的金融服务,另一方面也可以有效地促进实体企业加快公司治理改革与创新从而不断提升企业盈利能力,加快企业文化建设与培养从而不断提升企业社会知名度。健全的金融市场体系可以为实体企业提供更多差异化的金融产品和金融服务,以满足不同规模、不同类型实体企业的多元化金融需求,从而有效解决实体企业特别是小微型实体企业发展的融资困境,消除小微型实体企业融资方面的准入门槛限制,为实体经济增长营造良好的外部金融支撑环境。在财政政策激励支持体系下,财政分权给予了地方政府更多的财政收支权利,在充分了解当地社会需求的情况下,地方政府具有更大的动力和更高的热情去想方设法按需发展本土实体经济;各级政府对公路、铁路、机场、水利、电网等基础设施建设的财政支出可以在扩大生产、产品销售、原材料购买、跨区域合作等方面为实体企业提供诸多便利,可以为实体企业招商引资提供更多的配套服务;政府对互联网、物联网、广播电台、报刊媒体等公共服务平台建设的支出可以为实体企业获取更多更新的市场信息,学习国内外先进生产技术和实践经验,参与同行交流合作等方面创造条件;政府对基础教育、技能培训、科技研发等方面的财政支出有助于为实体企业发展培养大量有思想、懂技术、善经营、会合作的高素质复合型人才,有助于提高实体企业的人力资本存量,进而加快实体企业技术创新和生产效率提升。

第二,金融业态深化和财政政策激励协调配合可以发挥政策引导作用,引导各种社会资本和自然资源有序向实体经济部门中的战略性新兴产业和重要生产领域流动,从而促进实体经济产业结构优化调整。财政金融服务对实体经济增长的一个重要作用就是政策信号传递效应,每项财政金融政策特别是财政政策的出台与执行都可以为社会和市场传递投资信号,引导社会物质资本、人力资本与自然资源在地区间产业间实现优化配置和合理流动。一个简单的例子就是政府财政金融政策对中国股市发展的影响。由于中国股市发展起步较晚,目前仍不成熟,受政府政策影响较大,某一项新的财政金融政策出台都将导致相关产业的股票价格发生剧烈波动,从而引起金融市场资本的快速流动。比如,环境管制新政策的出台会导致环境治理类企业的股价持续上涨,环境污染型企业的股价持续下跌。在特定的时期,中央政府出台某一区域政策时,各类生产要素都会不断向该区域流动和聚集,促进该地区及周边经济快速发展,从而形成新的经济圈或经济带。在特定的区域,地方政府根据经济发展目标,通过财政补贴、税收优惠、财政投资等激励手段对战略性新兴产业、高端制造业、绿色环保产业等重点支持产业实施倾斜性财政政策,同时制定相关的金融政策,要求各类金融机构扩大对这些产业或项目的金融支持。财政金融资金的分配和流动表明政府重点支持的产业或项目是代表经济未来发展方向的、市场前景好的、经济效益高的产业或项目,从而引导各种社会物质资本、人力资本、自然资源不断向这些重点产业或项目流动,促进这些产业快速发展壮大,形成新的经济增长极。同样地,对于政府的限制类产业或项目,商业银行将提高其融资门槛进而实施信贷配给,证券公司也将提高上市门槛限制其上市融资,社会资本也将减少和转移对该类产业或项目的投资,从而减缓该类产业的发展速度,实现产业结构调整和优化。

第三,金融业态深化和财政政策激励协调配合可以为各类实体企业提供丰富多样的特色财政金融服务,并可强化二者的服务功效,为实体经济规模扩张、动力转化、结构调整和效率提升夯实基础和创造条件,从而有效促进实体经济又好又快增长。近年,中国民营经济呈现出快速增长的势头,民营企业逐渐成为实体经济增长的核心力量,然而大多数民营企业都属于中小微企业,在生产融资、产品销售和国际贸易等方面都处于弱势地位,需要得到财政金融的特殊照顾和支持,有效的财政金融服务可以帮助其解决生产经营中的各种难题,促进民营企业快速成长,进而加快实现民营经济与国有经济的协调发展。地方政府可以根据特定时期内的经济发展目标和区域资源禀赋差异制定弹性化财税政策,对特色产业、战略性产业下的各类实体企业实施贷款贴息和风险补偿政策,对中小微企业特别是关乎民生的小微型实体企业实施税费减免政策。中央政府和地方政府共同设立财政专项资金,联合国有大型商业银行成立政策性金融机构,专门为地方重点保护和重点发展的产业提供金额大、期限长、利率低的特殊性融资服务;探索成立财政风险基金,联合各类保险公司和担保公司为具有地方特色的实体企业提供融资担保服务。中央及地方各级政府制定完善的政府购买制度,鼓励和引导各级政府在同等条件下优先购买当地实体企业的产品,对中标政府项目的本土实体企业实施资金补贴、信贷优惠等倾斜政策。对各类实体企业实施出口退税或免税政策,金融机构为各类实体企业的国际贸易提供优先汇兑结算服务,财政金融联合为实体企业引进外资和对外投资提供便利的配套财政金融服务,鼓励实体企业"走出去"和"引进来"。政府财政科技投入、政府科技融资担保、商业银行科技信贷、保险公司科技保险、担保公司科技信贷担保以及风险投资基金等财政金融服务可以有效促进科技型实体企业快速发展,为实体经济部门提供丰富多样的科技创新产品,从而提高实体经济的科技进步率。

第三节　金融业态深化、财政政策激励与实体经济增长的测度指标

一、金融业态深化的测度指标体系

根据前面的分析可知,金融业态深化既包括金融行业演化的过程,又包括金融资本实力增强的过程,其直接结果是金融实力的增强。具体来讲,金融业态深化主要体现在金融规模扩张、金融结构优化、金融服务效率提升等几个方面。因此,从国家层面来讲,反映一个国家金融实力的指标应包括:金融机构数量、金融

工具数量、金融市场规模和效率、金融市场环境的稳定程度和安全系数、金融机构服务质量、金融产业占GDP的比重、金融产业从业人员占全社会就业人员的比重等(胡坚,1999)。但是,受中国统计数据的限制,在研究中国各省、直辖市、自治区(以下简称"省市")的金融业态深化时,上述很多指标都无法采用。鉴于数据的可得性和可比性,本书主要参考刘乃全等(2014)、张林等(2014)的方法,构建如下表3-1所示的金融业态深化测度指标体系。其中,金融产业产值占GDP的比重、金融业就业人口占就业总人口的比重两个指标衡量金融规模扩张情况,其值越大表示金融规模越大,金融业态深化程度越高;股票市值与保费收入占金融总资产之比衡量金融结构优化情况[1],其值越大表示股票市场和保险市场等非银行类金融中介在金融体系中的市场份额越大,金融结构越合理,金融业态深化程度越高;银行类金融机构存贷款总额占GDP之比和贷存比反映金融服务效率,其值越大表示金融机构吸收存款和发放贷款的数量越多,银行类金融机构将存款转化为贷款的数量越多,金融市场效率越高,金融业态深化程度越高。

表3-1 金融业态深化的测度指标体系

测度指标	代码	指标说明
金融规模	F_1	金融产业产值占GDP的比重
	F_2	金融业就业人数占总就业人口的比重
金融结构	F_3	股票市值与保费收入之和占金融总资产之比
金融效率	F_4	银行类金融机构存贷款总额占GDP之比
	F_5	银行类金融机构贷存比

基于上述指标体系,本书采用张林和李雨田(2015)的方法来计算金融业态深化的综合指数。首先采用最大—最小值法对各指标进行无纲量化处理,以消除不同量纲的影响。数据标准化处理的计算公式为:

---

[1] 理论上讲,金融总资产主要包括流通中的现金、金融机构存贷款余额、股票市值、债券余额和保费收入等,但是,我国统计资料中并没有直接统计各省市流通中的现金,债券市场相对规模较小且各省债券余额的统计数据不全。因此,本书综合李树、鲁钊阳(2014)和张林等(2014)的方法,各省市金融总资产由各省流通中的现金(M_0乘以各省市生产总值占全国GDP的比重)、金融机构存贷款余额、股票市值、保费收入等加总计算得到。

$$F_{ij} = \begin{cases} \dfrac{fs_{ij} - \min(fs_j)}{\max(fs_j) - \min(fs_j)} & （正指标） \\ \dfrac{\max(fs_j) - fs_{ij}}{\max(fs_j) - \min(fs_j)} & （负指标） \end{cases} \quad (3.69)$$

上式(3.69)中,标准化数据 $F_{ij} \in [0,1]$,其值越大表示对金融业态深化综合指数的贡献越大。其中,fs_{ij} 为第 i 个省市的第 j 个指标的原始值(i=1,2,…,m;j=1,2,…,n),m=31,n=5。$\max(fs_j)$、$\min(fs_j)$ 分别为各指标数据在全国 不含港澳台 的31个省、自治区、直辖市中的最大值和最小值。基于标准化处理的数据,本书采用线性加权求和的方法来计算金融业态深化的综合指数,计算公式为:

$$FS_i = \sum_{j=1}^{n} \omega_{ij} F_{ij}, 其中 \sum_{j}^{n} \omega_{ij} = 1 \quad (3.70)$$

其中,ω_{ij} 为各指标的权重。为了在一定程度上避免主观影响,本书采用熵值赋权法来确定各指标的权重[①]。熵值赋权法的基本计算步骤为:

首先,对标准化数据进行比重变换,公式为:

$$P_{ij} = F_{ij} / \sum_{i=1}^{m} F_{ij} \quad (3.71)$$

其次,计算各指标的熵值,公式为:

$$E_j = -(\ln m)^{-1} \sum_{i=1}^{m} P_{ij} \ln P_{ij}, 0 \leq E_{ij} \leq 1 \quad (3.72)$$

最后,计算各熵值的信息效用价值 d_j 和各指标的权重 ω_j,公式为:

$$\omega_j = d_j / \sum_{j=1}^{n} d_j, d_j = 1 - E_j \quad (3.73)$$

金融业态深化是一个动态发展过程,各个分指标对综合指数的贡献度(权重大小)会随着金融产业发展演化过程而发生变动,因此本书借鉴张勇等(2013)的思路,利用上述方法逐年确定各指标的权重大小,因此样本期间内各指标的权重在不断变化。计算结果如下表3-2所示。

利用公式(3.69)对各年各省市金融业态深化评价指标的原始数值进行标准化处理,然后基于表3-2中的指标权重,利用公式(3.70)便可以计算出各年各省市金融业态深化的综合指数(FS)。

[①] 本书分别利用层次分析法、因子分析法、熵值赋权法、标准离差法和相关矩阵赋权法对各指标的权重进行了确定,综合比较后选择熵值赋权法的结果。

表 3-2 金融业态深化评价指标的权重

年份	金融产业产值占GDP的比重（F_1）	金融业就业人数占总就业人口的比重（F_2）	股票市值与保费收入之和占金融总资产之比（F_3）	银行类金融机构存贷款总额占GDP之比（F_4）	银行类金融机构贷存比（F_5）
1999年	0.150 1	0.243 1	0.327 7	0.199 4	0.079 6
2000年	0.200 7	0.232 9	0.304 0	0.166 6	0.095 8
2001年	0.248 7	0.239 0	0.277 2	0.167 3	0.067 8
2002年	0.250 1	0.262 6	0.251 3	0.178 2	0.057 8
2003年	0.201 5	0.315 1	0.270 3	0.158 6	0.054 5
2004年	0.204 7	0.268 2	0.222 2	0.245 6	0.059 2
2005年	0.183 9	0.260 8	0.252 4	0.250 9	0.052 0
2006年	0.199 8	0.259 3	0.298 2	0.201 3	0.041 4
2007年	0.261 8	0.302 6	0.194 3	0.200 0	0.041 3
2008年	0.229 1	0.257 8	0.308 4	0.171 1	0.033 7
2009年	0.227 7	0.338 3	0.214 4	0.182 2	0.037 3
2010年	0.240 2	0.340 2	0.183 2	0.199 8	0.036 6
2011年	0.190 2	0.347 9	0.227 1	0.199 9	0.034 5
2012年	0.159 4	0.345 4	0.239 9	0.177 3	0.078 0
2013年	0.179 7	0.371 6	0.192 2	0.193 6	0.062 9

注：数据由作者根据公式计算整理得到。

二、财政政策激励的测度指标体系

关于财政政策激励的衡量，现有文献采用了多种不同的衡量指标。Jin等（2005）和傅勇（2008）认为考察财政收入与支出之间的相关性是研究财政激励的一个有效方法，并采用地方政府的财政留存比来衡量财政政策激励的大小；李思慧和赵曙东（2012）将财政激励指标分为减免税类政策激励指标和补贴类政策激励指标，前者主要包括企业减免税、技术转让所得税、高新技术企业减免税等，后者主要包括政府研发经费支出、企业补贴、政府其他奖励等；赖玥（2013、2014）从县级财政收入、财政支出及其平均值三个层面来设计财政分权指标，并以此来衡量县级政府的财政激励。但是，综合前面的财政激励理论和财政政策激励的概念可以看出，财政激励包括财政分权激励、财政补贴激励、财政税收激励、财政投资激励等多种激励手段。因此，无论采用以上哪种评价指标都不够全面准确，实证研究结果可能会存在偏差。

鉴于数据的可得性和完整性,本书拟从财政分权激励、财政税收激励、财政支出激励三个层面来设计如下表3-3所示的财政政策激励测度指标体系,并计算各省市的财政政策激励综合指数。为了更加全面地反映地方财政分权激励水平,本文同时考虑财政收入分权和支出分权两个方面。借鉴乔宝云(2002)的衡量方法,财政收入(支出)分权用预算内人均省级财政收入(支出)占人均总财政收入(支出)的比值来表示[①]。一般而言,人均省级财政收入(支出)占总财政收入(支出)的比值越高,地方政府所拥有的财政收支权利越大,财政分权程度越高。财政税收激励主要是采用税收减免、税收优惠等政策来促进实体经济发展,税收减免优惠的比例或额度越大,财政税收激励水平越高,反之,财政税收激励水平就越低。现有统计资料中并没有统计各年各省市的税收减免优惠数据,因此无法直接采用税收减免优惠总额来表示财政税收激励水平。鉴于此,本书将借鉴孔淑红(2010)的办法,采用税收收入与GDP的比值来间接反映税收激励情况,单位GDP的税负越高表示税收激励水平越低,单位GDP的税负越低表示税收激励水平越高。从统计数据来看,财政补贴、政府投资和财政转移支付都属于财政支出范畴,本书采用各省市公共财政支出占GDP的比重作为财政支出激励的替代指标,这样可以将政府投资和财政转移支付激励间接地反映出来。

表3-3 财政政策激励的测度指标体系

测度指标	代码	指标说明
财政分权激励	Fis_1	预算内人均省级财政收入占人均总财政收入的比值
	Fis_2	预算内人均省级财政支出占人均总财政支出的比值
财政税收激励	Fis_3	各省市税收收入总额与GDP的比值
财政支出激励	Fis_4	地方公共财政支出与GDP的比值

基于表3-3中的指标体系,本书采用和金融业态深化综合指数相同的测算方法来计算各省市财政政策激励的综合指数。具体方法和过程不再赘述,各年各指标的权重如表3-4所示。根据表3-4中的权重,利用公式(3.70)便可以计算出各省市财政政策激励的综合指数。

[①] 人均总财政收入(支出)=人均省级财政收入(支出)+人均中央本级财政收入(支出)。

表 3-4 财政政策激励评价指标的权重

年份	收入分权激励(Fis_1)	支出分权激励(Fis_2)	税收激励(Fis_3)	支出激励(Fis_4)
1999年	0.283 5	0.235 6	0.062 9	0.418 0
2000年	0.322 6	0.190 3	0.060 4	0.426 7
2001年	0.324 9	0.138 5	0.061 7	0.474 9
2002年	0.350 3	0.135 8	0.059 9	0.454 0
2003年	0.352 4	0.118 5	0.050 4	0.478 7
2004年	0.397 7	0.160 8	0.052 5	0.389 0
2005年	0.366 8	0.184 6	0.049 8	0.398 7
2006年	0.335 4	0.209 3	0.064 6	0.390 6
2007年	0.311 8	0.209 3	0.062 2	0.416 7
2008年	0.357 4	0.157 3	0.064 7	0.420 6
2009年	0.352 6	0.153 2	0.073 9	0.420 3
2010年	0.292 2	0.143 8	0.075 9	0.488 1
2011年	0.286 3	0.137 7	0.065 8	0.510 3
2012年	0.229 0	0.133 9	0.074 7	0.562 4
2013年	0.208 1	0.149 6	0.077 5	0.564 8

注：数据由作者根据公式计算整理得到。

三、实体经济增长的测度指标体系

在关于实体经济的实证研究中,刘金全(2004)、兰日旭和张永强(2011)、董俊华(2011)、潘辉等(2013)采用GDP来代替实体经济增长,曹源芳(2008)、钱龙(2013)采用工业增加值来代替实体经济增长,杨玲(2011)采用居民消费价格指数(CPI)和工业品出厂价格指数(PPI)来衡量实体经济增长,董俊华(2013)采用消费者价格指数(CPI)来表示实体经济增长,罗能生和罗富政(2012)、李强和徐康宁(2013)采用除去金融业和房地产业的其他所有行业的生产总值来代替实体经济增长。与以上文献采用单指标衡量方法所不同的是,周莹莹和刘传哲(2011)、刘沁芳(2014)通过选取GDP、全社会固定资产投资、社会消费品零售总额、进出口总额等一系列指标来建立实体经济增长的指标体系,进而计算出衡量实体经济增长的综合指数。

根据前文关于实体经济的定义,无论是采用GDP、工业增加值,还是CPI或PPI来衡量实体经济增长都具有一定的缺陷或片面性。因此,本书在综合考虑实体经济定义的基础上,借鉴罗能生和罗富政(2012)、李强和徐康宁(2013)、张林等(2014)等文献的做法,采用剔除金融业和房地产业后的其他所有行业来表示实体经济,而将金融业与房地产业归为虚拟经济。相应地,虚拟经济总产值就用各省市金融业和房地产业的生产总值之和来衡量,实体经济总产值用各省市GDP扣除虚拟经济生产总值的差额来衡量。根据中国国民经济行业分类标准(GB/T 4754-2011),第一产业包括农、林、牧、渔业;第二产业包括工业(采矿业、制造业、电力、热力、燃气及水生产和供应业)和建筑业;第三产业包括交通运输、仓储和邮政业、住宿和餐饮业、金融业、房地产业、信息传输、软件和信息技术服务业,科学研究和技术服务业、租赁和商务服务业,水利、环境和公共设施管理业,教育、卫生和社会工作,文化、体育和娱乐业,公共管理、社会保障和社会组织,以及国际组织等。因此,实体经济的第一产业还是广义农业,第二产业为工业和建筑业,第三产业是除金融业和房地产业以外的其他所有产业。

第四节　本章小结

本章的主要目的是构建金融业态深化、财政政策激励与实体经济增长的理论分析框架。首先,科学地界定了金融业态深化、财政政策激励、实体经济增长的相关概念及内涵;其次,从理论上阐述了金融业态深化、财政政策激励及二者配合与实体经济增长之间的关系原理,初步认识和理解金融业态深化与财政政策激励对实体经济增长的影响机理。最后,构建了金融业态深化、财政政策激励的测度指标体系,并采用熵值赋权法和线性加权求和方法计算了金融业态深化和财政政策激励的综合指数;在借鉴现有相关文献的基础上,选取了实体经济增长的测度指标。

第四章 金融业态深化、财政政策激励与实体经济增长的现状及问题

在实证研究金融业态深化、财政政策激励对中国实体经济增长规模、动力、结构的影响之前,本章将基于全国序列数据和省际面板数据分析实体经济增长的现状、特征及趋势,分析金融业态深化、财政政策激励支持实体经济增长的现状及主要问题,以期全面了解中国金融业态深化、财政政策激励与实体经济增长的现状、特征及问题,为后续实证研究奠定基础。

第一节 中国实体经济的发展现状及特征

为了更加全面地掌握中国及各实体经济发展现状及特征,鉴于数据的可得性和可比性,本节首先利用全国1978—2014年的时间序列数据进行分析,然后采用我国其中的31个省、直辖市、自治区1999—2013年的省际面板数据进行分析。

一、基于全国序列数据的分析

实体经济与虚拟经济是相对应存在的,二者之间是相互制约相互促进的作用关系,实体经济的发展在很大程度上受虚拟经济发展的影响。因此,本节将同时考察虚拟经济的发展现状及趋势,并与实体经济发展现状进行比较。

(一)中国实体经济与虚拟经济总量变化特征

利用中国1978—2014年的时间序列数据,本节分别计算了各年实体经济和虚拟经济的总量及占GDP的比重,结果如下表4-1所示。从表4-1可以看出,改革开放以来中国实体经济总量逐年增加,从1978年的3 497.20亿元增加到2014年的551 342.00亿元,总量增加了将近157倍。1978—2014年,中国实体经济总量平均增长率为15.46%,其中1994年增长率最高,达36.45%;以1999年增长率最低,为6.35%。分阶段来看,1984—1988年、1991—1996年、2003—2008年、2010—2011年这4个时间段实体经济总量增长较快,这可能与中国农村改革"包产到户"、邓小平南巡讲话、加入WTO以及金融危机后的4万亿元投资计划等重大事件

有关。相比较而言,中国虚拟经济表现出了更为强劲的增长势头,中国虚拟经济总量从1978年的148.02亿元增加到2014年的85 121.00亿元,增加了近574倍。改革开放以来,虚拟经济总量的年平均增长率高达19.57%,其中1989年最高,达44.51%;1979年最低,为3.55%。分阶段来看,1982—1989年、1992—1995年、2005—2007年、2009—2014年这4个时间段虚拟经济总量增长较快,这与实体经济发展的趋势基本一致并呈现出一定的滞后性。

从实体经济和虚拟经济占GDP的比重来看,改革开放以后,实体经济总量在中国经济运行中的结构比例呈下降趋势,从1978年的95.94%下降到了2014年的86.63%。下降了9.31%;相反,虚拟经济在中国经济运行中的结构比例却呈上升趋势,从1978年的4.06%上升到2014年的13.37%,上升了9.31%。分阶段来看,在改革开放初期(1978—1983年),中国实体经济总量占GDP的比重非常高,维持在95%以上,而虚拟经济总量占GDP的比重较小;1989—2008年,中国实体经济总量占GDP的比重下降,并一直持续维持在90%~92%,虚拟经济总量占GDP的比重相应地维持在8%~10%;从2009年开始,中国实体经济总量占GDP的比重下降到90%以下,并呈逐年下降的趋势,而虚拟经济总量占GDP的比重则呈逐年上升的趋势。自改革开放以来,中国实体经济的快速发展及金融业和房地产业的迅速崛起促进了中国虚拟经济的快速增长,进而驱使了中国实体经济总量占GDP比重的快速下降(罗能生和罗富政,2012)。

表4-1 1978—2014年中国实体经济与虚拟经济的总量及占比

年份	实体经济总量(亿元)	环比增长率(%)	实体经济总量占GDP比重(%)	虚拟经济总量(亿元)	环比增长率(%)	虚拟经济总量占GDP比重(%)
1978年	3 497.20		95.94	148.02		4.06
1979年	3 909.30	11.78	96.23	153.28	3.55	3.77
1980年	4 374.20	11.89	96.23	171.42	11.84	3.77
1981年	4 711.80	7.72	96.33	179.76	4.86	3.67
1982年	5 097.80	8.19	95.76	225.55	25.47	4.24
1983年	5 691.90	11.65	95.46	270.75	20.04	4.54
1984年	6 841.80	20.20	94.92	366.25	35.27	5.08
1985年	8 540.90	24.83	94.73	475.14	29.73	5.27
1986年	9 620.70	12.64	93.63	654.48	37.75	6.37

续表

年份	实体经济总量(亿元)	环比增长率(%)	实体经济总量占GDP比重(%)	虚拟经济总量(亿元)	环比增长率(%)	虚拟经济总量占GDP比重(%)
1987年	11 226.00	16.69	93.10	832.62	27.22	6.90
1988年	13 983.70	24.57	92.96	1 059.12	27.20	7.04
1989年	15 461.80	10.57	90.99	1 530.52	44.51	9.01
1990年	16 988.10	9.87	91.00	1 679.72	9.75	9.00
1991年	19 961.50	17.50	91.64	1 820.00	8.35	8.36
1992年	24 516.00	22.82	91.06	2 407.48	32.28	8.94
1993年	32 284.60	31.69	91.37	3 049.32	26.66	8.63
1994年	44 053.67	36.45	91.40	4 144.19	35.91	8.60
1995年	55 641.21	26.30	91.52	5 152.52	24.33	8.48
1996年	65 347.34	17.44	91.81	5 829.25	13.13	8.19
1997年	72 445.19	10.86	91.73	6 527.85	11.98	8.27
1998年	77 270.16	6.66	91.55	7 132.12	9.26	8.45
1999年	82 178.81	6.35	91.64	7 498.25	5.13	8.36
2000年	90 978.81	10.71	91.70	8 235.75	9.84	8.30
2001年	100 586.65	10.56	91.73	9 068.53	10.11	8.27
2002年	110 373.53	9.73	91.72	9 959.15	9.82	8.28
2003年	124 660.68	12.94	91.78	11 162.07	12.08	8.22
2004年	147 311.23	18.17	92.14	12 567.10	12.59	7.86
2005年	170 334.11	15.63	92.10	14 603.26	16.20	7.90
2006年	197 844.89	16.15	91.46	18 469.54	26.48	8.54
2007年	239 663.01	21.14	90.16	26 147.30	41.57	9.84
2008年	284 443.48	18.68	90.57	29 601.95	13.21	9.43
2009年	304 480.41	7.04	89.32	36 422.41	23.04	10.68
2010年	357 750.15	17.50	89.10	43 762.65	20.15	10.90
2011年	421 361.89	17.78	89.06	51 742.16	18.23	10.94
2012年	461 387.69	9.50	88.82	58 082.41	12.25	11.18
2013年	502 015.69	8.81	88.25	66 829.52	15.06	11.75
2014	551 342.00	9.83	86.63	85 121.00	27.37	13.37

注：数据来源于2014年的《中国统计年鉴》、国民经济和社会发展统计公报，作者计算整理得到。

综合分析来看，随着中国改革的不断深入，中国实体经济与虚拟经济均呈现出快速增长的趋势，且二者之间相互促进。尤其是数据中所显示的虚拟经济对实体经济的滞后现象，说明中国实体经济发展是虚拟经济发展的基础，实体经济增长在一定程度上促进了虚拟经济的增长。

(二)中国实体经济与虚拟经济结构演变特征

根据第三章对实体经济产业结构的划分，本章分析了中国实体经济和虚拟经济的产业结构特征。图4-1显示了1978—2014年中国实体经济的结构变化情况。从三大产业结构占比来看，1978—2014年，中国实体经济中第二产业所占比例一直在50%上下波动。第一产业所占比重在1984年以前相对较为平稳，维持在31%左右波动，而此后呈现出快速下降趋势，特别是20世纪90年代以后下降速度更快；截至2014年，实体经济第一产业所占比重已经下降到10.58%。具体细分行业来看，工业所占比重出现了一定程度的下降，从1978年的45.95%下降到2014年的41.35%；而建筑业所占比重则出现了快速上升，从1978年的3.95%上升到2014年的8.11%，增长了近一倍。与第一产业的变化趋势刚好相反，第三产业所占比重从1985年开始不断上升，并于1991年超过第一产业所占比重，截至2014年已经上升到40.20%。从各行业对第三产业的贡献来看，批发零售业和住宿餐饮业的增长速度较快，而交通运输、仓储和邮政业所占比重的增加较小。

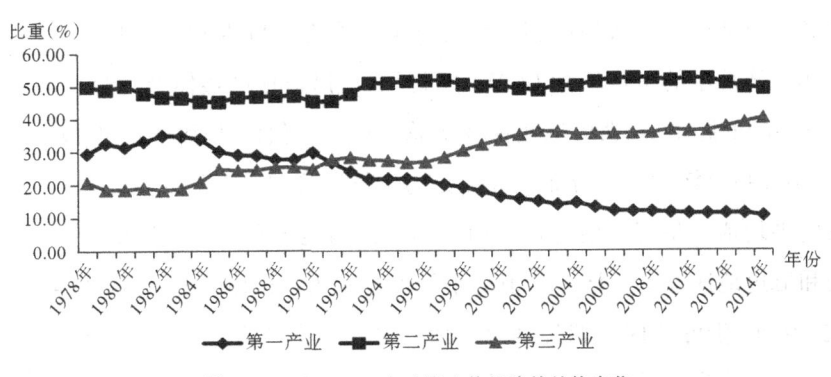

图4-1 1978—2014年中国实体经济的结构变化

注：数据来源于2014年的《中国统计年鉴》、国民经济和社会发展统计公报，作者计算整理得到。

二、基于省际面板数据的分析

鉴于数据的可得性,本章节将利用中国其中的31个省、市、自治区1999—2013年的面板数据对实体经济总量的空间分布、实体经济总量占GDP之比、实体经济年均增长率、实体经济总产值的区域差异等进行分析。2007年以前,东部沿海地区经济增长率一直明显高于中西部地区,但自2008年金融危机爆发以后,沿海地区的经济增长速度逐渐被内陆地区赶超,地处内陆的重庆、四川、湖北、湖南、陕西等省直辖市近年的年均GDP增速都较高,中国区域经济格局的这种改变被学者称为"内陆经济崛起"(阎星等,2012)。在"内陆经济崛起"的新区域经济格局下,张毓峰等(2014)提出了中国经济区域划分的"新三大区域"方案,即沿海地区、内陆地区和沿边地区。基于此,本文也将按照"新三大区域"划分方案对中国其中的31个省、自辖市、自治区进行重新划分。

(一)中国实体经济与虚拟经济总量的空间分布特征

为了更加全面地探讨中国实体经济的发展趋势和特征,本书从沿海地区、内陆地区和沿边地区的区域视角分析了中国实体经济的空间分布特征。下表4-2列举了2013年中国新三大区域各省、自辖市、自治区实体经济总量和虚拟经济总量的空间分布情况。从表4-2中所显示的结果可以看出,中国实体经济总量的空间分布存在巨大的区域差异,沿海地区实体经济总量的平均值明显高于内陆地区和沿边地区。沿海地区实体经济总量的平均值高达30 457.94亿元,内陆地区实体经济总量的平均值为14 254.18亿元,而沿边地区实体经济总量的平均值仅为9 576.96亿元,三大区域实体经济总产值平均值的比为3.18:1.49:1。同样的,中国虚拟经济的空间分布也表现出与实体经济相一致的区域特征,虚拟经济总量的平均值也呈现出沿海地区明显高于内陆地区和沿边地区的特征。沿海、内陆和沿边地区虚拟经济总产值的平均值分别为4 161.07亿元、1 223.45亿元和749.29亿元,沿海地区虚拟经济总产值的平均值高达沿边地区的5.55倍。中国沿海地区经济发展基础较好,经济增长点众多,经济改革力度大,对外开放程度较高,使得沿海地区实体经济总量和虚拟经济总量都比内陆地区和沿边地区要高,对全国GDP的贡献也相对较大。

表4-2　2013年中国实体经济与虚拟经济的空间分布

单位:亿元

沿海	GRE	GFE	内陆	GRE	GFE	沿边	GRE	GFE
北京	15 338.97	4 161.59	山西	11 536.17	1 066.07	吉林	12 411.84	569.62
天津	12 648.75	1 721.41	安徽	17 539.87	1 499.00	黑龙江	13 278.66	1 104.27
河北	26 226.58	2 074.83	江西	13 343.15	995.35	内蒙古	15 854.79	977.59
辽宁	24 807.06	2 270.59	河南	29 809.02	2 346.84	广西	13 150.58	1 227.42
上海	17 435.06	4 167.06	湖北	22 797.41	1 871.08	云南	10 64.14	956.77
江苏	52 021.41	7 140.34	湖南	23 158.49	1 343.18	西藏	741.88	65.79
浙江	32 412.79	5 155.70	重庆	10 859.51	1 797.18	新疆	7 707.53	652.71
福建	19 368.29	2 391.35	四川	23 916.53	2 344.24	海南	2 706.28	440.18
山东	50 181.37	4 502.96	贵州	7 370.32	636.47			
广东	54 139.09	8 024.88	陕西	14 862.61	1 182.60			
			甘肃	5 875.43	392.58			
			青海	1 972.47	128.58			
			宁夏	2 263.41	301.65			
均值	30 457.94	4 161.07	均值	14 254.18	1 223.45	均值	9 576.96	749.29

注:数据来源于2014年《中国统计年鉴》,GRE、GFE分别表示实体经济总量和虚拟经济总量。

在此基础上,有必要进一步分析中国实体经济增长的区域差异。度量区域实体经济发展差异的方法有很多种,本文借鉴李敬(2007)的做法,采用基尼系数(GINI)、泰尔指数(GE_1)和对数离差均值(GE_0)三个指标来进行测度。其中,基尼系数对中等水平的变化比较敏感,泰尔指数对高层水平的变化比较敏感,对数离差均值指数对底层水平的变化比较敏感,因此同时采用三个指数来度量实体经济发展的区域差异会更加准确全面。

反映实体经济增长区域差异的基尼系数的计算公式为:

$$GINI = \frac{-(1+n)}{n} + \frac{2}{n^2 \bar{y}} \sum_{i=1}^{n} i * y_i \quad (4.1)$$

其中,n为样本数,y_i为各省实体经济总产值从低到高排列后第i个省份的指标值,$\bar{y}$为各省实体经济总产值的平均值。从计算公式可以看出,基尼系数的值位于0到1之间。

泰尔指数(GE_1)和对数离差均值(GE_0)是由泰尔于1967年利用信息理论中的熵概念来计算收入不平等而得名(李敬,2007),其计算公式分别为:

$$GE_1 = \frac{1}{n}\sum_{i\in n}\frac{y_i}{\bar{y}}\ln\frac{y_i}{\bar{y}} \quad GE_0 = \frac{1}{n}\sum_{i\in n}\ln\frac{\bar{y}}{y_i} \quad (4.2)$$

其中,n为地区个数,y_i为各省实体经济总产值的变量值,$\bar{y}$为全国实体经济总产值的平均值。

根据式(4.1)和式(4.2)分别计算出中国其中的31个省市1999—2013年实体经济总产值的基尼系数、对数离差均值和泰尔指数,计算结果见表4-3。

表4-3 中国省际实体经济总产值差异的比较(1999—2013年)

年份	GINI	GE_0	GE_1	年份	GINI	GE_0	GE_1
1999年	0.4120	0.3759	0.2836	2007年	0.4262	0.3961	0.3062
2000年	0.4142	0.3789	0.2868	2008年	0.4237	0.3957	0.3032
2001年	0.4157	0.3789	0.2888	2009年	0.4225	0.3949	0.3026
2002年	0.4175	0.3803	0.2919	2010年	0.4186	0.3908	0.2971
2003年	0.4212	0.3849	0.2980	2011年	0.4140	0.3852	0.2914
2004年	0.4236	0.3913	0.3026	2012年	0.4132	0.3833	0.2905
2005年	0.4265	0.3964	0.3069	2013年	0.4116	0.3787	0.2886
2006年	0.4283	0.3986	0.3094				

注:数据结果由作者计算得到。

总体来看,1999—2013年,中国实体经济总产值的三个差异指数都比较大,说明中国实体经济增长的省际差异非常明显。从变动趋势来看,3个差异指数都在整体上呈倒"U"型的先增后减趋势,且均在2006年达到最大值0.4283、0.3986和0.3094,说明2006年中国各省实体经济发展差异最大。在21世纪初期,中国加入WTO后对外开放程度进一步扩大,东部沿海地区经济增长较快,西部地区在"西部大开发"战略优势下也呈现出快速增长势头,而中部地区经济增长相对较慢,中国各省、直辖市、自治区实体经济发展差异逐渐扩大。2008年金融危机爆发以后,中国沿海地区受到巨大冲击,较多的民营企业破产倒闭,实体经济发展速度放缓,而西部地区和中部地区受到的冲击相对较小,加上国家政策的调整,中西部地区实体经济发展速度逐渐赶上甚至超过东部沿海地区,从而使得东中西部地区各省份实体经济增长差异不断缩小,因此表现出各差异指数均呈逐年下降趋势。比较3个差异指数的大小可知,1999—2013年间中国实体经济的基尼系数(GINI)大于对数离差均值(GE_0),大于泰尔指数(GE_1)。说明在样本期间内,实体经济总产值处于中等水平的省份变动相对较大,使得基尼系数值较大;实体经济总产值处于高等水平的省份变动相对较小,使得泰尔指数的值相对较小。

长期以来,中国经济发展表现出明显的区域格局。为了更深入地探究中国实体经济增长的区域差异情况,本书还测算了沿海地区、内陆地区和沿边地区实体经济总产值的3个差异指数,计算结果见表4-4。

表4-4 "新三大区域"实体经济总产值差异的比较(1999—2013年)

年份	沿海地区			内陆地区			沿边地区		
	GINI	GE_0	GE_1	GINI	GE_0	GE_1	GINI	GE_0	GE_1
1999年	0.264 9	0.126 9	0.112 8	0.358 4	0.302 5	0.219 2	0.316 8	0.317 6	0.193 9
2000年	0.264 5	0.124 9	0.112 0	0.359 7	0.302 0	0.220 3	0.316 7	0.318 9	0.194 7
2001年	0.264 2	0.124 0	0.111 6	0.359 3	0.298 3	0.219 2	0.315 7	0.314 8	0.194 0
2002年	0.265 8	0.125 0	0.113 0	0.357 1	0.294 4	0.216 4	0.315 4	0.311 8	0.193 6
2003年	0.271 2	0.129 1	0.117 4	0.355 3	0.290 4	0.213 6	0.310 2	0.310 8	0.191 6
2004年	0.274 3	0.131 2	0.120 1	0.356 3	0.292 8	0.214 9	0.306 3	0.318 4	0.192 6
2005年	0.277 2	0.134 3	0.123 2	0.360 6	0.301 7	0.220 1	0.308 9	0.315 4	0.192 6
2006年	0.279 0	0.136 0	0.125 0	0.362 9	0.303 6	0.222 4	0.308 9	0.314 8	0.191 9
2007年	0.277 0	0.134 5	0.123 3	0.362 2	0.304 5	0.222 2	0.309 4	0.314 2	0.190 8
2008年	0.275 3	0.132 0	0.122 0	0.361 9	0.305 0	0.222 0	0.313 8	0.327 4	0.195 3
2009年	0.277 9	0.133 3	0.124 8	0.364 8	0.308 8	0.225 2	0.318 0	0.331 5	0.199 5
2010年	0.273 1	0.128 2	0.120 5	0.363 4	0.309 0	0.224 3	0.318 9	0.334 0	0.200 6
2011年	0.271 8	0.126 7	0.119 6	0.362 2	0.309 3	0.223 5	0.318 2	0.335 3	0.200 9
2012年	0.271 6	0.126 5	0.120 0	0.362 0	0.307 8	0.222 9	0.316 0	0.333 7	0.200 1
2013年	0.269 8	0.124 2	0.118 6	0.359 7	0.302 9	0.220 0	0.314 4	0.326 5	0.197 9

注:数据结果由作者计算得到。

从表4-4所显示的结果可以看出,沿海地区和内陆地区均呈现出基尼系数(GINI)大于对数离差均值(GE_0),大于泰尔指数(GE_1)的趋势,说明中国沿海地区和内陆地区实体经济总产值处于中等水平的省份变动较大,而处于高等水平的省份变动较小,这与全国总体情况是一致的;而沿边地区则呈现出对数离差均值(GE_0)大于基尼系数(GINI),大于泰尔指数(GE_1)的趋势,说明中国沿边地区实体经济总产值处于底层水平的省份变动较大,而处于高等水平的省份变动较小。比较沿海地区、内陆地区和沿边地区3个差异指数的大小可以发现,基尼系数、对数离差均值和泰尔指数均呈现出内陆地区高于沿边地区,沿边地区高于沿海地区的格局,说明中国内陆地区实体经济总产值的差异最大,沿边地区次之,而沿海地区的差异最小。对比区域各省份的实体经济总产值可知,内陆地区包括的省份较多,覆盖了中国华中、华北、东南、西南、西北等多个区域,其中湖北、湖南、四川和河南等几个省份的实体经济总产值远远高于宁夏、青海、甘肃等省、自治区,内陆地区的内部差异非常大;沿边地区内西藏和海南的实体经济总产值较小,而黑龙江的实体经济总产值相对较大,黑龙江实体经济总产值大约是西藏的25倍,区域内的差异也比较大;而沿海地区的省份主要是中国经济发展的领头羊,区域内部的差异较小。从各区域3个差异指数的变化趋势来看,沿海、内陆地区3个差异指数在考察期内均表现得非常平稳,波动较小,说明中国沿海地区和内陆地区实体经济总产值长期内一直存在巨大的差异,而且这种差异没有减小的趋势;沿边地区3个差异指数在1999—2007年比较稳定,没有表现出明显的波动,但从2008年开始呈先增后减的倒"U"型变动趋势,区域内各省份实体经济总产值之间的差异在不断扩大。

(二)中国区域实体经济总量占GDP比重的变化情况

表4-5列举了1999年和2013年各省实体经济占GDP的比重,以及1999—2013年各省份实体经济占GDP比重的平均值。实体经济总量占GDP的比重一方面可以直接显示实体经济在经济运行中的地位和作用,另一方面可以间接地显示实体经济与虚拟经济的协调关系。

分省份来看,北京、辽宁、江苏、浙江、广东、内蒙古、广西、西藏、重庆、四川、宁夏、新疆、海南等省、直辖市2013年实体经济占GDP比重与1999年相比具有明显的下降,说明这些省、直辖市的虚拟经济比实体经济发展更快;而山东、吉林、江西、湖北、湖南、甘肃、青海等省份2013年实体经济总量占GDP比重与1999年相比具有一定的上升,说明这些省份实体经济的增长速度比虚拟经济更快。分沿海、内陆、沿边三大区域来看,沿海地区和沿边地区实体经济总量占GDP总量的比重均呈逐年下降趋势,其中沿海地区1999年和2013年实体经济总量占GDP总量的均值比重分别为90.50%和87.38%,沿边地区1999年和2013年实体经济总量占GDP总量的均值比重分别为95%和91.93%,这说明沿海地区和沿边地区虚拟经济发展与实体经济比相对较快,虚拟经济对GDP增长的贡献逐渐增大,从而驱使了实体经济总量占GDP比重的逐渐下降。内陆地区实体经济总量占GDP的均值比重变化甚微,1999年和2013年实体经济总量占GDP的比重分别为92.85%和91.83%,说明内陆地区实体经济与虚拟经济发展速度相当,基本实现协调同步发展。

表4-5 中国各省市实体经济总量占GDP的比重

单位:%

沿海	1999年	2013年	均值	内陆	1999年	2013年	均值	沿边	1999年	2013年	均值
北京	85.59	78.66	81.97	山西	92.69	91.54	93.79	吉林	94.08	95.61	95.44
天津	89.57	88.02	90.69	安徽	93.26	92.13	92.92	黑龙江	93.88	92.32	94.78
河北	93.68	92.67	94.20	江西	90.43	93.06	92.95	内蒙古	97.24	94.19	95.92
辽宁	94.85	91.61	93.79	河南	93.86	92.70	94.45	广西	96.99	91.46	93.95
上海	81.19	80.71	82.66	湖北	91.64	92.42	92.39	云南	93.50	91.84	92.49
江苏	90.82	87.93	90.51	湖南	93.26	94.52	94.03	西藏	97.67	91.85	93.60
浙江	94.79	86.28	90.09	重庆	92.60	85.80	91.11	新疆	94.95	92.19	94.14
福建	91.81	89.01	91.02	四川	93.19	91.07	92.56	海南	91.69	86.01	91.35
山东	90.40	91.77	92.24	贵州	94.72	92.05	92.99				
广东	92.32	87.09	89.96	陕西	95.79	92.63	94.45				
				甘肃	92.10	93.74	93.78				
				青海	91.01	93.88	93.75				
				宁夏	92.47	88.24	91.81				
均值	90.50	87.38	89.71	均值	92.85	91.83	93.15	均值	95.00	91.93	93.96

注:数据来源于历年的《中国统计年鉴》,作者计算整理得到。

(三)中国实体经济增长率的阶段性特征和区域特征

全面分析中国实体经济的发展现状和趋势,不仅要看实体经济总量的空间分布特征,还需要分析实体经济增长率的阶段性特征和区域特征。本书分别计算了各省份2000—2007年、2008—2013年、2000—2013年三个阶段的实体经济年均增长率,计算结果见表4-6。

表4-6 "新三大区域"实体经济分阶段年均增长率

单位:%

沿海地区	2000—2007年	2008—2013年	2000—2013年	内陆地区	2000—2007年	2008—2013年	2000—2013年	沿边地区	2000—2007年	2008—2013年	2000—2013年
北京	15.90	12.91	14.62	山西	17.17	13.80	15.73	吉林	15.55	16.46	15.94
天津	16.58	18.62	17.45	安徽	13.51	16.94	14.98	黑龙江	12.13	12.34	12.22
河北	15.10	12.66	14.05	江西	15.38	17.04	16.09	内蒙古	20.27	18.49	19.51
辽宁	12.87	15.80	14.13	河南	16.51	13.25	15.12	广西	14.45	15.64	14.96
上海	14.71	9.52	12.49	湖北	14.21	17.99	15.83	云南	12.07	16.30	13.89
江苏	16.39	14.33	15.51	湖南	14.28	17.94	15.85	西藏	15.36	14.85	15.14
浙江	15.83	11.88	14.13	重庆	13.56	19.28	16.01	新疆	14.65	15.63	15.07
福建	13.19	15.01	13.97	四川	14.18	16.25	15.07	海南	12.94	15.43	14.01
山东	17.37	13.01	15.50	贵州	14.03	19.56	16.40				
广东	15.57	12.26	14.16	陕西	16.51	19.45	17.77				
				甘肃	14.36	15.01	14.64				
				青海	16.56	17.93	17.15				
				宁夏	16.31	18.79	17.37				
均值	15.34	13.60	14.60	均值	15.12	17.17	16.00	均值	14.68	15.64	15.09

注:数据来源于历年的《中国统计年鉴》,作者计算整理得到。

从表4-6可以看出,按照新的三大经济区域划分,沿海地区实体经济的年均增长率在金融危机之后出现了明显的下降,2000—2007年沿海地区实体经济年均增长率高达15.34%,而2008—2013年年均增长率下降为13.60%;相反,内陆地区和沿边地区,特别是内陆地区实体经济的年均增长率在金融危机之后则出现了明显的上升,内陆地区和沿边地区2008—2013年均增长率相比2000—2007年年均增长率提高了 2.05% 和 0.96%。2000—2007 年间,三大区域实体经济年均增长率从高到低依次为沿海地区、内陆地区和沿边地区,而 2008—2013 年间三大区域实体经济年均增长率从高到低依次为内陆地区、沿边地区和沿海地区。具体从各省份 2000—2007 年、2008—2013 年的实体经济年均增长率来看,全国总计 20 省份的实体经济年均增长率在金融危机之后出现了不同程度的上升,他们分别为天津、辽宁、福建、安徽、江西、湖北、湖南、重庆、四川、贵州、陕西、甘肃、青海、宁夏、吉林、黑龙江、广西、云南、新疆和海南,其中有 11 个省份属于内陆地区,6 个省份属于沿边地区。这说明金融危机过后中国区域实体经济增长确实呈"内陆崛起"的现象,可能的原因在于内陆地区实体经济是国民经济增长的主导产业,在金融危机爆发时内部地区所受到的冲击相对较小,实体经济占 GDP 的比重也几乎保持不变,这进一步证明大力发展实体经济的战略重要性。

(四)中国实体经济产业结构变动分析

为了全面掌握中国实体经济发展现状及特征,本书将进一步分析中国各省市实体经济产业结构变化情况。表 4-7 显示了 1999 年、2006 年和 2013 年中国各省市实体经济第三产业产值与第二产业产值的比值[①]。从表 4-7 中的数据可以看出,1999 年和 2006 年,北京、海南和西藏 3 省、直辖市、自治区实体经济第三产业产值与第二产业产值之比大于 1,而其他 28 个省市实体经济第三产业产值与第二产业产值的比均小于 1;2013 年,北京、上海、海南和西藏 4 个省、直辖市、自治区的实体经济第三产业产值与第二产业产值的比值大于 1,而其他 27 个省份实体经济第三产业产值与第二产业产值的比值均小于 1。第三产业产值与第二产业产值的比值大于 1,说明该省份的实体经济产业结构为"三二一";第三产业产值与第二产业产值的比值小于 1,说明该省份实体经济产业结构"二三一";第三产业产值与第二产业产值的比值越小,说明该省份实体经济产业结构高级化水平越低,比值越大说明该省份实体经济产业结构高级化水平越高[②]。另外,从

---

① 此处列举实体经济第三产业产值与第二产业产值之比,一方面是 GDP 的构成中,考察期内中国各省份第一产业占比均小于第二产业和第三产业,另一方面也是为与后文关于产业结构高级化的实证研究相一致。

② 由于本书主要是考察剔除金融业和房地产业的实体经济,因此实体经济产业结构为"三二一"的省份数量会比国民经济产业结构为"三二一"的省市数量小,比如 2013 年国民经济产业结构为"三二一"的省份有北京、黑龙江、上海、广东、海南、贵州、西藏 7 个省、直辖市、自治区。

表4-7中还可以发现,部分省份实体经济发展出现产业结构逆动现象,即第三产业产值与第二产业产值的比值还呈现出一定的下降趋势,如辽宁、福建、重庆、四川、青海、陕西、广西、西藏、海南等省份,部分省市的第三产业产值与第二产业产值的比值呈上升趋势,如北京、江苏、浙江、上海、山东、广东、贵州、甘肃、黑龙江、云南等省、直辖市。

综合来看,中国实体经济产业结构还有待进一步优化,绝大多数省份的产业结构仍为"二三一",距离"三二一"的理想状态(陈佳贵等,2012)还有很长的距离,产业结构高级化发展的空间还很大。

表4-7 中国各省市实体经济产业结构情况

沿海地区	1999年	2006年	2013年	内陆地区	1999年	2006年	2013年	沿边地区	1999年	2006年	2013年
北京	1.025	1.847	2.487	山西	0.610	0.535	0.584	吉林	0.707	0.760	0.590
天津	0.717	0.565	0.712	安徽	0.552	0.791	0.460	黑龙江	0.477	0.542	0.818
河北	0.550	0.540	0.539	江西	0.743	0.567	0.526	内蒙古	0.721	0.689	0.569
辽宁	0.717	0.634	0.576	河南	0.533	0.469	0.446	广西	0.925	0.860	0.575
上海	0.621	0.742	1.156	湖北	0.554	0.783	0.618	云南	0.600	0.719	0.800
江苏	0.527	0.507	0.663	湖南	0.797	0.835	0.742	西藏	1.873	1.797	1.236
浙江	0.533	0.547	0.660	重庆	0.795	0.866	0.538	新疆	0.826	0.610	0.657
福建	0.753	0.622	0.541	四川	0.620	0.697	0.509	海南	1.688	1.293	1.238
山东	0.544	0.457	0.657	贵州	0.706	0.752	0.955				
广东	0.579	0.631	0.736	陕西	0.796	0.558	0.497				
				甘肃	0.570	0.744	0.771				
				青海	0.802	0.611	0.466				
				宁夏	0.690	0.631	0.613				

注:数据来源于历年的《中国统计年鉴》,作者计算整理得到。

第二节 金融业态深化、财政政策激励支持实体经济增长的现状

一、金融业态深化支持实体经济增长的现状

21世纪以来,特别是中国加入WTO以后,随着中国金融体制改革的不断加快和金融业态深化水平的不断提高,金融在支持实体经济增长方面发挥着巨大

的推动作用,实体经济的融资规模正在逐年扩大,其融资结构也逐渐改善并日趋合理。社会融资规模是全面反映金融业态深化与实体经济关系以及金融对实体经济支持的总量指标[①]。因此,本书将从实体经济社会融资规模和融资结构两个方面来分析金融业态深化支持实体经济增长的现状。

(一)实体经济融资的规模现状

实体经济的融资规模总量可以用"社会融资规模"指标来衡量。2010年底的中央经济工作会议首次提出"社会融资规模"的概念。社会融资规模是全面反映金融与经济关系以及金融对实体经济资金支持的总量指标,它是指一定时期内实体经济从金融体系获得的资金总额,是一个增量概念。2012年9月13日,中国人民银行首次集中发布了《2002年以来社会融资规模年度数据及结构》和《2002年以来社会融资规模月度数据》。

本书将用社会融资规模数据来分析实体经济的融资规模特征,表4-8显示了2002—2014年全国范围的社会融资规模及结构数据。整体来看,中国实体经济的融资规模呈现出快速增长的趋势。从表4-8中的数据可以看出,社会融资规模从2002年的20 113.00亿元上升到2014年的164 133.00亿元,年均增长率为19.12%[②];与上一期相比,除2004年、2011年和2014年的社会融资规模出现小幅度下降以外,其他年份都呈现上升趋势,特别是2009年上升幅度特别大,环比增长99.28%,这可能与金融危机后中国政府的4万亿投资计划以及对实体经济的重新重视有一定关系。具体从社会融资规模的构成来看,实体经济通过金融机构表内业务、金融机构表外业务、直接融资等三种不同的方式从金融体系所获得的资金总额都呈现出不同程度的增长[③]。其中,以企业债券和委托贷款的增长幅度最大,与2002年相比,2014年分别增加了近141倍和64倍,年均增长率分别高达51.1%和41.62%;其次是非金融企业境内股票融资和人民币贷款,与2012年相比,2014年分别增长了近5.8倍和4.4倍,年均增长率分别为17.27%和15.06。

---

① 央行调查统计司负责人答记者问时对社会融资规模进行了解释,资料源于《金融时报》2012年9月14日。

② 年均增长率的公式为:$r = \sqrt[m-n-1]{Y_m/Y_n} - 1$,其中m和n表示年份,后文中相应部分的计算方法相同。

③ 金融机构表内业务融资包括人民币贷款和外币贷款,金融机构表外业务融资包括委托贷款、信托贷款和未贴现银行承兑汇票,直接融资包括企业债券和非金融企业境内股票融资。

但必须指出的是,从2014年的第三季度开始,社会融资规模连续16个月负增长,截至2015年10月,社会融资规模比去年同期下降8.3%。

表4-9显示了2013—2014年中国其中的31个省份的社会融资规模及结构数据。总体来看,中国社会融资规模的省际差异非常大,东部地区各省份的社会融资规模要明显高于中西部地区,特别是西部地区各省份的社会融资规模整体偏低。与2013年相比,2014年东中西部地区社会融资规模的差距呈缩小趋势,2013年和2014年东中西部地区社会融资规模平均值的比例分别为2.60:1.35:1和2.38:1.30:1。从表4-9可以看出,2013年间,广东、北京、江苏和山东4省、直辖市的社会融资规模超过了万亿元,分别高达13 826.00亿元、12 556.00亿元、12 070.00亿元和10 838.00亿元;相反,西藏和宁夏两自治区的社会融资规模分别仅为773.00亿元和664.00亿元,与其他省份的差距非常明显。2014年间,社会融资规模超过万亿的省、直辖市包括江苏、广东和北京,分别为13 440.00亿元、13 173.00亿元和12 877.00亿元,而西藏和宁夏两自治区的社会融资规模仍较低,分别仅为739.00亿元和842.00亿元。比较2014年和2013年来看,部分省份的社会融资规模呈现上升趋势,如江苏、河南、吉林等13省、直辖市,其中以江苏省增加1 370.00亿元为最大,次之为河南省的1 137.00亿元;相反,其他省份的社会融资规模则出现不同程度的下降,如福建、山东、云南、河北等18省、直辖市,其中以福建省下降3 435.00亿元为最大,次之为山东省的1 546.00亿元。

表4-8 2002—2014年社会融资规模增量及结构

单位:亿元

年份	社会融资规模	其中:						
		人民币贷款	外币贷款(折合人民币)	委托贷款	信托贷款	未贴现银行承兑汇票	企业债券	非金融企业境内股票融资
2002年	20 113	18 175	730	177	——	-696	366	628
2003年	34 113	27 652	2 284	601		2 011	500	559
2004年	28 630	22 673	1 383	3 117	——	-288	468	672
2005年	30 008	23 543	1 414	1 783	——	23	2 010	340
2006年	42 697	31 522	1 461	2 693	826	1 500	2 311	1 535
2007年	59 664	36 324	3 864	3 371	1 703	6 702	2 285	4 333

续表

年份	社会融资规模	人民币贷款	外币贷款(折合人民币)	委托贷款	信托贷款	未贴现银行承兑汇票	企业债券	非金融企业境内股票融资
				其中：				
2008年	69 804	49 042	2 447	4 261	3 145	1 065	5 523	3 325
2009年	139 105	95 943	9 265	6 780	4 364	4607	12 369	3 352
2010年	140 189	79 450	4 853	8 749	3 864	23 347	11 060	5 786
2011年	128 286	74 715	5 712	12 964	2 032	10 272	13 659	4 377
2012年	157 632	82 036	9 164	12 841	12 847	10 499	22 551	2 507
2013年	172 904	88 917	5 848	25 465	18 448	7 750	18 022	2 219
2014年	164 133	97 813	3 556	25 069	5 174	-1 286	23 817	4 350
				占比(%)				
2002年	100	90.36	3.63	0.88	——	-3.46	1.82	3.12
2003年	100	81.06	6.70	1.76	——	5.90	1.47	1.64
2004年	100	79.19	4.83	10.89	——	-1.01	1.63	2.35
2005年	100	78.46	4.71	5.94	——	0.08	6.70	1.13
2006年	100	73.83	3.42	6.31	1.93	3.51	5.41	3.60
2007年	100	60.88	6.48	5.65	2.85	11.23	3.83	7.26
2008年	100	70.26	3.51	6.10	4.51	1.53	7.91	4.76
2009年	100	68.97	6.66	4.87	3.14	3.31	8.89	2.41
2010年	100	56.67	3.46	6.24	2.76	16.65	7.89	4.13
2011年	100	58.24	4.45	10.11	1.58	8.01	10.65	3.41
2012年	100	52.04	5.81	8.15	8.15	6.66	14.31	1.59
2013年	100	51.43	3.38	14.73	10.67	4.48	10.42	1.28
2014年	100	59.59	2.17	15.27	3.15	-0.78	14.51	2.65

注：①数据来源于金融时报(2012-09-14)和中国人民银行网站，作者计算整理得到。
②"——"表示数据缺失或者有关业务量很小。

表4-9　2013—2014年各省市社会融资规模及主要构成

单位:亿元

省份	2013年 社会融资规模	2013年 表内业务融资	2013年 表外业务融资	2013年 直接融资	2014年 社会融资规模	2014年 表内业务融资	2014年 表外业务融资	2014年 直接融资
北京	12 556	4 798	3 095	4 410	12 877	5 632	2 787	4 217
天津	4 910	2 465	1 478	841	4 819	2 332	1 339	1 058
河北	6 247	3 047	2 376	440	5 177	3 514	600	742
辽宁	5 654	3 419	1 378	631	5 526	3 224	1 108	990
上海	7 964	3 444	3 693	579	7 761	3 406	3 145	973
江苏	12 070	7 143	2 815	1 673	13 440	7 378	2 826	2 858
浙江	8 345	5 793	999	1 001	7 998	5 794	76	1 736
福建	6 923	3 484	2 648	568	3 488	3 786	-1 254	766
山东	10 838	5 023	4 300	1 172	9 292	5 525	1 621	1 790
广东	13 826	8 516	3 952	792	13 173	8 905	1 972	1 650
均值	**8 933.3**	**4 713.2**	**2 673.4**	**1 210.7**	**8 355.1**	**4 949.6**	**1 422.0**	**1 678.0**
吉林	2 172	1 529	351	167	2 909	1 846	747	198
黑龙江	3 333	1 518	1 495	193	2 731	1 975	409	263
内蒙古	2 730	1 644	522	449	2 774	1 923	245	510
广西	2 801	1 725	603	263	3 109	1 953	405	581
海南	1 084	752	203	97	1 074	751	87	196
云南	4 268	1 955	1 783	381	3 092	2 197	24	733
西藏	773	412	348	5	739	541	165	25
新疆	2 854	1 996	289	423	2 746	1 831	276	504
均值	**2 501.9**	**1 441.4**	**699.3**	**247.3**	**2 396.8**	**1 627.1**	**294.8**	**376.3**
山西	3 701	1 811	1 027	717	3 055	1 487	599	865
江西	3 898	1 987	1 447	316	3 976	2 522	1 014	340
安徽	4 969	2 876	1 435	475	4 262	3 018	229	828
河南	5 691	3 155	1 358	942	6 828	3 970	1 767	891
湖北	6 114	2 866	2 406	618	5 843	3 286	1 513	857
湖南	4 165	2 459	915	652	3 945	2 523	310	973
重庆	5 031	2 405	1 657	637	5 473	2 562	1 539	986
四川	7 137	4 125	1 867	596	7 092	4 329	1 239	1 011

续表

省份	2013年				2014年			
	社会融资规模	表内业务融资	表外业务融资	直接融资	社会融资规模	表内业务融资	表外业务融资	直接融资
贵州	3 541	1 801	1 496	183	3 576	2 261	716	518
陕西	4 254	2 405	1 190	537	4 850	2 597	1 207	891
甘肃	2 617	1 621	553	332	3 139	2 229	482	313
青海	1 229	646	404	153	1 412	784	376	216
宁夏	664	574	35	18	842	646	65	105
均值	4 077.8	2 210.1	1 214.5	475.1	4 176.4	2 478	850.5	676.5

注：数据来源于中国人民银行网站，作者计算整理得到。

(二)实体经济融资的结构特征

综合来看，实体经济融资的结构特征主要表现为两个方面：

1. 以企业债券为主的直接融资在实体经济融资总额中所占的比重呈现上升趋势。从表4-8中所显示的社会融资规模结构占比可以看出，企业债券融资占社会融资规模的比重从2002年的1.82%上升到2014年的14.51%，增加了12.69个百分点。尽管直接融资和间接融资的总额均呈现出逐年增长的趋势，但实体经济直接融资总额的增长速度要明显快于间接融资的增长速度，且直接融资占社会融资规模的比重也呈逐渐上升的趋势。2002—2014年，直接融资的年均增长率为32.14%，间接融资的年均增长率为17.73%，直接融资占社会融资规模的比重从2002年的4.94%上升到2014年的17.16%。分省份来看，北京市实体经济直接融资的比重最大，2013年和2014年实体经济直接融资占比分别为35.12%和32.75%；其次是山西省，2013年和2014年实体经济直接融资占比分别为19.37%和28.31%；西藏自治区的直接融资比重最低，2013年和2014年实体经济直接融资占比分别仅为0.65%和3.38%。与2013年相比，2014年间有天津、广东、山西等27个省市实体经济的直接融资占比都表现出不同程度的增长，其中云南省实体经济直接融资占比上升最大，为14.78%，福建省次之，为13.76%；北京、吉林、甘肃和河南4个省、直辖市2014年实体经济的直接融资占比与2013年相比出现下降，分别下降了2.37%、0.88%、2.71%和3.50%。

2. 在间接融资中，金融机构表外业务融资（委托贷款、信托贷款和未贴现银行承兑汇票)所占的比重呈现上升趋势,而以人民币贷款为主的金融机构表内业务融资所占的比重则呈现下降趋势。2006年以前,信托贷款的业务量非常小,缺乏相应的条件数据,从2006年以后,信托贷款总额呈现逐渐增加的趋势(2014年出现了大幅下降),特别是2012年和2013年增幅非常大。2003年,实体经济以委托贷款、信托贷款和未贴现银行承兑汇票等三种方式获取的融资总额占比为7.66%,2013年该比例上升到29.88%,尽管2014年该比例下降到17.64%,但仍比2003年高出不少。2002—2014年,人民币贷款所占社会融资规模的比重从2002年的90.36%下降到2013年的51.43%,2014年又上升到59.59%。分省份实体经济的金融机构表外业务融资占社会融资规模的比重来看,2013年间,上海市实体经济的金融机构表外业务融资占比最高,为46.37%,对实体经济融资的贡献最大,紧随其后的是西藏、黑龙江、贵州、云南等省、自治区,宁夏自治区实体经济的金融机构表外业务融资占比最小,仅为5.27%。2014年间,福建省实体经济的金融机构表外业务融资占比为负,上海市实体经济的金融机构表外业务融资占比最大,为40.52%。与2013年相比,2014年间27个省份实体经济的金融机构表外业务融资在间接融资中的比重都呈下降趋势,这直接导致2014年全国范围下实体经济的金融机构表外业务融资占比与2013年相比下降了12.24%。

二、财政政策激励支持实体经济增长的现状

(一)政府财政收支分权现状

在中国现行财政分权体制下,中央政府和地方政府具有不同的财政收支权力,这种政府分权治理模式的主要目的是激励地方政府有效利用财政资源来最大程度地实现宏观经济目标。地方政府作为中央政府的代理人,承担了从党政建设到经济建设,再到社会发展、精神文明建设等多达15个方面的事务(Tsui和Wang,2004),因此,中央政府给予地方政府的财政收支权力越大,地方政府对区域经济建设活动的影响作用越大,效率越高。衡量地方政府财政收支权力大小的较好指标就是地方财政收支比重,地方财政收支比重越大,说明地方政府财政权利越大。下图4-2显示了1999—2014年地方财政收入比重和财政支出比重,从图中可以看出,地方财政收支比重整体上呈上升趋势,地方财政收支比重分别从1999年的68.5%和48.9%上升到2014年的85.1%和54.1%,上升幅度分别为16.6%和5.2%。地方政府财政收支比重,特别是财政支出比重的逐年扩大说明

中央政府给予了地方政府更多的财政收支权力,地方政府可以根据当地经济发展的实际情况安排财政收支的规模和结构,有助于提高财政资金效率,有助于当地产业结构的调整和优化,促进当地实体经济稳定快速发展。

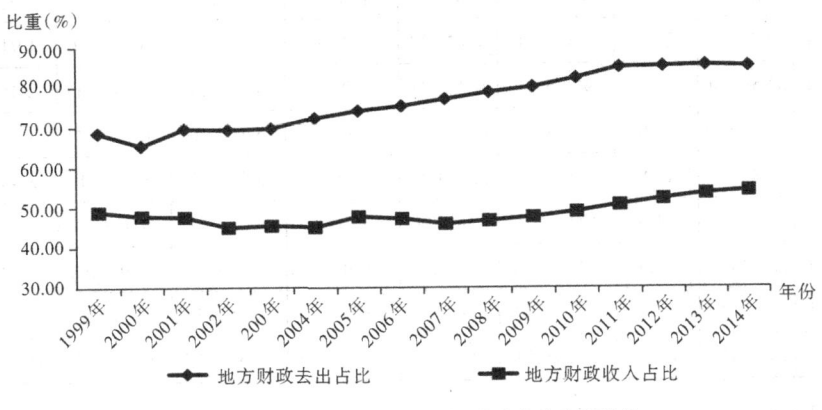

图4-2　1999—2014年地方财政收支占比变化趋势

(二)财政支出规模与支出结构特征

财政支出是财政激励支持实体经济增长的重要手段之一,财政支出规模越大、结构越合理,财政激励作用就越强,财政政策激励对实体经济增长的促进作用也越明显。近年,中国财政支出规模逐年扩大,财政支出结构也不断优化,2007—2014年中国财政支出规模及结构情况如下表4-10所示。从绝对量来看,2014年全国财政支出规模已高达151 661.50亿元,相当于GDP的23.83%;从人均量来看,2014年人均财政支出为11 087.83元,比农村居民人均纯收入还高1195.80元。从增长率来看,2007—2011年,财政支出总额的年均增长率高达22.04%,2012年开始财政支出的增长率呈逐年下降趋势,2014年的财政支出增长率已经下降到8.17%,但仍高于GDP的增长率。从财政支出结构来看,2007—2014年间,教育支出、社保与就业支出、城乡社区事务支出、农林水事务支出和交通运输支出的增长速度较快,分别增长了3.22倍、2.92倍、3.97倍、4.11倍和5.41倍。从各项支出占总支出的比重来看,城乡社区事务支出、农林水事务支出和交通运输支出的比重有所上升,教育支出、社保与就业支出的比重变化甚微,而一般公共服务支出的比重则出现较大幅度地下降,从2007年的17.1%下降到2014年的9.15%。总体来看,在支持实体经济增长过程中,我国财政支出规模不断扩大,财政支出结构不断调整优化,财政政策激励对实体经济增长的作用越来越大。

表 4-10　2007—2014 年中国财政支出规模及结构变化情况

单位：亿元

年份	财政支出总额	增长率（%）	一般公共服务支出	教育支出	社保与就业支出	城乡社区事务支出	农林水事务支出	交通运输支出
2007年	49 781.35	23.2	8 514.24	7 122.32	5 447.16	3 244.69	3 404.70	1 915.38
2008年	62 592.66	25.7	9 795.92	9 010.21	6 804.29	4 206.14	4 544.01	2 354.00
2009年	76 299.93	21.9	9 164.21	10 437.54	7 606.68	5 107.66	6 720.41	4 647.59
2010年	89 874.16	17.8	9 337.16	12 550.02	9 130.62	5 987.38	8 129.58	5 488.47
2011年	109 247.8	21.6	10 987.78	16 497.33	11 109.4	7 620.55	9 937.55	7 497.80
2012年	125 953.0	15.3	12 700.46	21 242.10	12 585.52	9 079.12	11 973.88	8 196.16
2013年	140 212.1	11.3	13 755.13	22 001.76	14 490.54	11 165.57	13 349.55	9 348.82
2014年	151 661.5	8.17	13 876.21	22 905.79	15 913.40	12 883.52	14 001.67	10 370.99

数据来源：国家统计局网站。

（三）税收收入总额及构成特征

税收是政府财政政策的主要工具之一，也是政府财政收入的重要来源之一。税收优惠是财政政策激励的重要手段，一方面，政府可以通过对某些产业实施减税、免税和优惠税政策，可以有效地推动这些产业快速发展；另一方面，政府可以通过对不同产业实施差异化的税收政策，进而调整优化区域产业结构。表 4-11 显示了 1999—2014 年中国税收总额及其构成情况。从表中数据可以看出，中国各项税收总额呈快速增长趋势，2014 年的各项税收总额比 1999 年翻了 11.15 倍，其中 2007 年税收增长率高达 31.08%，16 年间的平均增长率达 17.16%，税收增长率远高于 GDP 的增长率。从税收的构成来看，个人所得税和企业所得税增长较快，1999—2014 年分别增长了 17.83 倍和 30.36 倍，远高于税收总额的增长倍数；增值税、营业税和消费税的增长相对较慢，分别增长了 7.95 倍、10.66 倍和 10.85 倍，均低于税收总额的增长倍数。从各项税收比重来看，税收构成正在发生着巨大变化。增值税的比重呈下降趋势，从 1999 年的 36.34% 下降到 2014 年的 25.89%，而个人所得税和企业所得税的比重则呈上升趋势，分别从 1999 年的 3.87% 和 7.60% 上升到 2014 年的 6.19% 和 20.67%，营业税和消费税的比重变化较小，分别围绕在 15% 和 6.5% 左右小幅波动。

表4-11 1999—2014年中国税收总额及构成情况

单位：亿元

年份	各项税收总额	增长率（%）	增值税	营业税	消费税	个人所得税	企业所得税
1999年	10 682.58	15.33	3 881.87	1 668.56	820.66	413.66	811.41
2000年	12 581.51	17.78	4 553.17	1 868.78	858.29	659.64	999.63
2001年	15 301.38	21.62	5 357.13	2 064.09	929.99	995.26	2 630.87
2002年	17 636.45	15.26	6 178.39	2 450.33	1 046.32	1 211.78	3 082.79
2003年	20 017.31	13.50	7 236.54	2 844.45	1 182.26	1 418.03	2 919.51
2004年	24 165.68	20.72	9 017.94	3 581.97	1 501.90	1 737.06	3 957.33
2005年	28 778.54	19.09	10 792.11	4 232.46	1 633.81	2 094.91	5 343.92
2006年	34 804.35	20.94	12 784.81	5 128.71	1 885.69	2 453.71	7 039.60
2007年	45 621.97	31.08	15 470.23	6 582.17	2 206.83	3 185.58	8 779.25
2008年	54 223.79	18.85	17 996.94	7 626.39	2 568.27	3 722.31	11 175.63
2009年	59 521.59	9.77	18 481.22	9 013.98	4 761.22	3 949.35	11 536.84
2010年	73 210.79	23.00	21 093.48	11 157.91	6 071.55	4 837.27	12 843.54
2011年	89 738.39	22.58	24 266.63	13 679.00	6 936.21	6 054.11	16 769.64
2012年	100 614.28	12.12	26 415.51	15 747.64	7 875.58	5 820.28	19 654.53
2013年	110 530.70	9.86	28 810.13	17 233.02	8 231.32	6 531.53	22 427.20
2014年	119 158.05	7.81	30 849.78	17 781.62	8 906.82	7 376.57	24 632.49

数据来源：国家统计局网站。

第三节 金融业态深化、财政政策激励支持实体经济增长的问题

一、金融业态深化支持实体经济增长的问题

(一)实体经济与虚拟经济不协调现象日益严重

根据全球多种统计数据资料来看，自20世纪80年代以来，全球经济均出现了严重的"脱实向虚"现象，几乎所有的金融资产的增速都远远超过了实体经济的增速。全球范围的流动性金融资产总额与GDP的比值从1980年的109%上升到了2013年的350%，全球流动性金融资产的年均复合增长率也是GDP的2.4倍。以美国为例，2012年美国全部金融资产已达GDP的11倍。当然，中国也不例外，金融产业增长速度明显高于实体经济增长速度，金融产业产值对GDP的贡献越来

越大,虚拟经济、虚拟资本的增长速度远远高于实体经济、物质资本的增长速度(向松祚,2015),实体经济与虚拟经济不协调现象日益严重。改革开放以后中国金融业增加值增长了689倍,2013年中国金融总资产高达GDP的6.2倍。

图4-3显示了改革开放以后中国金融业和实体经济的年增长率及变化趋势。从图中可以看出,改革开放以后中国金融业呈现出快速增长的趋势,1978—2014年的年均增长率高达20.53%,特别是1981—1989年和2004—2007年,两个时间段的年均增长率分别为32.81%和24.21%。2008年全球金融危机爆发,中国金融业也受到巨大冲击,年增长速度明显放缓,但2014年又有大幅度提升。同期内中国实体经济的年均增长率为15.56%,明显低于金融业增加值的年均增长率(20.53%)和虚拟经济的年均增长率(19.91%)。在1994年以前,中国实体经济的年增长率呈上升趋势,1994年以后,中国实体经济的年增长率总体上呈下降趋势。

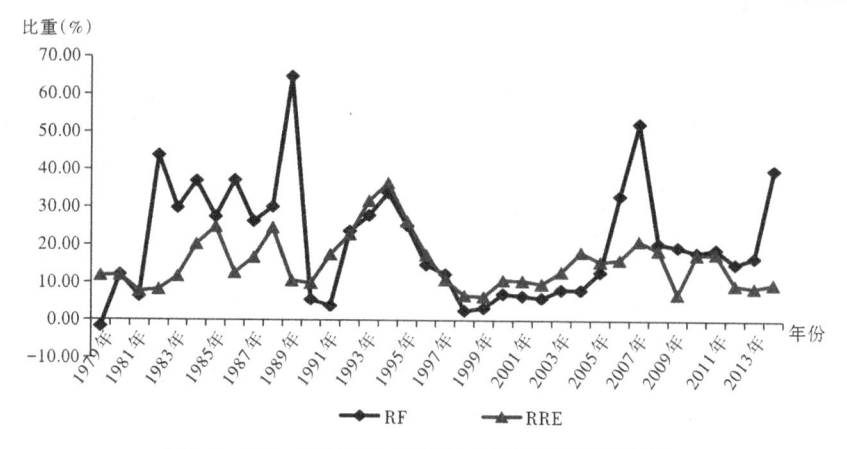

图4-3 1978—2014年间中国金融业与实体经济的增长率

注:RF和RRE分别表示金融业和实体经济的增长率;数据结果由作者计算整理得到。

分阶段来看,中国金融业增加值的年增长率和实体经济的年增长率呈现出多个失调阶段。在1989年以前,金融业的增长率明显高于实体经济的增长率,金融业发展对实体经济增长具有显著的推动作用。1989—1997年,金融业和实体经济呈现出一致的发展态势,二者各年的增长率几乎相等。1998—2005年,中国金融业和实体经济均呈增长趋势,但实体经济的年增长率要略高于金融业的年增长率,可能的原因在于:一是1998年亚洲金融危机对中国金融产业发展的冲击,二是中国加入WTO以后,国际贸易和投资不断增多,实体经济发展速度加快。2006年以后,金融业的发展又明显快于实体经济,2008年全球金融危机导致中国金融业增长率大幅下降,进而使得中国实体经济的年增长率在2009年出现大幅下降,说明金融业的发展变化对实体经济的发展产生着重要的影响。

表4-12显示了1998—2014年中国金融资本与实体资本的增长率变化情况。从表4-12可以看出,中国金融资产在过去10多年间呈现快速增长势头,2007年增长率高达52.47%。2006年以后,金融业产值增长率明显高于实体经济增长率。金融业产值从1998年的4 176.10亿元上升到2014年的46 572.70亿元,增长了10.79倍。从平均增长速度来看,金融产业产值、广义货币供给M2、股票市值总额、债券年末托管额的年均增长率分别为16.03%、16.65%、20.21%和25.12%,均明显高于同期实体经济的年均增长率13.07%,同期城镇居民可支配收入的年均增长率11.01%,同期城镇职工平均工资的年均增长率13.58%。从各项金融资产的总量来看,截至2014年底广义货币供给M2的总量、股票市值总额、债券年末托管总额和保费收入总额分别达到1 228 000.00亿元、371 100.00亿元、356 449.5500亿元和20 235.00亿元,分别为1998年的11.75、19.02、36.06、16.22倍。而同时期内,实体经济、城镇居民可支配收入和城镇职工平均工资分别仅增长了7.14、5.32、7.67倍,均明显低于各项金融资产的增长倍数。

表4-12 1998—2014年金融资产与实体资本的增长率

单位:%

年份	实体经济	居民可支配收入	城镇职工平均工资	金融业产值	广义货币M2	股票市值	债券托管额	保费收入
1998年	6.66	5.13	15.60	3.31	14.84	11.28	136.23	14.00
1999年	6.35	7.91	11.59	3.95	14.74	35.71	33.43	10.20
2000年	10.71	7.28	12.28	7.83	12.27	81.67	26.97	11.40
2001年	10.56	9.23	16.00	7.42	17.60	-9.50	17.81	31.50
2002年	9.73	12.29	14.28	6.76	16.87	-11.93	29.82	44.10
2003年	12.94	9.99	13.03	8.80	19.58	10.77	46.96	26.30
2004年	18.17	11.21	14.13	9.15	14.86	-12.72	38.29	12.30
2005年	15.63	11.37	14.60	13.40	17.57	-12.48	41.03	14.00
2006年	16.15	12.07	14.36	33.23	15.68	175.68	25.81	14.40
2007年	21.14	17.23	18.72	52.47	16.74	265.91	33.72	25.00
2008年	18.68	14.47	17.23	20.69	17.78	-62.90	23.54	39.23
2009年	7.04	8.83	12.00	19.03	27.58	100.99	16.28	13.83

续表

年份	实体经济	居民可支配收入	城镇职工平均工资	金融业产值	广义货币M2	股票市值	债券托管额	保费收入
2010年	17.50	11.26	13.47	17.81	19.73	8.81	15.63	—
2011年	17.78	14.13	14.28	19.46	17.32	−19.09	8.51	10.52
2012年	9.50	12.63	12.11	14.70	14.39	7.26	17.71	8.01
2013年	8.81	9.73	10.08	17.06	13.59	3.78	13.00	11.20
2014年	9.83	7.01	9.46	13.07	10.98	55.22	20.40	14.18
均值	13.07	11.01	13.58	16.03	16.65	20.21	25.12	—

注：数据由作者计算得到；由于2010年保险业统计口径发生变化，与往年不具可比性，因此未计算增长率。

(二)金融机构信贷资金对民营企业和小微型企业支持较少

尽管近年中国金融机构对实体经济的贷款规模增长较快，但金融机构贷款覆盖面太窄，较大比例的信贷资金流向了国有及集体控股企业和大中型企业，而对民营企业和小微型企业所提供的资金支持太少，仍有很多民营企业和小微型企业很难获得贷款，甚至无法获得贷款。相反，国有及集体控股企业一直是金融机构贷款发放的主要对象，国有及集体控股企业从金融机构所获得的贷款占比一直高于50%。北京大学金融学院教授刘俏认为，绝大多数民营企业的融资成本在25%以上，中国近5 000万家中小企业中有超过90%的企业无法从银行融资[①]。

表4-13显示了最近5年中国金融机构本外币贷款年末余额的分布情况。从表中的数据可以看出，最近5年间中国金融机构本外币贷款总额增长较快，特别是2012年和2013年金融业的贷款额年增长率分别高达58.20%和29.24%，远高于实体经济的贷款余额增长率，金融业发展表现出"自我循环加速"的不良现象。截至2013年底，全国金融机构本外币贷款余额为744 251.56亿元，其中金融业贷款和房地产业贷款分别为3 232.63亿元和45 420.86亿元，实体经济贷款总额为695 598.07亿元，占贷款总额之比为93.46%。蒋智陶(2014)研究结果同样说明了这一问题，2003—2011年中国金融部门资金运用总量的年均增长率为113.72%，金融部门对非金融部门资金运用总量的年均增长率为124.23%，而金

---

① 资料来源于新华网http://www.xinhuanet.com。

融部门内部资金运用总量的年均增长率则高达127.3%,且其资金运用总量占全社会资金流量的比重从2003年的1.34%增长到2011年的14.05%。

表4-13 2009—2013金融机构贷款分布情况

单位:亿元

年份	贷款总额	实体经济贷款额	虚拟经济贷款额	其中:	
				金融业贷款额	房地产业贷款额
2009年	249 396.98	224 438.50	24 958.44	622.63	24 335.81
2010年	479 037.21	443 701.90	35 335.36	1 725.96	33 609.40
2011年	556 723.74	519 359.70	37 364.05	1 581.09	35 782.96
2012年	641 398.88	599 889.00	41 509.89	2 501.26	39 008.63
2013年	744 251.56	695 598.10	48 653.49	3 232.63	45 420.86

注:数据来源于历年的《中国金融年鉴》。按照《中国金融年鉴》的数据统计,2009年的数据为各行业下大中小型企业贷款总和,2010—2013年的数据为各行业所有贷款的总和。

表4-14显示了2010—2013年中国民营企业、国有及集体控股企业从金融机构所获得的贷款情况。从表中的数据可以看出,2010—2013年间民营企业贷款占比呈逐年上升趋势,分别为30.09%、33.50%、36.19%和39.35%,但其占比仍未超过40%,还远低于其对GDP的贡献比,这与民营企业和小微型企业在国民经济发展中的重要地位不相匹配。数据显示,2012年中国小微型企业数量占全国企业总数的99%以上,对GDP的贡献比高达60%,缴纳税额占比高达50%。

表4-14 金融机构境内企业贷款情况

单位:亿元

年份	贷款总额	国有及集体控股企业		民营企业	
		贷款余额	占比(%)	贷款余额	占比(%)
2010年	302 914.91	186 673.42	61.63	91 155.90	30.09
2011年	350 169.37	205 926.38	58.81	117 312.49	33.50
2012年	392 829.90	223 288.31	56.84	142 159.30	36.19
2013年	440 192.20	241 142.46	54.78	173 227.30	39.35

注:数据来源于历年的《中国金融年鉴》,作者计算整理得到。

表4-15显示了2012年和2013年中国小微型企业从金融机构获得的贷款情况。从表中的数据可以看出,小型企业和微型企业从金融机构所获得的贷款占金融机构贷款总额的比例非常小,小微型企业贷款占比都不足30%,特别是微型企业,其贷款占比仅有2.7%,而且增长速度也非常慢。从2012年和2013年小微型企业贷款的产业分布来看,金融机构贷款更多集中在工业、批发零售业、水利、环境和公共设施管理业,租赁和商业服务业,交通运输、仓储和邮政业,房地产业,建筑业和农业等几个主要行业,占比合计高达95%以上。而其他关乎民生的产业,如教育、居民服务、修理和其他服务业,卫生和社会工作,文化、体育和娱乐业,住宿餐饮等产业的贷款比例非常少。

表4-15 金融机构境内小微型企业本外币贷款分布情况

单位:亿元

分类	小型企业贷款 2012年	小型企业贷款 2013年	微型企业贷款 2012年	微型企业贷款 2013年
境内企业贷款余额	101 596.53	116 360.75	10 132.15	11 887.11
占企业贷款总额之比(%)	25.86	26.43	2.58	2.70
其中:				
农业	2 758.63(2.7)	2 860.99(2.5)	509.05(5.0)	670.77(5.6)
工业	39 312.83(38.7)	45 438.55(39.1)	3 018.20(29.8)	3 173.15(26.7)
建筑业	4 161.46(4.1)	4 665.27(4.0)	494.10(4.9)	670.25(5.6)
批发和零售业	16 869.61(16.6)	21 293.56(18.3)	1 642.85(16.2)	1 975.81(16.6)
交通运输、仓储和邮政业	8 435.02(8.3)	8 969.33(7.7)	948.90(9.4)	1 026.34(8.6)
房地产业	3 833.90(3.8)	4 242.11(3.7)	2 237.15(22.1)	2 882.42(24.3)
租赁和商业服务业	9 644.22(9.5)	11 159.46(9.6)	559.31(5.5)	663.52(5.6)
水利、环境和公共设施管理业	12 391.19(12.2)	12 480.54(10.7)	356.78(3.5)	387.68(3.3)
合计	97 406.86(95.9)	111 109.8(95.5)	9 766.34(96.4)	11 449.94(96.3)

注:数据来源于历年《中国金融年鉴》,作者整理得到;括号内数字为该产业的贷款占比。

另外,金融机构对科技创新活动的信贷支持也非常少,在一定程度上制约了实体企业的技术创新。金融机构对科技创新活动的信贷支持是促进实体企业技术创新的动力之一。然而,尽管金融机构科技信贷呈逐年增长趋势,但科技贷款余额仍非常小,占金融机构信贷总额之比也非常小。统计数据显示,2010—2013年金融机构科技信贷余额分别为778.34亿元、938.35亿元、1 186.25亿元、1 534.4亿元,年均增长率为25.4%,但各年占贷款总额之比均不足0.2%,对企业科技创新活动的支持力度有限。总之,金融机构对小微型企业的信贷支持偏少,而且产业结构也不合理,这对小微型企业的发展及实体经济产业结构调整都极为不利。

二、财政政策激励支持实体经济增长的问题

(一)财政专项资金偏袒重大项目和国有经济,对民营企业支持较少

财政部财政科学研究所所长贾康曾经指出,做好实体经济需要在大量民营企业,特别是中小微型企业方面做文章。然而,实践过程中财政资金对民营企业的支持太少,大部分的财政资金都投向了国有大型企业,并重点支持铁路、公路、机场等重大工程项目建设。从总量上看,财政资金对实体经济的投资不断减少。图4-4显示了1981—2013年中国财政投资的变化情况。从图中可以看出,1981—1997年,国有固定资产投资资金占比和国有固定资产投资占财政总支出的比重都呈现出明显的下降趋势,分别从28.1%和23.7%下降到2.5%和7.5%。1997—2013年,国有固定资产投资资金占比相对较稳定,一直在5%上下波动,而国有固定资产投资占财政总支出之比总体上呈缓慢的上升趋势,但其值仍然较低。

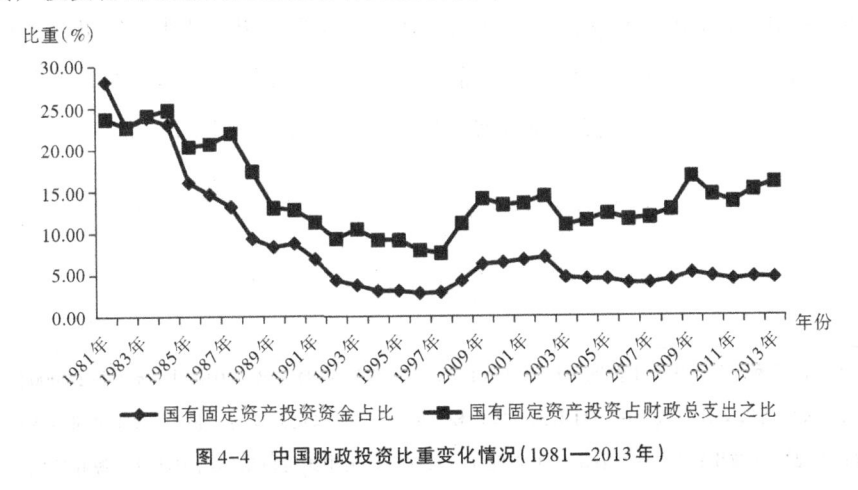

图4-4 中国财政投资比重变化情况(1981—2013年)

尽管近年全国各省都加大了财政专项资金对民营企业的支持,但其在全部财政资金中的占比仍非常低。俞文源(2013)对西部A省的调查数据显示,2011年A省共向347户企业投入财政资金40.57亿元,其中投向国有企业39.42亿元,占比高达97.2%,涉及企业172户,占全部国有企业数的49.56%;投向民营企业的财政资金为1 504.00万元,仅占全部资金的0.4%,涉及企业27家,占所有民营企业数的7.78%,可见绝大多数的财政专项资金都流向了国有企业。从资金产业投向来看,投向公益性行业的资金仅有3 947.00万元,仅占0.96%,涉及企业数占比仅为6.05%;投向竞争性行业的资金为40.16亿元,占比高达98.99%,涉及企业数占比高达93.95%,其中投向铁路、公路、航空的资金占全部资金的63.45%。

(二)实体企业特别是民营企业的税负相对较重

尽管税收收入平稳增长是实体经济平稳较快增长、实体企业经营效益提高等的综合表现,但高额的税收将会减少企业的利润空间,进而影响企业生产积极性和企业可持续发展能力。在当前中国税制下,企业面临多种税种,如增值税、所得税、房产税、城市维护建设税、城镇土地使用税等,而且有些税种无论企业是否生产、是否盈利,都必须缴纳。因此,不少专家学者都认为中国应该进一步实施减税政策,应该继续调整和完善税制结构[1]。图4-5显示了1999—2014年中国税收收入占GDP的比重、企业所得税和增值税占税收总额的比重。从图中可以看出,税收与GDP之比、企业所得税占税收总额之比在整体上均呈现出递增的趋势,2014年每单位GDP的税收额已高达18.72%,企业所得税的比重也已上升到20.67%;相反,增值税占税收总额之比整体上呈下降趋势,但其占比仍在25%以上。高比例的增值税和不断上涨的企业所得税,说明我国实体企业目前的税负较重,使用税收政策促进实体经济增长具有很大的可操作空间。

---

[1] 经济学家许善达认为中国减税规模可达1 000亿元以上,而谢国忠认为中国需要减税10 000亿元左右;北京大学刘剑文教授认为中国目前的税收规模相对较高,可以适当地对增值税、营业税和消费税等间接税进行结构性减税;国务院发展研究中心倪红日研究员认为中国可以适当增加涉及资源和环境等方面税种的税率。

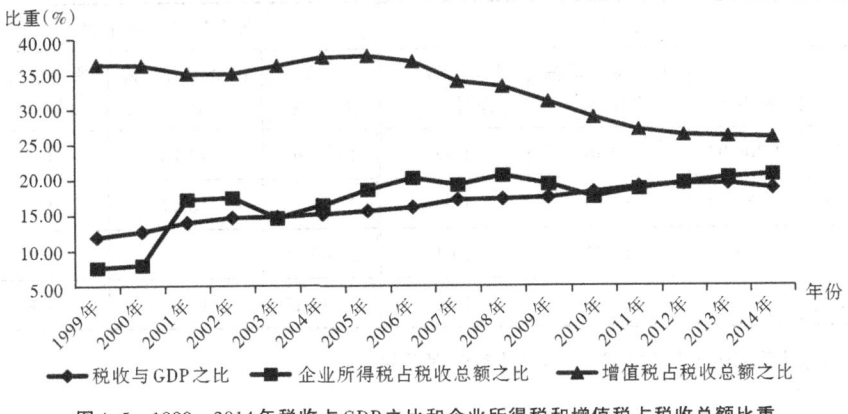

图 4-5　1999—2014 年税收占 GDP 之比和企业所得税和增值税占税收总额比重

具体细分到国有及国有控股企业、民营企业来看，我国民营企业的税负可能相对更高。鉴于数据的可得性，本书采用民营工业企业和国有控股工业企业的赋税情况来进行比较分析，2005—2012 年中国工业企业的赋税情况如表 4-16 所示。从表 4-16 可以看出，在 2005—2012 年，民营工业企业和国有控股工业企业的所得税均呈快速增长趋势，但是民营工业企业所得税占全国企业所得税总额之比呈上升趋势，而国有控股工业企业所得税占全国企业所得税总额之比呈逐年下降趋势，说明民营工业企业对全国企业所得税的贡献越来越大，民营企业在国民经济中的地位越来越重要。从企业所得税与企业总资产之比来看，民营工业企业的所得税与总资产之比呈上升趋势，国有控股工业企业所得税与总资产之比呈下降趋势，而且横向比较可以发现民营工业企业所得税与总资产之比远高于国有控股工业企业，这说明民营工业企业的税负相比国有工业企业更高，民营企业的税收负担更重，利润空间更小。

表 4-16　2005—2012 年中国工业企业税负情况

单位：亿元

年份	民营工业企业			国有控股工业企业		
	应交所得税	占全国所得税之比(%)	所得税/资产总计(%)	应交所得税	占全国所得税之比(%)	所得税/资产总计(%)
2005年	378.75	7.09	1.25	1 289.00	24.12	1.10
2006年	551.81	7.84	1.36	1 498.16	21.28	1.11
2007年	795.83	9.06	1.49	1 834.10	20.89	1.16
2008年	1 124.01	10.06	1.48	1 734.74	15.52	0.92

续表

年份	民营工业企业			国有控股工业企业		
	应交所得税	占全国所得税之比(%)	所得税/资产总计(%)	应交所得税	占全国所得税之比(%)	所得税/资产总计(%)
2009年	1 206.92	10.46	1.32	1 635.65	14.18	0.76
2010年	1 733.92	13.50	1.48	2 372.13	18.47	0.96
2011年	2 058.42	12.27	1.61	2 703.35	16.12	0.96
2012年	2 317.01	11.79	1.52	2 677.15	13.62	0.86

数据来源:国家统计局网站,作者计算整理得到。

(三)政府财政对科技创新活动的资金投入较少,制约实体经济技术创新

统计数据显示,中国政府财政资金对实体经济科技创新活动的支持较少,表4-17显示了2007—2014年财政资金对科技创新活动的投入情况。从研发经费支出来看,尽管研究与试验发展政府资金经费支出规模呈不断上升趋势,但其占总经费之比仍较小,且从26%下降到了21%,即政府财政对企业研发活动的贡献在不断减少。从财政科技支出来看,2007—2014年国家财政科技支出总量增长了3倍,年均增长率为15.6%,但是财政科技支出占财政总支出之比仍非常小,一直处于3.5%左右。财政资金对实体经济科技创新活动的支持不足在一定程度上制约实体企业科技创新能力的提升和科技创新产出的增长,以及科技产业的发展,进而制约实体经济全要素生产率增长和产业结构优化。

表4-17 2007—2014年财政资金对科技创新的投入情况

单位:亿元

年份	2007年	2008年	2009年	2010年	2011年	2012年	2013年	2014年
研发经费政府资金	913.5	1 088.9	1 358.3	1 696.3	1 883.0	2 221.4	2 500.6	2 636.1
占比(%)	25.92	24.75	24.60	25.10	22.68	22.56	22.05	21.17
国家财政科技支出	1 783.0	2 129.2	2 744.5	3 250.2	3 828.0	4 452.6	5 084.3	5 314.5
增长率(%)	5.60	19.41	28.90	18.42	17.78	16.32	14.19	4.53
占比(%)	3.58	3.40	3.60	3.62	3.50	3.54	3.63	3.50

注:数据来源于国家统计局网站,作者计算整理得到。

第四节 本章小结

首先,本章分别利用全国1978—2014年的时间序列数据和31个省市1999—2013年的面板数据分析了中国实体经济与虚拟经济的总量及占比的变化特征、增长率变化特征、结构演变特征、空间分布特征及区域差异特征等。其次,从实体经济社会融资规模和结构两个方面分析了金融业态深化支持实体经济增长的现状,从财政分权、财政支出和税收等方面分析了财政政策激励支持实体经济增长的现状。最后,全面分析了金融业态深化、财政政策激励支持实体经济增长过程中所暴露的问题,如:虚拟经济、虚拟资本增长速度明显高于实体经济、物质资本的增长速度,实体经济与虚拟经济不协调现象日益严重;金融财政资金偏袒于国有企业和重大项目,国有企业与民营企业的矛盾不断加深;财政金融资金对科技创新活动支持较少,企业技术创新不足制约实体经济增长等问题。

第五章 金融业态深化、财政政策激励与实体经济增长规模

实体经济的规模扩张是实体经济增长效率提升和产业结构调整的基础和目标。因此,首先必须研究金融业态深化、财政政策激励及二者配合对实体经济增长规模的影响。基于中国其中的31个省、自治区、直辖市1999—2013年的面板数据,本章将利用空间计量回归方法实证研究金融业态深化、财政政策激励及二者配合对实体经济增长规模的影响大小和方向。

第一节 引言

随着中国经济社会的发展,诸如长江三角洲经济圈、珠江三角洲经济圈、环渤海湾经济圈、成渝经济圈、武汉经济圈、辽中南工业基地、京津唐工业基地、沪宁杭工业基地等各种不同的经济圈和工业基地逐渐增多,中国实体经济增长表现出了明显的空间集聚现象。而且,在经济新常态下,"一带一路"倡议以及京津冀协同发展、长江经济带等新的区域发展战略也在加紧制定和推进中。空间计量经济学理论指出:一个地区空间单元上的某种经济现象或某一经济属性与邻近地区空间单元上同一现象或属性是相关的,几乎所有的空间数据都具有空间依赖性或空间自相关特征(Anselin,1988)。特别是当两个经济系统地理位置相邻或相近,即空间经济学中所指的"地理邻近"(Boschma,2005),或者两个经济系统之间经济特征相似,即空间经济学中所指的"组织邻近"(Gilly、Torre,2000)时,两个系统同一经济变量之间的空间相关性更加明显。因此,建立计量模型实证研究中国区域实体经济增长规模时,有必要考虑经济变量的空间相关性特征。

随着空间计量经济学的不断成熟和发展,及其在国内的广泛传播与应用,已经有少数学者利用空间计量分析方法实证研究了金融、财政与经济增长的相关问题。比如:利用空间计量分析方法,张志元和季伟杰(2009)、任英华等(2010)实证研究了中国金融集聚的影响因素,方先明等(2010)、李林等(2011)分别实证

研究了金融和金融集聚对经济增长的影响,余可(2008)实证研究了财政支出结构与地区经济增长的关系,王海南和崔长彬(2012)实证研究了财政分权与省域经济增长的关系,贾敬全和殷李松(2015)实证研究了财政支出对产业结构升级的空间效应。但是,专门研究金融、财政与实体经济增长关系的文献并不多,邓向荣和刘文强(2013)利用空间计量分析方法实证研究了中国金融集聚对各区域实体经济产业结构升级的影响,唐元琦等(2015)基于欧盟20个国家的数据,采用空间计量分析方法实证研究了金融发展与实体经济增长之间的关系。

吴玉鸣等(2006)曾指出,经济变量的空间依赖性使得大多数经典统计与计量分析方法中相对独立的基本假设不再成立或有效。若仍沿用忽视经济变量空间相关性的传统计量估计方法,将会导致相应的实证估计结果和研究结论缺乏应有的解释力和说服力,甚至会导致政策误导。但是,现有文献中专门利用空间计量分析方法来实证研究金融业态深化、财政政策激励及二者配合对实体经济增长的影响作用还是一片空白。基于此,本章将利用空间计量经济学的相关理论与分析方法来实证研究金融业态深化、财政政策激励及二者配合对实体经济增长规模的影响。本书将同时从地理邻近特征和组织邻近特征两个视角出发,构建四种不同形式的空间权重矩阵。考虑地理邻近特征对区域实体经济增长的影响,分别设定地理邻接权重矩阵和地理距离权重矩阵;考虑组织邻近特征对区域实体经济增长的影响,利用省际资本形成总额来构建经济协动权重矩阵和经济距离权重矩阵[①]。在此基础上,建立相应的静态空间面板计量模型来考察金融业态深化、财政政策激励及其二者配合对实体经济增长的影响,并据此比较地理区位特征和经济社会特征对实体经济增长的空间影响差异。

第二节 金融业态深化、财政政策激励与实体经济增长规模的理论分析

一、金融业态深化对实体经济增长规模的影响

实体经济的增长离不开良好的金融服务环境,发达的金融市场可以为实体

[①] 两个经济系统组织邻近的形式多种多样,不同的组织邻近形式对实体经济增长的影响作用存在较大的差异,本书在考虑组织邻近时重点考察经济特征邻近因素的影响作用。

经济部门提供更大数量和更高质量的金融服务,无论是服务于实体经济的金融服务的数量扩张还是质量提高都有助于实体经济增长(张林等,2014)。

(一)金融业态深化通过多元化金融服务来促进实体经济规模扩张

在金融业态深化发展过程中,金融发展结构日趋合理,金融发展效率不断提高,金融实力持续增强,金融发展和金融创新可以为实体经济活动提供多样化的金融服务。商业银行创新可以为实体企业提供金额、期限、利率各异的信贷产品从而满足不同规模、不同性质的实体企业多样化的信贷需求,新三板、创业板等新兴证券市场的不断发展壮大和完善使得实体企业可以根据自身的特点和优势选择股票融资或债券融资,担保市场和保险市场的发展可以为实体企业提供融资担保、产品创新与技术创新的风险分担。商业银行、证券市场、保险市场和担保市场的发展为实体企业提供了多元化的融资渠道,可以有效解决企业资金短缺难题,从而促进实体企业不断扩大生产经营规模。同时,金融市场效率的提高可以将更多的社会储蓄转化为投资,可以提高金融资源的配置效率;金融实力提升和金融对外开放有助于地区实体企业招商引资,吸收和消化国外先进的资本、技术和经验,从而促进实体经济又好又快的增长。

(二)金融业态深化通过金融空间集聚来促进实体经济规模扩张

简单地说,金融空间集聚就是指各种金融机构、金融资源在空间地域上持续向特定的区域集中,形成功能各异的金融服务基地或金融中心。金融空间集聚可以通过集聚效应、扩散效应、功能效应促进区域实体经济增长(刘华军等,2007)。金融集聚有助于带动各类相关服务业的快速发展,从而产生外部规模经济效益;金融集聚通过形成网络而有助于降低企业信息搜集、交流、共享成本和企业合约的执行、监督成本,从而形成网络效益;金融集聚通过资金支持和市场竞争迫使企业加快科技创新,从而形成创新效益。金融集聚发展到一定程度以后将会对周边地区经济活动产生扩散效应。一方面,金融集聚核心区通过资源竞争、市场竞争导致周边地区金融业逐渐萎缩,即产生"极化效应";另一方面,金融集聚核心区将不断向周边地区设立金融分支机构,或为周边地区的实体经济活动提供更多资金支持和资本投资,从而带动周边地区经济增长,即产生"涓流效应"。另外,金融集聚还可以通过风险管理功能、信息揭示功能、公司治理功能、便利交换功能等对金融集聚核心区和周边地区的实体经济活动产生作用。

二、财政政策激励对实体经济增长规模的影响

财政激励促进实体经济增长的手段包括财政分权激励、财政补贴激励、财政投资激励、税费减免激励等多种,因此财政激励促进实体经济增长的渠道和路径也具有多样性。归纳起来,财政激励对实体经济增长规模的影响作用主要体现在以下几个方面。

(一)中央政府通过财政收支分权来激励地方政府大力发展实体经济

一般情况下,地方政府比中央政府更了解当地的经济社会发展形势、地方民俗风情和居民偏好与需求,而且受当地居民的直接监督,因此地方政府比中央政府在促进地区实体经济增长方面更具有经济效率;另外,财政分权还可以有效地促进地方政府竞争,通过竞争促进地方政府提高财政资金配置效率、积极改善投资环境和增加公共服务供给,从而在招商引资竞争中占据优势,通过追加投资促进区域实体经济增长。区域实体经济的快速发展将为地方政府带来更多的税收收入,因此,拥有更多财政收支权的地方政府更有动力和激情去大力发展实体经济。

(二)政府通过税费减免和财政补贴促进特定区域或特定产业内的实体企业发展壮大

税费是每个企业必须承担的一项重要经济支出,税费支出的增加必然减少企业经营利润,这不利于企业长期发展和地方经济增长。因此,政府为了缩小区域发展差距或为了调整产业结构,会对某些特定区域、特定产业内的企业实施税费减免政策,减轻这些企业的经济负担以提高企业经营利润,从而促进实体企业不断发展壮大。同时,政府为了鼓励企业从事某些特定的经营活动或是为了提高企业生产积极性,会设定财政专项资金对实体企业特别是新创业的民营企业实施财政补贴政策,帮助企业减缓和解决资金短缺难题,从而帮助企业不断扩大生产经营规模,助推实体经济发展。

(三)政府扩大基础建设投资和社会公共服务供给为实体经济快速发展夯实基础

完善的基础设施建设和充足有效的公共服务供给有助于公共资源的优化配置和高效利用,是实体经济快速发展的基础和保障。在中央政府战略方针的指引下,地方政府根据地区经济结构和资源禀赋特征,有计划、有选择地增大地区交通运输、港口、码头、桥梁、能源、通信、电网、给排水等重要的基础建设投资,增

大教育、科技、文化、医疗卫生、社会保障、环境保障和治理等主要的社会公共服务供给,优化实体经济发展的外部环境,为实体经济又好又快发展奠定基础。

三、金融业态深化与财政政策激励配合对实体经济增长规模的影响

实体经济的规模扩张主要源于两个方面,一是实体企业生产经营规模的扩大,二是实体企业数量的不断增加。实体企业要不断扩大生产经营规模,生产要素投入的增加必不可少,其中资金投入是最重要、最核心的要素之一;同样的,企业家在创业过程中也需要大量的资金投入,比如企业生产设备购买、厂房构建或租赁、生产要素购买、广告费用支出等。实体企业生产经营投入资金少部分源于企业家自有资金储备或企业内部积累,大部分投入资金主要来源于外部支持,包括政府财政资金支持、金融部门的直接融资支持和间接融资支持。因此,财政部门和金融系统的资金支持对实体经济规模扩张具有非常重要的作用,其中财政资金支持主要是政策引导作用,而金融部门融资支持则是"输血"作用。财政资金对实体经济规模扩张的引导作用需要金融系统的配合与支持,金融部门对实体经济的"输血"功效需要财政部门提供指导方向,二者协调配合便可发挥出协同效应和互补效应,可以最大限度地实现效率与公平的兼顾。

从理论上看,财政金融配合支持实体经济增长有总量配合、结构配合等多种配合方式,随着金融业态深化程度和财政政策激励力度的不断提高,可供选择的配合手段也越来越多,比如财政资金补贴实体企业贷款利息、财政资金为金融机构特定行业信贷提供利息补贴、财政资金为特定企业提供融资担保、财政资金主导组建政策性金融机构、财政减免金融部门为实体企业提供服务的税费等多种配合手段。每种配合手段都具有不同的作用机理、作用路径、作用领域和作用时滞性,在具体的配合手段选择中,需要对当前的区域经济形势、经济结构特征以及当前的政策目标进行详细分析和诊断,进而选择和实施最合适的财政金融配合手段,达到"两利取重,两害取轻"的政策取舍目标。然而在实践过程中,受诸多因素的共同影响,财政激励和金融支持往往存在不一致或不协调的状况,不但没有充分发挥出两种政策手段的互补效应,反而可能因为政策冲突或错位等现象而出现负效应,即二者配合对实体经济规模扩张产生阻碍作用。因此,金融业态深化与财政政策激励配合对实体经济规模扩张的影响作用可能具有很大的不确定性和区域差异性,其作用效果取决于配合手段的选择及二者配合的协调程

度。若能够选择正确合适的财政金融手段并实现协调配合,那么金融业态深化和财政政策激励配合可以有效促进实体经济规模扩张,反之则会阻碍实体经济规模扩张。

第三节　金融业态深化、财政政策激励与实体经济增长规模的实证研究

一、空间计量方法

(一)空间相关性判断

进行空间计量分析之前,首先必须检验经济变量的空间相关性,一般可以采用 Moran's I 检验、两个拉格朗日乘数形式 LMERR 和 LMLAG,或者稳健的 R-LMERR 和 R-LMLAG 等方法。同大多数文献一样,本书采用 Moran(1950)提出的 Moran's I 指数来加以判断。Moran's I 指数检验整个研究区域内邻近地区之间是相似、相异还是相互独立的。Moran's I 指数的计算公式为(沈体雁等,2010):

$$I = \frac{n\sum_{i=1}^{n}\sum_{j=1}^{n}\omega_{ij}(Y_i - \bar{Y})(Y_j - \bar{Y})}{\sum_{i=1}^{n}\sum_{j=1}^{n}\omega_{ij}\sum_{i=1}^{n}(Y_i - \bar{Y})^2} = \frac{\sum_{i=1}^{n}\sum_{i \neq j}^{n}\omega_{ij}(Y_i - \bar{Y})(Y_j - \bar{Y})}{S^2\sum_{i=1}^{n}\sum_{i=1}^{n}\omega_{ij}} \quad (5.1)$$

其中, $S^2 = \sum_{i=1}^{n}(Y_i - Y)^2/n$,是属性的方差, $\bar{Y} = (\sum_{i=1}^{n}Y_i)/n$,是属性的平均值, Y_i 和 Y_j 分别表示第 i 、j 个地区的观测值, n 为地区数, ω_{ij} 为空间权重。Moran's I 指数的取值范围为[-1,1],等于 0 表示不存在空间自相关,小于 0 表示空间负相关,大于 0 表示空间正相关,其绝对值越大表明空间相关程度越大,反之则越小。Moran's I 指数揭示的只是实体经济增长的全局空间相关性,本书还通过 Moran's I 散点图描绘局域空间相关性以揭示空间单元所属的局部空间聚集类型。Moran's I 散点图的四个象限分别对应四种局部空间联系形式:第一象限表示高观测值单元被高观测值单元所包围,即"高—高"集聚类型;第二象限表示低观测值单元被高观测值单元包围,即"低—高"集聚类型;第三象限表示低观测值单元被低观测值单元包围,即"低—低"集聚类型;第四象限表示高观测值单元被低观测值单元包围,即"高—低"集聚类型。

(二)空间计量基本模型与估计方法

空间计量经济学模型有多种,其中最基本、运用最为广泛的模型主要包括空间滞后模型(Spatial Lag Model,SLM)和空间误差模型(Spatial Errors Model,SEM)两种。SLM模型主要用于研究经济变量在一个地区内是否具有溢出效应,在模型中引入空间滞后因子 WY 作为解释变量,其模型表达式为:

$$Y = \rho WY + X\beta + \varepsilon \tag{5.2}$$

式中,Y 为被解释变量,X 为 $n*k$ 的外生解释变量矩阵,ρ 为空间回归系数,主要反映区域间其他省市实体经济增长对本省实体经济增长的影响作用,W 为 $n*n$ 阶的空间权重矩阵,WY 为空间滞后因变量,ε 为随机误差向量。

在空间误差模型中,空间相关性的存在不影响回归模型的结构,但误差项存在类似于空间滞后模型中的结构,其模型表达式为:

$$\begin{aligned}Y &= X\beta + \xi \\ \xi &= \lambda W\xi + \varepsilon \\ \varepsilon &\sim N(0, \sigma^2 I_n)\end{aligned} \tag{5.3}$$

式中,Y 为被解释变量,X 为 $n*k$ 的外生解释变量矩阵,λ 为 $n*1$ 的截面因变量向量的空间误差系数,W 为 $n*n$ 阶的空间权重矩阵,ε 为随机误差向量。参数 λ 衡量了样本观测值中的空间依赖作用,即相互临近地区的观测值 Y 对本地区观测值 Y 的影响方向和程度,参数 β 反映了自变量 X 对因变量 Y 的影响。空间误差模型的空间依赖作用存在于扰动误差之中,度量了临近地区关于因变量的误差冲击对本地区观测值的影响程度(吴玉鸣,2006)。

在进行空间计量分析时,若空间相关性体现在被解释变量的滞后项中,则应采用空间滞后模型(SLM);若空间相关性体现在解释变量的误差项中,则应采用空间误差模型(SEM)。但是,事先无法判断 SLM 模型和 SEM 模型中是否存在空间相关性以及空间相关性的存在形式,Anselin(2004)提出了一个判断标准来决定 SLM 模型和 SEM 模型哪个更恰当、更符合客观实际。Anselin(2004)指出,如果在空间相关性检验中发现 LMLAG 比 LMERR 在统计上更加显著,且 R-LMLAG 显著而 R-LMERR 不显著,则选择 SLM;反之,若 LMERR 比 LMLAG 在统计上更显著,且 R-LMERR 显著而 R-LMLAG 不显著,则选择 SEM 模型。但是这种判断方法只能用于截面模型,对面板模型不适用。针对这一问题,本文运用分块对角矩阵代替各统计量来计算公式中的空间权重矩阵,从而这些检验方法就可以扩展到面板数据模型分析。对于空间计量模型,若仍采用普通最小二乘法(OLS)来进行估计将导致回归结果有偏或不一致,Anselin(1988)认为采用极大似然估计方法可以有效地解决这一问题。

二、计量模型设定

为了实证研究金融业态深化、财政政策激励及其二者配合对实体经济增长规模的影响,首先假定实体经济是关于金融业态深化、财政政策激励的函数,如下所示:

$$Y_{it} = f(FS_{it}, FI_{it}, FS_{it}*FI_{it}, X_{it})$$
$$= (FS_{it})^{\beta_1}(FI_{it})^{\beta_2}(FS_{it}*FI_{it})^{\beta_3}(X_{it})^{\gamma}e^{\varepsilon_{it}} \quad (5.4)$$

其中,Y_{it}表示第i省第t年的实体经济总产值;FS_{it}表示第i省第t年的金融业态深化;FI_{it}表示第i省第t年的财政政策激励;$FS_{it}*FI_{it}$为金融业态深化和财政政策激励的交叉项,用以衡量二者的配合情况;X_{it}表示影响实体经济增长的所有其他控制变量;$\beta_1、\beta_2、\beta_3、\gamma$为各个解释变量的系数;$\varepsilon_{it}$为随机扰动项。

对上式(5.4)左右两边同时取对数处理,变形整理可得:

$$\ln Y_{it} = \beta_1 \ln FS_{it} + \beta_2 \ln FI_{it} + \beta_3 \ln(FS_{it}*FI_{it}) + \gamma \ln X_{it} + \varepsilon_{it} \quad (5.5)$$

除金融业态深化和财政政策激励以外,实体经济增长还受一系列其他因素的影响,如物质资本存量(K_{it})、人力资本存量(Hum_{it})、创新能力($Inno_{it}$)、对外开放度($Open_{it}$)、交通基础设施($JTSS_{it}$)等多个方面。将所有这些控制变量纳入方程,可以将式(5.5)变换成:

$$\ln Y_{it} = \beta_1 \ln FS_{it} + \beta_2 \ln FI_{it} + \beta_3 \ln(FS_{it}*FI_{it}) + \gamma_1 \ln K_{it}$$
$$+ \gamma_2 \ln Hum_{it} + \gamma_3 \ln Inno_{it} + \gamma_4 \ln Open_{it} + \gamma_5 \ln JTSS_{it} + \varepsilon_{it} \quad (5.6)$$

上式(5.6)中,金融业态深化(FS_{it})、财政政策激励(FI_{it})、对外开放度($Open_{it}$)、交通基础设施($JTSS_{it}$)变量的替代指标都属于比值形式(具体指标说明见后续)。在设定实证研究的计量模型时,一般不对比值型指标取对数变换,而仅对非比值型指标进行对数变换处理,以减轻异方差对估计结果带来的负面影响。因此,本书借鉴孙晓华和王昀(2013)、潘辉等(2013)的办法,设定如下形式的半对数面板计量模型:

$$\ln Y_{it} = \beta_1 FS_{it} + \beta_2 FI_{it} + \beta_3 (FS_{it}*FI_{it}) + \gamma_1 \ln K_{it} + \gamma_2 \ln Hum_{it}$$
$$+ \gamma_3 \ln Inno_{it} + \gamma_4 Open_{it} + \gamma_5 JTSS_{it} + \varepsilon_{it} \quad (5.7)$$

上式(5.7)即为普通面板模型,将式(5.7)与空间计量基本模型(5.2)和(5.3)结合,便构成本章节实证研究的空间面板计量模型:

$$\ln Y_{it} = \rho W(\ln Y_{it}) + \beta_1 FS_{it} + \beta_2 FI_{it} + \beta_3 (FS_{it}*FI_{it}) + \gamma_1 \ln K_{it}$$
$$+ \gamma_2 \ln Hum_{it} + \gamma_3 \ln Inno_{it} + \gamma_4 Open_{it} + \gamma_5 JTSS_{it} + \varepsilon_{it} \quad (5.8)$$

$$\ln Y_{it} = \beta_1 FS_{it} + \beta_2 FI_{it} + \beta_3 (FS_{it}*FI_{it}) + \gamma_1 \ln K_{it} + \gamma_2 \ln Hum_{it}$$
$$+ \gamma_3 \ln Inno_{it} + \gamma_4 Open_{it} + \gamma_5 JTSS_{it} + \lambda W \xi_{it} + \varepsilon_{it} \quad (5.9)$$

三、空间权重构建

空间权重矩阵表明空间单元之间的相互依赖性和相关联程度,因此在进行空间计量分析时设定适当的空间权重矩阵对空间计量估计结果至关重要。从现有文献来看,空间权重设定方法很多,归纳起来可以分为地理区位特征权重和经济社会特征权重两种主要类型,本书也将采用这两种方法来设定空间权重矩阵。

地理区位特征权重主要包括地理邻接权重和地理距离权重两种。地理邻接权重主要依据各省市空间是否相邻来设定,相邻的省市被赋值为"1",不相邻的省市被赋值为"0"[1],对角线上的元素为0,地理邻接权重矩阵的具体设定方法为:

$$W_1 = \begin{cases} 1 & i 与 j 相邻 \\ 0 & i = j 或不相邻 \end{cases} \quad (5.10)$$

地理邻接权重设定方法简单易行,但并不能真实反映区域间研究对象的相互联系和影响,因为该方法认为只要空间单元相邻则他们之间的相互影响程度相同,这与实际情况不相符合。例如,用地理邻接标准衡量区域的地理位置,与重庆相邻的有四川、湖北、湖南、贵州和陕西,但我们不能认为重庆只与这5个省发生联系而与其他省份没有联系,也不能说重庆与这5个省之间的影响程度是一样的。根据地理学的第一定律,任何事物与其他事物之间都存在联系,而且距离越近的事物总比距离较远的事情之间联系更为紧密(Tobler,1970)。因此,本书将借鉴Tiiu Paas和Friso Schlitte(2006)的方法,用各省会城市之间的距离来设定地理距离权重矩阵,具体设定方法为:

---

[1] 由于海南省是一个岛屿,在地理上没有与任何省份相邻接,借鉴吴玉鸣(2006)的方法,将海南省的地理空间视为与广东省相邻接。

$$W_2 = \begin{cases} \dfrac{1}{d_{ij}^2} & i \neq j \\ 0 & i = j \end{cases} \quad (5.11)$$

其中,d为各省会城市之间的公路距离,表明省会公路距离越近的省份联系越紧密。根据邻近经济学的观点,经济事物之间的空间联系不仅表现为地理邻近,更重要的表现为组织邻近(Gilly、Torre,2000),地区间经济发展水平、社会环境、民俗文化、自然资源等多种形式的组织邻近因素都对实体经济增长产生影响。以地理区位特征设定空间权重矩阵仅仅表征了地理邻近的影响,而没有反映地区间经济社会之间的相关性及影响。针对这一问题,以林光平等(2006)为代表的部分学者通过建立社会经济特征空间矩阵来表征这种关系,但是他们的方法认为两个空间单元之间的影响是相同的,即$\omega_{ij} = \omega_{ji}$,这与实际情况也不完全相符[1]。为了克服这一问题,本书借鉴张嘉为(2009)的思想用省际资本形成总额来建立经济协动空间权重矩阵[2],具体设定方法如下:

$$\begin{cases} W_3 = (\omega_{ij}) \\ \omega_{ij} = \begin{cases} \dfrac{1}{std(\varepsilon)} & i \neq j \\ 0 & i = j \end{cases} \\ y_{it} = \alpha + \beta y_{jt} + \varepsilon \end{cases} \quad (5.12)$$

其中,ε为随机误差项,std表示标准差,y_{it}表示第i省第t年的资本形成总额。如果两个地区资本形成总额相关性越强,则方程的拟合效果就越好,残差波动范围就越小,则空间权重系数就越大;反之,如果两个地区资本形成总额相关性较弱,则方程的拟合效果将较差,残差波动较大,则空间权重系数就越小。这种空间权重矩阵具有很强的适应性,可以直接通过两个地区数据的协动程度来得到

---

[1] 一般情况下,经济发展水平越高的省份对经济发展水平越低的省域产生更强的空间影响与溢出作用,例如:广东对广西的影响大于广西对广东的影响,北京对河北的影响大于河北对北京的影响。

[2] 资本形成总额包括固定资本形成总额和存货变动两个部分,其中固定资本形成总额又包括一定时期内完成的建筑工程、安装工程和设备工器具购置(减处置)价值,以及土地改良、新增役、种、奶、毛、娱乐用牲畜和新增经济林木价值等有形固定资本形成总额,以及矿藏勘探、计算机软件等获得减处置等无形固定资本形成总额(中国统计年鉴,2014)。而且,纳克斯(1953)认为资本形成不足是发展中国家"贫困恶性循环"的主要原因,加速资本形成有助于经济增长从而增加居民收入。因此,采用省际资本形成总额能比较全面的反映各省份经济变动关系。

相关关系。另外,地理距离权重和地理邻接权重采用的是经济单元空间地理距离或相邻情况来设定,这种权重矩阵因经济单元地理关系的不变而固定不变,但现实情况下很多经济关系都会随着经济的发展而不断变化,比如地区间物质资本和人力资本的流动,以及自然资源的增加或减少等现象都会对实体经济增长产生影响,因此,这种随着区域经济关系改变而不断变化的经济协动空间权重矩阵能更好地反映经济现象的空间相关性。

当然,经济协动空间权重矩阵也并非完美的,这种权重矩阵没有考虑经济单元之间的空间距离的影响。为克服这一问题,本书还将借鉴李婧等(2010)、刘和东(2013)的思想用省际资本形成总额来建立经济距离空间权重矩阵,具体设定方法为:

$$W_4 = W_2 * diag\left(\frac{\overline{y_1}}{\overline{y}}, \frac{\overline{y_2}}{\overline{y}}, \cdots, \frac{\overline{y_n}}{\overline{y}}\right) \tag{5.13}$$

其中,W_2 是地理距离权重矩阵,$\overline{y_i} = \frac{1}{t_1 - t_0 + 1}\sum_{t_0}^{t_1} y_{it}$ 为第 i 省的资本形成总额的平均值,$\overline{y} = \frac{1}{n(t_1 - t_0 + 1)}\sum_{i=1}^{n}\sum_{t_0}^{t_1} y_{it}$ 为考察期内总资本形成总额的均值。

四、指标选择与数据说明

(一)核心变量

实体经济产值(Y_{it})。根据前面关于实体经济的定义及其测度指标的确定,本章节采用各省域剔除金融业和房地产业后的各行业生产总值作为替代指标来衡量实体经济增长,即 $Y_{it} = GDP_{it} - (F_{it} + RET_{it})$。其中,$F_{it}$ 表示第 i 省第 t 期的金融业总产值,RET_{it} 表示第 i 省第 t 期的房地产业总产值。金融业态深化(FS_{it})。根据第三章所构建的金融业态深化评价指标体系和测评方法,计算出金融业态深化综合指数。财政政策激励(FI_{it})。根据第三章所构建的财政政策激励评价指标体系及各指标的权重,计算出各省市各年财政政策激励的综合指数。三个核心变量的计算方法和过程都不再赘述。

(二)控制变量

物质资本存量(K_{it})。本书采用永续盘存法对物质资本存量进行估算,当年的物质资本流量采用实际固定资产投资进行替代。永续盘存法的计算公式为:

$K_{it} = (1-\delta)K_{i,t-1} + k_{it}FDI_{it} = (1-\delta)FDI_{i,t-1} + fdi_{it}$,其中,$K_{it}$ 表示第 i 省第 t 年的物质资本存量;$k_{it}fdi_{i,t}$ 表示第 i 省第 t 年的物质资本流量;δ 为物资资本存量的经济折旧率,本书采用固定的经济折旧率9.6%。基期物资资本存量 K_{i0} 的估算公式为:$K_{i0} = k_{i0}/(g+\delta)FDI_{i0} = fdi_{i0}/(g+\delta)$。其中,$k_{i0}$ 表示第 i 省基期的物质资本流量,g 表示考察期内物质资本流量的平均增长率。

人力资本存量(Hum_{it})。人力资本水平的常用衡量方法有两种:一种是中高等学校在校学生总数与劳动力的比值,另一种是劳动力的平均受教育年限。由于中国高等院校在各省市的分布差距较大[①],采用第二种衡量方法可能更切合中国的实际。因此,本书采用全国6岁及以上人口的平均受教育年限来衡量人力资本水平 H,H 与实体经济部门从业劳动力的乘积来衡量人力资本存量 Hum。用 primary、junior、senior 和 college 分别表示小学、初中、高中和大专及以上教育程度人口占6岁以上人口的比重,以6年、9年、12年和16年分别表示相应的平均受教育年限,则 $H = (6*primary + 9*junior + 12*senior + 16*college)*L$,其中 L 表示实体经济部门的从业人员年底数 $H = (6*primary + 9*junior + 12*senior + 16*college)*L$。

创新能力($Inno_{it}$)。关于创新能力的衡量指标,Hagedoorn 等(2003)认为采用专利数来替代具有一定的可靠性,相关实证研究主要采用专利申请数(李婧等,2010)和专利授权数(邵云飞等,2011)来替代创新能力。但也有学者认为采用专利衡量创新能力具有片面性(Zoltan 等,2002),有些专利并没有商业价值,专利往往过高估计创新产出的真实价值,同时有些企业为了能够及时推出新产品或保密商业技术而不申请专利,出现遗漏而低估创新产出的真实价值(Griliches,1990)。综合来看,尽管专利和创新之间在质量上和数量上都存在不一致性,但由于专利具有通用性、一致性和易得性,专利仍然是研究者最常用的衡量创新能力的指标。一方面,我国与专利有关的法律制度在全国范围内都是一致的,不同区域的专利数据具有可比性,专利能够在一定程度上代表地区创新水平(李习保,2007),而且自1992年以来中国的专利统计口径基本一致,数据较为全面,具有较强的可得性。另一方面,与专利授权数相比,专利申请数受专利机构工作效

[①] 观察发现,中国高等院校的地区分布差异非常大,北京、上海、武汉、西安、成都、南京等城市的高等院校数量、规模及综合实力都要明显高于其他地区,这些地区学校的在校学生总量也明显高于其他地区。

率、偏好等因素的影响较小。因此,本书将采用各省域的专利申请数来衡量创新能力。

对外开放度($Open_{it}$)。对外开放度主要包括两个层面:一个是贸易开放度($T-open_{it}$),采用各省市进出口总额占GDP的比重来代替;另一个是资本开放度($C-open_{it}$),采用各省市外商直接投资实际利用额占GDP的比重来近似代替。目前国内统计资料所提供的进出口总额和FDI实际利用额均是以美元计价的,本书首先采用各年年末的汇率中间价将其折算成以人民币计算的价格。在此基础上,本文借鉴孔东民等(2012)的方法计算第i省第t年的对外开放度指数,计算公式为:$Open_{it} = \omega_1 * T-open_{it} + \omega_2 * C-open_{it}$,其中$\omega_1$和$\omega_2$分别表示贸易开放度和资本开放度的权重,采用熵值赋权法予以确定。

交通基础设施($JTSS_{it}$)。刘生龙和胡鞍钢(2011)采用交通密集度来表示,即各省份公路里程数、铁路里程数与内河航道里程数三者之和除以各省份的国土面积。但是,随着高速公路和铁路建设的不断加快,内河航运在交通运输中的地位逐渐弱化,而且考虑到内河航道数据的统计问题,本书借鉴Yang(1991)、李敬等(2007)的方法,仅考虑公里密集度和铁路密集度来构建交通设施的综合指数,具体计算方法同对外开放度指数的计算方法一致。

城镇化水平(UR_{it})。借鉴现有文献中的常用方法,本文采用各地区年末城镇常住人口与总人口之比来衡量各省市城镇化水平。

鉴于数据的可得性、可比性和完整性,本书的研究时间区间设定为1999—2013年,研究对象包括中国其中的31个省、自治区、直辖市,共有其中的31×15=465个样本。实证过程中使用的所有指标的原始数据分别来源于历年的《中国统计年鉴》《中国金融年鉴》《中国人口与就业统计年鉴》《中国固定资产投资统计年鉴》《中国房地产统计年鉴》以及各地区相关年份的统计年鉴,中国人民银行网站、国泰安数据库、Wind资讯数据库、中宏数据库等官方网站和权威数据库。由于本书研究的样本时间跨度较长,为了使不同年份的数据具有可比性,本书采用GDP平减指数将所有与价格有关的变量进行了平减处理,以换算成以1999年为基期的可比价。经过处理后各变量数据的描述性统计分析如下表5-1所示。

表5-1 各指标描述性统计量

变量	平均值	最大值	最小值	中位数	标准差	样本量
Y	8.277	10.744	4.640	8.402	1.142	465
FS	0.244	0.980	0.037	0.202	0.175	465
FI	0.285	0.784	0.070	0.255	0.130	465
FS*FI	0.083	0.576	0.004	0.050	0.102	465
K	8.941	11.679	5.115	8.979	1.239	465
Hum	9.499	10.972	5.896	9.629	0.990	465
Inno	8.720	13.131	2.303	8.749	1.760	465
Open	21.875	125.517	2.320	9.176	26.957	465
JTSS	7.501	9.077	4.283	7.656	0.985	465
UR	44.399	89.600	14.253	42.992	15.408	465

数据来源:作者计算整理得到。

五、实证过程与结果讨论

(一)空间自相关检验

中国区域实体经济的空间相关性,可以用实体经济的Moran's I指数来加以解释。根据前面的公式(5.1),利用GeoDa软件测算了1999—2013年中国区域实体经济的Moran's I指数,具体结果见下表5-2所示。从表5-2中的结果可以看出,1999—2013年间中国实体经济的Moran's I指数均在1%的显著性水平下通过检验,说明我国区域实体经济存在正向空间相关性。

表5-2 1999—2013年实体经济Moran's I指数

年份	Moran's I指数	P值	年份	Moran's I指数	P值
1999年	0.326	0.003 6	2007年	0.352	0.001 6
2000年	0.327	0.003 5	2008年	0.353	0.001 6
2001年	0.332	0.003 0	2009年	0.348	0.001 7
2002年	0.336	0.002 6	2010年	0.349	0.001 6
2003年	0.341	0.002 3	2011年	0.345	0.001 7
2004年	0.342	0.002 3	2012年	0.342	0.001 8
2005年	0.346	0.002 0	2013年	0.342	0.001 8
2006年	0.348	0.001 8			

从图5-1所示的Moran's I指数变动趋势来看,1999—2013年间区域实体经济的Moran's I指数集中在0.32~0.36波动,整体上呈现倒"U"型变动趋势,2008年是Moran's I指数变化转折点,在1999—2008年间呈逐年上升趋势,1999年为最小值0.326,2008年达到最大值0.353,在2008—2013年间呈逐年下降趋势。2008年金融危机爆发以前,中国区域实体经济发展非常快,区域集聚现象也呈现逐年增强的趋势,2008年金融危机爆发以后,我国较多的民营企业特别是沿海地区的民营企业破产倒闭,实体经济发展受到巨大的冲击,区域实体经济的集聚现象也逐渐减弱,这说明金融危机爆发对我国区域实体经济的空间集聚现象产生了显著的影响。Moran's I指数检验结果表明,中国实体经济增长在空间上并非表现出随机状态,而是与具有相似空间特征地区的实体经济增长密切相关,即存在正向的空间相关性,在地理空间上呈现出明显的集聚现象。

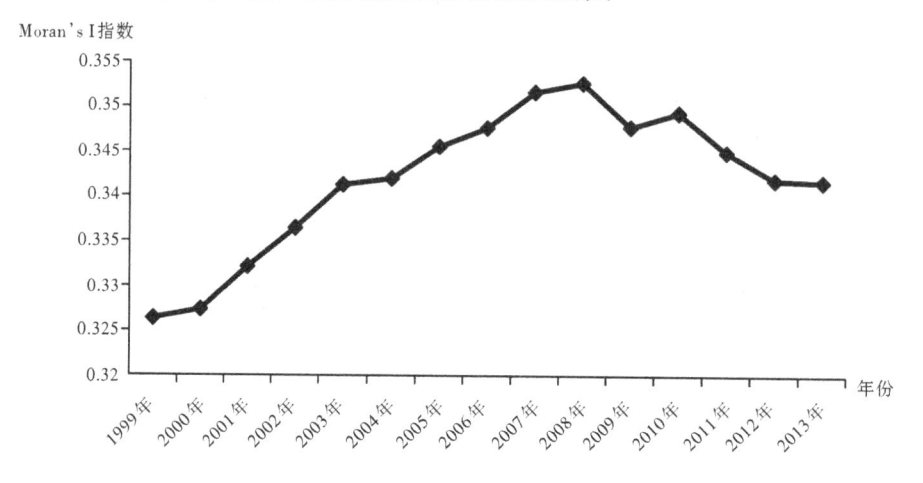

图5-1 1999—2013年实体经济Moran's I指数变化趋势图

为了进一步分析中国不同地区实体经济的空间相关模式是否存在异质性,本书还描绘了1999年、2013年实体经济局域Moran's I指数的散点图,如下图5-2和图5-3所示。从图5-2和图5-3可以看出,中国实体经济局域Moran's I的散点主要集中在第一象限和第三象限,即主要表现为"高—高"和"低—低"集聚类型。图5-2中分布在第一象限的主要包括天津、上海、江苏、山东、浙江、福建、河南、辽宁、广东、安徽等省、直辖市,分布在第三象限的主要包括新疆、甘肃、青海、宁夏、西藏、云南等省、自治区。图5-3中分布在第一象限的主要包括北京、天津、河北、山东、江苏、河南、福建、广东、上海、浙江、安徽等省、直辖市,分布在第三象限的主要有新疆、青海、宁夏、西藏、云南、贵州等省、自治区。中国区域实体经济"高—高"和"低—低"这种模式的分化,也基本符合中国经济发展从东到西呈阶梯状分布的空间格局,充分反映出实体经济在地理空间分布上存在明显的相关性和异质性。

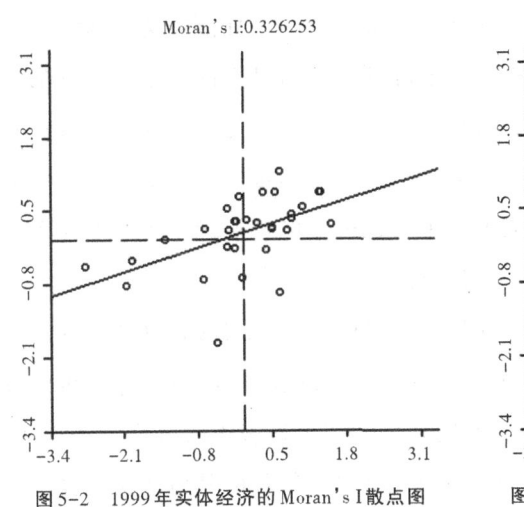

图5-2　1999年实体经济的Moran's I散点图

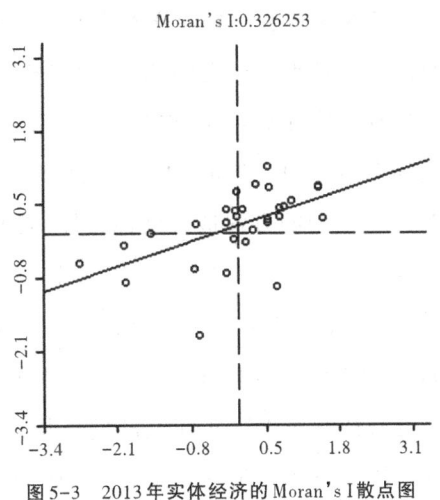

图5-3　2013年实体经济的Moran's I散点图

(二)模型估计结果与分析

首先,本书按照"沿海、内陆、沿边"的区域划分方法将全国其中的31个省份划分成3个不同的区域样本。根据上面所设定的计量模型和估计方法,借助MATLAB R2012b数据处理软件对上式(5.8)和式(5.9)进行了参数估计和检验[①]。理论上讲,空间计量模型包括混合效应、空间固定效应、时间固定效应、空间时间双固定效应4种模型,混合效应和时间固定效应模型忽视了中国实体经济增长客观存在的地区结构性差异,空间时间双固定效应模型同时考虑了实体经济增长的地区差异和时期影响,可以将空间依赖作用跟空间异质性和遗漏变量的影响区分开来(Giuseppe等,2005),应该能更准确地反映中国实体经济增长的现实情况。在本书实证研究过程中,分别估计了4种效应下的空间滞后模型和空间误差模型,结果发现空间时间双固定效应模型中大多数变量都不能通过显著性检验,而空间固定效应模型中绝大多数变量都通过了显著性检验,且方程拟合优度相对最高,出现这种情况的原因可能是时间固定效应所反映出来的经济周期、突发事件、政策调整等事件对实体经济增长的影响不仅表现在当期,对若干期后还存

①空间面板计量模型的估计参考了J.PaulElhorst和James P LeSage等人编写的程序。

在着明显的影响作用。在空间模型选择检验时也发现,LMLAG、R-LMLAG、LMERR和R-LMERR在空间固定效应下全部通过显著性检验。因此,本书选择空间固定效应模型的估计结果来进行分析和讨论。

1.基于全国样本的分析

表5-3显示了全国样本空间计量模型的空间依赖性LM检验结果和模型参数的估计结果。从空间依赖性LM检验结果可以看出,4种空间权重矩阵下都应该选择空间滞后模型(SLM),说明中国实体经济的空间相关性体现在被解释变量的滞后项中。从4个模型调整后的可决系数AR^2、$Sigma^2$和Log-L等统计量来看,4个模型的方程拟合度都较好,表明本书实证模型能较准确地表达中国实体经济增长的过程和特征,估计结果具有可信性。

从表5-3中的结果可以看出,4个模型的空间相关系数ρ分别为0.476、0.565、0.646和0.583,且均在1%的显著性水平下通过检验,说明地理邻近特征和组织邻近特征均对中国实体经济增长及其空间相关性产生显著正向影响,一个地区的实体经济增长在一定程度上依赖与之具有相似空间特征的其他地区的实体经济增长。与地理特征权重模型的空间相关系数相比,经济特征权重模型的空间相关系数相对较高,说明组织邻近特征对中国实体经济增长及其空间相关性的影响作用比地理邻近特征的影响作用更大,这与张林(2016)的研究结论以及Gilly和Torre(2000)关于经济变量空间组织邻接更重要的结论是一致的。随着第三次工业革命浪潮的不断加快,网络信息的快速传播以及发达的交通网络弱化了空间距离的影响,组织相近的省份之间模仿、互动、交流更多,经济贸易往来更多,资源流动更加频繁,从而使得组织邻近比地理邻近对实体经济的影响更大。

地理邻接权重模型的空间相关系数(0.476)略小于地理距离权重模型的空间相关系数(0.565),这可能是由于实体经济增长过程中人才流动、贸易、投资、旅游等各项经济往来活动受地理距离的影响更严重,这些经济往来活动并不会局限于相邻的省市,地理位置不相邻的省份之间也有不同频率的经济往来,但会随着空间距离的扩大而逐渐减少。两个经济系统地理位置相邻或相近,它们之间的资源要素流动将更加频繁,知识技术的传播将更加及时有效,从而有利于实体经济增长空间集聚的形成和发展。因此,在研究地理特征对实体经济增长的空间影响时,地理距离权重矩阵能更准确地反映客观事实。经济协动权重模型的空间相关系数(0.646)大于经济距离权重模型的空间相关系数(0.583),说明省际资本形成总额变动所表示的经济协动特征对实体经济增长的影响作用更大,考虑区域间经济关系变动的经济协动矩阵能更好地反映实体经济增长的空间相关性。现实生活中,各省份在制定相关制度文件时都会借鉴经济社会特征相似省份的经验,而且经济社会特征相似的省份之间交流互动更多,政治关系经济关系更为密切。

从表5-3中的结果可以看出,金融业态深化(FS)和财政政策激励(FI)两个变量的系数在4个模型中均显著为正,说明金融业态深化和财政政策激励均能对实体经济增长产生正向促进作用,这与李强和徐康宁(2013)关于金融发展与实体经济增长关系的结论刚好相反,但与张林等(2014)关于金融业态深化与实体经济增长、赖玥(2013)关于财政政策激励与县域经济增长的相关研究结论基本一致。这一结论与前文的理论分析完全相符,且与中国的实际情况也基本吻合。

表5-3 全国样本空间计量模型回归结果

	地理邻接权重(1)	地理距离权重(2)	经济协动权重(3)	经济距离权重(4)
空间依赖性LM检验:				
LMLAG	308.208***	237.506***	563.639***	379.463***
R-LMLAG	266.271***	173.355***	339.081***	294.256***
LMERR	63.568***	65.102***	348.751***	87.425***
R-LMERR	21.631***	0.951	124.193***	2.219
结论	SLM	SLM	SLM	SLM
空间模型回归结果:				
FS_{it}	0.184** (2.140)	0.071* (1.898)	0.121** (2.125)	0.088** (2.242)
FI_{it}	0.315*** (3.132)	0.268*** (2.927)	0.313*** (3.632)	0.271*** (2.987)
$FS_{it}*FI_{it}$	-0.684*** (-3.733)	-0.504*** (-2.976)	-0.493*** (-3.095)	-0.519*** (-3.081)
K_{it}	0.231*** (17.235)	0.211*** (17.184)	0.183*** (15.399)	0.204*** (16.753)
Hum_{it}	0.183*** (5.525)	0.108*** (3.440)	0.074** (2.458)	0.093*** (2.992)

续表

	地理邻接权重(1)	地理距离权重(2)	经济协动权重(3)	经济距离权重(4)
$Inno_{it}$	0.034*** (4.320)	0.021*** (2.927)	0.011 (1.553)	0.023*** (3.135)
$Open_{it}$	0.001 (0.230)	0.001 (0.080)	0.001 (1.276)	−0.001 (−0.102)
$JTSS_{it}$	0.027** (2.028)	0.033*** (2.657)	0.038*** (3.211)	0.041*** (3.281)
UR_{it}	0.003*** (5.070)	0.003*** (4.428)	0.002*** (3.719)	0.002*** (4.143)
ρ	0.476*** (17.815)	0.565*** (22.048)	0.646*** (25.072)	0.583*** (22.710)
AR^2	0.990 0	0.990 3	0.991 4	0.990 3
$Sigma^2$	0.002 3	0.002 0	0.001 7	0.001 9
Log-L	740.183	775.771	813.011	781.344

注:1. *、**、***分别表示在10%、5%、1%的水平下显著;2.()内数字为该系数的T统计量。

近年,随着我国证券市场和保险市场的逐渐崛起,金融市场体系日益健全,金融市场规模不断扩大,金融市场结构日趋合理,金融产品和金融服务的数量质量都大幅提高,金融市场配置资金的效率得到改善,金融服务实体经济的能力不断增强、服务质量不断提高,各省份的金融综合实力得到了明显的提升,金融产业对实体经济增长的促进作用也随之日益强烈。20世纪90年代以后,中国政府经历了一系列财政体制改革,财政分权程度逐渐扩大,地方政府的财政收支权利随之扩大,财政补贴力度、财政投资力度、税收优惠力度均不断提高,各省份财政政策激励力度日益提升,财政对实体经济增长的促进作用也不断增强。然而,金融业态深化和财政政策激励的交叉项(FS*FI)的系数在4个模型中均为负,且都通过了1%水平的显著性检验,说明在实体经济增长过程中,金融业态深化和财政政策激励对实体经济的扶持仍处于"单兵作战""单打独斗"的状态,尚未建立协调配合机制,二者之间存在相互干扰的作用,使其不但没能促进实体经济增长,反而会削弱单方面的正效应进而对实体经济增长产生一定的阻碍作用。一方面,财政与金融是紧密联系,金融业态深化和财政政策激励对实体经济增长促进作用的充分发挥必须得到对方的有效配合;另一方面,金融业态深化和财政政策激励二者在促进实体经济增长的过程中具有不同的侧重点、不同的作用手段、不同的导向性。因此,在金融财政促进实体经济增长过程中,要加强对二者的宏观调控,不断提升金融业态深化和财政政策激励水平,并强化二者的协调配合,建立完善的协调配合机制,进而有效地促进实体经济增长。

控制变量方面,物质资本存量(K)和人力资本存量(Hum)系数在4个模型中都显著为正,说明它们对实体经济增长具有显著正向促进作用。劳动和资本是实体经济增长的最基本、最重要的两个投入要素,人力资本与物质资本数量的多寡和质量的高低在很大程度上直接决定了实体经济部门的生产规模、生产方式和生产效率,直接关系着企业新技术、新知识的研发和转化应用(张林等,2014)。因此,物质资本存量和人力资本存量对实体经济具有正向促进作用是符合经济学基本理论和客观实际的。交通设施($JTSS$)和城镇化水平(UR)的系数在4个模型中全部显著为正,说明交通基础设施和城镇化实体经济增长具有显著正向促进作用。刘勇(2010)指出,交通基础设施的增加可以有效地降低区域间的运输成本,有助于区域市场规模的扩大和市场规模效应的形成,有助于区域间产业集聚和扩散,形成区域产业集群效应和扩散效应。因此,实证结果中交通基础设施对实体经济增长的显著正向作用也是符合客观实际的。城镇化的实质和核心是人口与产业的城镇集聚,人口集聚一方面为产业集聚提供劳动力输出,一方面又扩大社会有效需求,为产业发展创造巨大的市场空间,反过来产业集聚也可以提供更多的就业机会、更多优质的产品和服务,城镇化进程中人口集聚和产业集聚的融合互动为实体经济增长创造条件、营造环境,有效地促进区域实体经济增长。

以专利申请受理数为替代变量的创新能力($Inno$)在空间邻接权重模型、空间距离权重模型和经济距离权重模型中均显著为正,在经济协动权重模型中为正但不显著,说明创新能力对实体经济增长也具有显著正向促进作用。无论是发明专利、实用新型专利还是外观设计专利,其实质都是对现有产品、技术、设计的改进或者新的技术方案。任何一项专利的出现一方面有助于实体企业创造新产品和新服务,进而引导社会需求结构升级,一方面有助于实体企业改进生产设备和生产技术,提高企业生产效率,推动实体企业发展壮大。

对外开放度($Open$)的系数在4个模型中均不显著,说明在考虑经济空间相关性的情况下,省域经济对外开放水平对实体经济增长的影响不明显。理论上讲,若一个地区的对外开放度越高,该地区与其他国家或地区的贸易往来越多,商品进口额增加说明该地区的消费能力越强,商品出口额增加说明该地区企业所生产的商品市场竞争力强,实体经济增长越快,即对外开放水平对实体经济增长具有正向促进作用。实证结果不显著的原因可能在于中国中西部省份对外开放水平较低,实体产业和实体企业参与国际市场的程度偏低,这一结果并不能否定对外开放的重要性。

(三)基于"沿海、内陆、沿边"区域样本的分析

表5-4和表5-5显示了沿海、内陆、沿边三个区域样本的空间计量模型估计结果。空间依赖性LM检验结果表明,三大区域的其他所有权重矩阵模型都应选择空间滞后模型(SLM)。从可决系数AR^2、$Sigma^2$和Log-L等统计量来看,所有模型的方程拟合度都较好,表明本文实证模型的估计结果具有可信性。所有模型的空间相关系数$\rho(\lambda)$均在1%的水平下显著为正,说明地理特征和经济特征均对区域实体经济增长及其空间相关性具有显著正向影响。比较三大区域的空间相关系数可以发现4个空间权重矩阵模型中,内陆地区的空间相关系数最大,沿海地区的空间相关系数次之,而沿边地区的空间相关系数最小,说明内陆地区各省份间实体经济增长的空间相关性最强,沿边地区各省份间实体经济增长的空间相关性相对较弱。比较地理邻接权重、地理距离权重、经济协动权重和经济距离权重模型下各区域的空间相关系数可以发现,经济协动权重矩阵模型中沿海、内陆、沿边地区的空间相关系数分别为0.771、0.778、0.722,为各区域4个空间计量模型中的最高,这与全国样本的结果一致,说明考虑区域间经济关系变动的经济协动矩阵能更好地反映区域实体经济增长的空间相关性。

综合表5-4和表5-5中的结果可以看出,金融业态深化(FS)的系数在沿海地区的模型(Ⅰ)、(Ⅳ)、(Ⅶ)、(Ⅹ)中全部显著为正,说明沿海地区金融业态深化的提升对实体经济增长具有显著促进作用;金融业态深化(FS)的系数在内陆地区和沿边地区的地理邻近权重模型和经济协动权重模型(Ⅱ)、(Ⅲ)、(Ⅷ)、(Ⅸ)下全部显著为正,说明内陆地区和沿边地区地理位置相邻或经济协动关系密切的省份之间金融业态深化的提升有助于区域实体经济的增长,在地理距离权重和经济距离权重模型(Ⅴ)、(Ⅵ)、(Ⅺ)、(Ⅻ)下为正,但都不显著,说明在考虑地理

距离和经济距离的情况下,内陆地区和沿边地区金融业态深化提升对实体经济增长的促进作用不明显。财政政策激励(FI)的系数在所有12个模型中全部显著为正,这与全国样本下的回归结果一致,说明在计划经济向市场经济转轨的关键时期,无论是沿海、内陆还是沿边地区,政府对实体经济发展的宏观调控具有重要的作用,政府的财政分权、财政补贴、税收减免、财政投资等一系列财政政策激励手段均有助于实体经济增长。金融业态深化和财政政策激励的交叉项(FS*FI)的系数在沿海地区的模型(Ⅰ)、(Ⅳ)、(Ⅶ)、(Ⅹ)中全部显著为正,说明在沿海地区的实体经济增长过程中,金融业态深化与财政政策激励基本实现协调,能有效地促进实体经济增长;金融业态深化和财政政策激励的交叉项(FS*FI)的系数在内陆地区的模型(Ⅱ)、(Ⅴ)、(Ⅷ)、(Ⅺ)中全部为负,但不显著,这与全国样本的回归结果一致,说明内陆地区实体经济增长过程中,金融业态深化和财政政策激励尚未建立协调机制,二者还没能实现协调配合,仍处于"单兵作战"的状态,对实体经济增长具有一定的阻碍作用。金融业态深化和财政政策激励的交叉项(FS*FI)的系数在沿边地区的模型(Ⅲ)、(Ⅸ)下显著为正,在模型(Ⅵ)、(Ⅻ)下为正,但不显著,说明在沿边地区金融业态深化和财政政策激励的配合对实体经济增长具有一定的促进作用,但这种促进作用在考虑空间相关性的情况下还受其他诸多因素的影响。

控制变量方面,物质资本存量(K)、人力资本存量(Hum)和创新能力($Inno$)三个变量的系数在12个模型中全部显著为正,这与全国样本下的回归结果一致,说明无论是沿海、内陆还是沿边地区,资本、劳动和技术是影响实体经济增长的三个重要因素,物质资本和人力资本投入均能促进实体经济增长,创新能力的提高也能促进实体经济增长。对外开放度($Open$)、交通基础设施($JTSS$)和城镇化水平(UR)三个控制变量的系数在部分模型中显著为正,在部分模型中不显著,说明在考虑空间相关性的条件下,对外开放水平、交通基础设施和城镇化水平对区域实体经济增长的促进作用具有明显的区域差异,而且在一定程度上受地理关系和经济关系的影响,即在不同的地区具有不同的影响作用。因此在制定相关政策时,要考虑经济现象的空间相关性,要制定差异化的区域性政策措施。

表5-4 区域样本空间计量模型回归结果(一)

	地理邻接权重			地理距离权重		
	沿海(Ⅰ)	内陆(Ⅱ)	沿边(Ⅲ)	沿海(Ⅳ)	内陆(Ⅴ)	沿边(Ⅵ)
空间依赖性LM检验:						
LMLAG	57.120***	205.149***	28.259***	58.429***	215.637***	35.249***
R-LMLAG	29.738***	236.081***	34.145***	29.705***	278.367***	35.509***
LMERR	28.821***	46.942***	13.409***	34.157***	34.485***	2.798*
R-LMERR	1.438	77.874	19.274***	5.433**	97.216***	3.058*
结论	SLM	SLM	SLM	SLM	SLM	SLM
空间模型回归结果:						
FS_{it}	0.432*** (3.373)	0.017* (2.049)	4.506*** (4.654)	0.566*** (4.495)	0.001 (0.008)	0.140 (0.920)
FI_{it}	0.979*** (5.444)	0.421*** (3.537)	1.725** (2.493)	0.429** (2.551)	0.505*** (4.194)	0.490*** (3.824)
$FS_{it}*FI_{it}$	0.142* (1.886)	−0.637 (−1.101)	11.951*** (5.547)	0.430* (1.908)	−0.581 (−1.629)	0.100 (0.288)
K_{it}	0.285*** (15.299)	0.136*** (6.200)	0.457*** (4.078)	0.192*** (10.377)	0.137*** (6.234)	0.371*** (22.689)
Hum_{it}	0.646*** (12.791)	0.014* (1.898)	0.758*** (5.547)	0.339*** (6.225)	0.041** (2.876)	0.137*** (2.599)
$Inno_{it}$	0.098*** (6.830)	0.013** (2.480)	0.341*** (4.314)	0.098*** (8.126)	0.009* (1.995)	0.036** (2.569)
$Open_{it}$	0.001** (2.104)	0.002** (2.094)	−0.056 (−1.065)	0.001* (2.175)	0.001* (2.058)	−0.001 (−0.489)
$JTSS_{it}$	0.113*** (4.353)	0.002 (0.826)	−0.123 (−1.447)	−0.007 (−0.283)	0.013* (1.914)	0.102 (1.602)
UR_{it}	0.002*** (3.090)	−0.002 (−1.067)	0.014*** (3.659)	0.001* (1.876)	0.002 (1.579)	0.001* (1.965)
ρ	0.534*** (9.289)	0.728*** (22.743)	0.236*** (7.342)	0.407*** (10.345)	0.742*** (23.769)	0.397*** (10.389)
AR^2	0.990 5	0.993 4	0.814 7	0.992 5	0.993 9	0.993 4
$Sigma^2$	0.001 6	0.000 9	0.004 0	0.001 4	0.000 9	0.001 2
Log-L	260.477	392.183	149.047	277.771	390.781	227.766

注:1. *、**、***分别表示在10%、5%、1%的水平下显著;2.()内数字为该系数的T统计量。

表5-5　区域样本空间计量模型回归结果(二)

	经济协动权重			经济距离权重		
	沿海(Ⅶ)	内陆(Ⅷ)	沿边(Ⅸ)	沿海(Ⅹ)	内陆(Ⅺ)	沿边(Ⅻ)
空间依赖性LM检验：						
LMLAG	95.604***	389.934***	51.376***	66.585***	230.534***	34.405***
R-LMLAG	38.812***	342.691***	30.492***	31.925***	276.971***	32.831***
LMERR	100.293***	83.041***	30.730***	42.827***	38.665***	3.656*
R-LMERR	43.501	35.798***	9.846***	8.167***	85.102***	2.082
结论	SLM	SLM	SLM	SLM	SLM	SLM
空间模型回归结果：						
FS_{it}	0.262** (2.099)	0.018** (2.560)	0.513*** (3.820)	0.541*** (4.463)	0.003 (0.029)	0.173 (1.151)
FI_{it}	0.793*** (4.261)	0.407*** (3.469)	0.218* (1.645)	0.411** (2.521)	0.393*** (3.336)	0.468*** (3.655)
$FS_{it}*FI_{it}$	0.047** (2.089)	−0.401 (−1.157)	0.622** (2.068)	0.416* (1.813)	−0.490 (−1.406)	0.164 (0.477)
K_{it}	0.300*** (18.911)	0.123*** (5.859)	0.380*** (21.783)	0.185*** (10.248)	0.127*** (6.012)	0.367*** (22.198)
Hum_{it}	0.612*** (11.465)	0.015* (1.818)	0.219*** (4.361)	0.305*** (5.685)	0.038** (2.526)	0.126** (2.358)
$Inno_{it}$	0.090*** (7.332)	0.011** (2.851)	0.033*** (2.753)	0.095*** (8.131)	0.010** (2.769)	0.039*** (2.755)
$Open_{it}$	0.001* (1.927)	0.003*** (3.082)	0.001 (0.236)	−0.001 (−0.215)	0.001* (1.901)	−0.001 (−0.635)
$JTSS_{it}$	0.109*** (4.388)	0.018 (1.269)	−0.065 (−0.032)	0.012 (0.552)	0.017 (1.239)	−0.096 (−1.291)
UR_{it}	0.001* (1.805)	0.003* (1.890)	0.001* (1.687)	0.001* (2.092)	0.002 (1.623)	0.001** (2.216)
ρ/λ	0.771*** (18.280)	0.778*** (26.952)	0.722*** (17.041)	0.440*** (11.162)	0.763*** (26.672)	0.403*** (10.671)
AR^2	0.990 9	0.993 8	0.987 9	0.992 5	0.993 9	0.993 0
$Sigma^2$	0.001 4	0.000 8	0.001 0	0.001 3	0.000 8	0.001 2
Log-L	267.698	402.661	216.787	282.744	397.357	227.322

注：1. *、**、***分别表示在10%、5%、1%的水平下显著；2. ()内数字为该系数的T统计量。

第四节 本章小结

本章基于1999—2013年中国其中的31个省份的面板数据,从地理邻近和组织邻近两个角度构建地理邻接、地理距离、经济协动、经济距离4种不同的空间权重矩阵,并建立相应的空间面板计量模型实证研究了金融业态深化、财政政策激励及其二者配合对中国实体经济增长规模的影响。实证研究过程中,本书首先利用Moran's I指数及其散点图检验了区域实体经济的空间自相关性,发现中国区域实体经济增长存在明显的空间相关性和异质性,2008年全球金融危机爆发对中国区域实体经济的空间集聚现象具有显著的影响,使得中国区域实体经济的空间集聚度呈以2008年为转折点的倒"U"型变化趋势。然后,利用空间计量模型中的空间固定效应对全国样本和"沿海、内陆、沿边"区域样本进行了实证分析,结果表明地理邻近特征和组织邻近特征均对中国实体经济增长及其空间相关性产生显著正向影响,且组织邻近特征的影响作用更大;在考虑空间相关性的情况下,金融业态深化、财政政策激励对实体经济增长具有正向促进作用;金融业态深化和财政政策激励二者配合不够协调,导致其对实体经济增长具有显著负向作用。因此,利用金融财政手段促进实体经济增长不仅需要进一步提升金融业态深化程度和财政政策激励力度,更重要的是加强金融业态深化和财政政策激励的协调配合。

第六章 金融业态深化、财政政策激励与实体经济增长动力

在中国经济新常态下,经济增长动力必须从要素驱动、投资驱动向创新驱动转换,而创新的源泉是技术进步,创新驱动的直接表现是全要素生产率的提高。本章节将采用两阶段研究方法,首先利用以 DEA 为基础的 Malmquist 指数测算各省市实体经济的全要素生产率及技术进步率,然后利用面板数据模型实证研究金融业态深化、财政政策激励及其二者配合对实体经济全要素生产率及技术进步贡献率的影响效应。

第一节 引言

改革开放以来,中国创造了经济增长"奇迹"。2010年,中国超越日本成为世界第二大经济体;2014年,中国GDP首次突破10万亿美元,成为全球第二个经济总量突破10万亿美元的经济大国。但是,长期以来中国一直走的是"高投入、高消耗、高污染、低产出"(三高一低)发展道路,经济增长主要靠劳动、资本、资源三大传统要素的大量投入,是一种典型的要素驱动方式。然而,随着资源禀赋的日益趋紧和环境约束的日益强化,要素驱动和投资驱动的经济增长模式已经难以持续。庆幸的是,受科技创新、结构优化、体制改革等一系列因素的共同作用,中国经济发展方式逐渐由"外延式"向"内涵式"转变,全要素生产率和技术进步率水平得到了明显的提升,2013年全要素生产率是1978年的近3倍(国家行政学院经济学教研部,2015)。与此同时,随着第四次工业革命浪潮的到来,全球科技创新和产业革命不断加快,一些新技术、新业态、新模式的投资机会大量涌现,实体企业自主创新和转型的意愿也逐渐加强,中国经济增长动力正从要素驱动、投资驱动向创新驱动转换。创新驱动型经济增长动力的直接源泉是技术进步,直接表现是全要素生产率的提高。因此,在中国经济新常态下,从全要素生产率及技术进步贡献率视角研究金融业态深化、财政政策激励及其二者配合对实体经济

增长动力的影响具有重要的理论价值和现实意义。

目前,已有少数学者实证研究了金融对全要素生产率增长的影响。Méon和Weill(2010)基于47个国家1980—1995年的面板数据,利用随机前沿模型测算了金融中介发展支持宏观经济增长的技术效率。Gheeraert和Weill等(2015)基于70个国家的面板数据,利用随机前沿模型测算了"伊斯兰银行"支持宏观经济增长的效率。陈启清和贵斌威(2013)指出,金融发展对全要素生产率的影响主要有水平效应和增长效应两种,中国金融发展对全要素生产率的正向作用逐年递减。余利丰等(2011)实证研究发现金融深化可以通过促进技术进步进而促进全要素生产率增长,但其并不利于技术效率的改进,金融中介垄断对技术进步和技术效率均没有促进作用;姚耀军(2012)、王春桥和夏祥谦(2015)的研究赞同了这一观点,也认为技术进步才是金融发展促进全要素生产率增长的中间渠道,中国金融发展对技术效率的影响作用不显著。邹新月和赵江(2013)发现金融规模、金融效率和政府金融干预均对全要素生产率增长具有显著促进作用。当然,也有不少学者专门研究了财政分权、财政支出与全要素生产率之间的关系。赵文哲(2008)研究财政分权对前沿技术进步和技术效率的影响作用在1994年以前显著为正,在1994年以后转变为显著为负。曾淑婉(2013)实证研究发现财政支出与全要素生产率、技术进步率之间均呈正相关关系。雷明、虞晓雯(2013)实证研究了财政支出和环境规制对低碳经济全要素生产率的影响,肖挺和戴伟(2015)比较研究了财政分权对区域环境全要素生产率和传统全要素生产率的影响大小和作用路径。近年,将金融财政同时纳入全要素生产率影响因素分析框架的研究也逐渐增多。陈刚等(2006)实证研究发现1994年的分税制改革削弱了金融发展对经济增长的促进作用。张璟和沈坤荣(2008)研究发现,在财政分权背景下,地方政府出于财政压力和晋升压力等,会干预金融机构的信贷行为,进而对经济增长方式产生影响。王定祥等(2011)发现,始于1985年的财政分权改革和银行信贷均可以促进全要素生产率增长,而始于1994年的分税制改革却减弱了银行信贷对全要素生产率增长的促进作用。琚丽娟、王定祥(2013)发现,不同的财政支出结构和金融资产结构对全要素生产率增长的影响具有明显的差异性。李思霖(2015)实证结果表明金融集聚可以显著促进全要素生产率增长,但引入政府干预变量以后,该正向促进作用将转为负向阻碍作用。

以上相关文献为本书实证研究金融业态深化、财政政策激励对实体经济增长动力的影响提供了一定的参考价值,但仍存在以下几个需要补充或改进的地方:一是在研究视角上,现有文献鲜有专门研究金融业态深化、财政政策激励及其二者配合对实体经济全要素生产率增长的影响;二是在研究方法上,现有文献大多采用传统的同期Malmquist指数来测度全要素生产率和技术进步率,然而同期Malmquist指数以同期的生产技术为参考,不具有可传递性特征,而且同期Malmquist指数在测度混合时期的方向性距离函数时面临一个潜在的线性规划无解问题。基于此,本章节将引入Jesus和Lovell(2005)所提出的以DEA为基础的全局Malmquist(Global Malmquist)指数来测算中国实体经济的全要素生产率及技术进步率,并在此基础上建立静态面板计量模型来专门研究金融业态深化、财政政策激励及其二者配合对实体经济增长动力的影响。

第二节 金融业态深化、财政政策激励与实体经济增长动力的理论分析

一、金融业态深化对实体经济增长动力的影响

新古典经济增长理论认为全要素生产率(TFP)的增长是经济持续增长的唯一动力。金融作为现代经济的核心,金融业态深化可以通过多种途径对全要素生产率及技术进步率的提高产生重要的促进作用。

(一)金融业态深化通过市场风险分散功能和交易促进功能对技术进步产生影响

企业研发过程的不确定性使得企业在技术创新投资时面临着巨大的投资风险,投资者对风险的回避将导致企业创新投资不足。随着金融市场体系的不断完善,金融市场可以提供风险跨期分散和对冲服务以消减风险厌恶型投资者对企业技术创新投资的风险顾虑,进而促使实体经济选择更加专业化的、生产效率更高的技术(Saint-Paul,1992);由于股票持有者能够享受企业技术创新成功的收益,发达的股票市场具有比信贷市场更强烈的动机去激励企业投资技术创新活动(Brown et al.,2010;陈志刚和郭帅,2012)。一个高效率的金融市场可以通过制定多种多样的交易制度来降低交易成本,从而促进企业横向纵向交易的不断繁荣,大量的交易活动为企业专业化的技术创新活动创造了条件。

(二)金融业态深化通过缓解融资约束和增大流动性供给促进实体企业技术创新

随着金融市场的发展和完善,金融系统的代理成本和监督成本不断下降,信贷市场和证券市场均可以为企业提供更优惠的融资条件,从而有效缓解从事技术创新活动的企业的融资约束;金融企业可以利用金融创新来筛选更具有创新能力的企业家,企业的技术创新活动又可以增加金融创新活动的收益,金融创新和企业技术创新之间形成良性互动机制。发达的、有效率的金融市场可以为储蓄者、证券投资者提供流动性,有助于加快流动性储蓄向固定资本转化,有助于降低投资者对技术创新企业证券的流动性风险顾虑,从而将有限的金融资源配置给高效率技术创新投资项目。

(三)金融业态深化通过削减逆向选择和道德风险促进资源优化配置和科技进步

金融系统具有独特的信息搜集和处理优势,可以采取严格的项目审查制度和信贷配给等多种方式克服信息不对称及其产生的逆向选择问题,并筛选出高效率的技术创新项目。发达的金融中介市场可以通过完善的监控机制对企业信贷资金运用实施适时监督,发达的证券市场可以通过设定"门槛"迫使企业强化内部管理制度和提高企业经济效益与社会声誉,有效缓解信息不对称及其产生的道德风险问题,引导社会资本向高效率生产部门和技术创新部门流动,从而促进社会稀缺资源的优化配置和高效利用,促进社会技术进步。

二、财政政策激励对实体经济增长动力的影响

财政政策激励也是促进全要素生产率增长的一种重要政策手段,其对实体经济全要素生产率及技术进步率的影响主要体现在以下三个方面。

(一)财政政策激励通过增加基础设施和公共服务供给促进全要素生产率增长

财政增加对交通、电力、水利、能源、网络、通信、医疗、环保等各种公共物品和准公共物品的投资,不断完善基础设施建设和增加公共服务供给,一方面物质资本的改善可以提高地区的区位优势,直接促进社会资本投资的大幅增加,影响资本投入总量和资本生产效率,进而对全要素生产率产生影响;另一方面物质资本的改善可以降低企业生产成本和管理成本,可以提高企业生产效率,形成规模经济效应和外部溢出效应,进而促进其他各行业生产效率的提高。

(二)财政政策激励通过提高人力资本水平促进全要素生产率增长

Lucas(1988)研究表明人力资本的增加会提高劳动和资本的生产效率,Castello 和 Domenech(2002)也发现人力资本存量和结构对全要素生产率具有间接影响效应。影响人力资本的因素很多,如教育水平、民俗文化、医疗卫生、社会保障等。财政对教育和文化的支出可以直接提高劳动力的受教育水平和职业技能,有助于提高劳动力掌握先进生产技术和管理技术的能力,财政对医疗卫生和社会保障等的支出可以提高居民健康水平和生活质量。因此,政府财政增加对教育、文化、医疗、社保等的支出有助于提高人力资本存量和改善人力资本结构,进而对全要素生产率产生影响。

(三)财政政策激励通过增加科技研发投入促进全要素生产率增长

技术进步是全要素生产率增长的内在动力。财政科技投入是财政支出的重要组成部门,中央政府和地方政府每年都会设立很多专项资金用于风险系数高、投资收益回报期长的科技研发经费投入,比如高校与科研机构的基础科研投入、实体企业高新技术研发项目投入等,这些技术研发活动一旦取得成功就会很快应用于生产并取得显著的促进效应,加快相关产业乃至整个宏观经济的全要素生产率增长。

三、金融业态深化与财政政策激励配合对实体经济增长动力的影响

技术创新是一项前期投资大、溢出效应高、回报收益期长、风险系数高的研发活动,需要政府财政和金融市场的大力支持。因此,每一项科技创新政策的出台都必然有相应的财政金融配套政策的跟随出台。然而,受财政资金总量和支出项目众多的限制,财政政策激励对技术创新活动的支持力度必然有限,而金融天生具有逐利本性和风险规避偏好,金融市场对技术创新活动的支持必须要有政府财政的引导和支持,因此无论是财政还是金融,单方面的力量都远不能满足科技创新活动的资金需求,必须实现财政金融同时"给力",并有效形成合力才能真正推动科技创新,进而促进技术进步率和全要素生产率的增长。财政金融配合可以为企业技术创新提供研发经费支持、风险担保、人才培养、公共服务等多样化的财政金融服务,大力支持实体企业技术创新,推动科技进步和全要素生产率增长。但是,从前文的分析可以看出,金融业态深化和财政政策激励对实体经济技术进步率和全要素生产率的影响机理和路径具有较大的差异,在实践过程中难免会产生冲突或干扰等不协调现象,从而使得财政金融配合对技术进步和全要素生产率增长的促进作用不显著,甚至产生阻碍作用。因此,金融业态深化

和财政政策激励配合对实体经济技术进步率和全要素生产率的影响作用大小、方向和显著性取决于二者的配合协调度,若二者配合的协调程度高,其可以对实体经济技术进步率和全要素生产率产生促进作用,若二者配合的协调程度低或者不协调,其对实体经济技术进步率和全要素生产率的作用效果不明显甚至产生阻碍作用。

第三节 实体经济全要素生产率及技术进步率的测算与分析

一、测算方法与数据说明

从现有文献来看,测算全要素生产率及其分解的方法很多,主要有以随机前沿分析法(Stochastic Frontier Analysis,SFA)为代表的参数法和以数据包络分析(Data Envelopment Analysis,DEA)为代表的非参数法。参数法必须首先假定生产函数,不同的生产函数形式所测算的效率结果各不相同。随机前沿函数模型法只适用于多投入单产出的模型,各投入要素都必须通过相关检验以及回归残差分析形态的假设,而且测算出的效率结果会因为投入要素选择的细小差别而出现不同(许海平、王岳龙,2010)。而以 DEA 为基础的 Malmquist 指数法不需要实现假定生产函数的形式,也不需要考虑投入产出指标数量不同量纲的差别,能有效地避免因生产函数设定而导致估计结果的偏误。因此,本书采用以 DEA 为基础的全局 Malmquist 指数法测算各省份实体经济全要素生产率及技术进步率。

(一)DEA-Malmquist 指数

假设每个省份为一个决策单元,构建一个包含 K 个决策单元 T 时期的面板模型。设定每个生产决策单元使用 N 种要素投入 $x = (x_1, \cdots, x_n) \in R_+^N$ 生产出 M 种产出 $y = (y_1, \cdots, y_m) \in R_+^M$。同时,定义两个生产技术:同期参考生产技术和全局参考生产技术。其中,同期参考生产技术定义为:$T_c^t = \{(x^t, y^t) | x^t 能够生产出 y^t\}$,且 $\lambda T_c^t = T_c^t, t = 1, \cdots, T, \lambda > 0$;全局参考生产技术定义为:$T_c^G = \{T_c^1 \bigcup T_c^2 \cdots \bigcup T_c^T\}$,下标 c 表示每一个参考技术满足规模报酬不变。

因此,生产技术 T_c^s 下定义的同期 Malmquist 指数(Contemporaneous Malmquist Productivity Index)可以表示为:

$$M_c^s(x^t,y^t,x^{t+1},y^{t+1}) = \frac{D_c^s(x^{t+1},y^{t+1})}{D_c^s(x^t,y^t)} \qquad (6.1)$$

其中,产出距离函数可以表示为:$D_c^s(x^t,y^t) = \min\{\phi > 0 | (x,y/\phi) \in T_c^s\}, s=t, t+1$。由于 $M_c^t(x^t,y^t,x^{t+1},y^{t+1}) \neq M_c^{t+1}(x^t,y^t,x^{t+1},y^{t+1})$,因此同期 Malmquist 指数通常采用两个指数的几何平均值表示,即:

$$M_c(x^t,y^t,x^{t+1},y^{t+1}) = [M_c^t(x^t,y^t,x^{t+1},y^{t+1}) * M_c^{t+1}(x^t,y^t,x^{t+1},y^{t+1})]^{1/2} \qquad (6.2)$$

第 t 时期投入与生产的距离函数为:

$$D_c^t(x^t,y^t) - 1 = \max\{\beta > 0 | (x,\beta y) \in T_c^t\} \qquad (6.3)$$

$$\text{即}:s.t. \begin{cases} \sum_{k=1}^{N} z_k^t x_{kn}^t \leq x_n^t, n = 1,\cdots,N \\ \sum_{k=1}^{N} z_k^t y_{km}^t \geq \beta y_m^t, m = 1,\cdots,M \\ z_k^t \geq 0, k = 1,\cdots,K \end{cases} \qquad (6.4)$$

上式(6.2)所示的同期 Malmquist 指数还可以进一步分解为规模报酬不变假定下的技术效率指数(EC_c)和技术进步指数(TP),其分解过程为:

$$M_c(x^t,y^t,x^{t+1},y^{t+1}) = \frac{D_c^{t+1}(x^{t+1},y^{t+1})}{D_c^t(x^t,y^t)} * \left[\frac{D_c^t(x^{t+1},y^{t+1})}{D_c^{t+1}(x^{t+1},y^{t+1})} * \frac{D_c^t(x^t,y^t)}{D_c^{t+1}(x^t,y^t)}\right]^{1/2}$$

$$= EC_c * TP \qquad (6.5)$$

其中,技术效率指数还可以进一步分解为纯技术效率指数(PC)和规模效率指数(SC)。因此有:

$$M_c = EC_c * TP = PC * SC * TP \qquad (6.6)$$

生产技术 T_c^G 下定义的全局 Malmquist 指数(Global Malmquist Productivity Index)可以表示为:

$$M_c^G(x^t,y^t,x^{t+1},y^{t+1}) = \frac{D_c^G(x^{t+1},y^{t+1})}{D_c^G(x^t,y^t)} \qquad (6.7)$$

其中,产出距离函数可以表示为:$D_c^G(x,y) = \min\{\phi > 0 | (x,y/\phi) \in T_c^G\}$。由于只有一个全局参考生产技术,因此在定义全局指数时不需要利用两个时期的几何平均值代替。Global Malmquist 指数可以进一步分解为技术效率指数和技术进步指数,即:

$$M_c^G(x^t,y^t,x^{t+1},y^{t+1}) = \frac{D_c^{t+1}(x^{t+1},y^{t+1})}{D_c^t(x^t,y^t)} * \left\{ \frac{D_c^G(x^{t+1},y^{t+1})}{D_c^{t+1}(x^{t+1},y^{t+1})} * \frac{D_c^t(x^t,y^t)}{D_c^G(x^t,y^t)} \right\}$$

$$= \frac{TE_c^{t+1}(x^{t+1},y^{t+1})}{TE_c^t(x^t,y^t)} * \left\{ \frac{D_c^G(x^{t+1},y^{t+1}/D_c^{t+1}(x^{t+1},y^{t+1}))}{D_c^G(x^t,y^t/D_c^t(x^t,y^t))} \right\}$$

$$= EC_c * \left\{ \frac{BPG_c^{G,t+1}(x^{t+1},y^{t+1})}{BPG_c^{G,t}(x^t,y^t)} \right\} = EC_c * BPC_c \tag{6.8}$$

其中,EC_c为技术效率指数,$BPG_c^{G,s} \leq 1$,BPC_c为技术进步指数,BPC_c大于等于1(小于1)表示在$t+1$时期的参考生产技术$[(x^{t+1},y^{t+1}/D_c^{t+1}(x^{t+1},y^{t+1}))]$比$t$时期的参考生产技术$[(x^t,y^t/D_c^t(x^t,y^t))]$更接近于(远离于)全局参考生产技术。全局距离函数$D_c^G(x^t,y^t)$可以表示为:

$$\text{s.t.} \begin{cases} \sum_{t=1}^{T}\sum_{k=1}^{N} z_k^t x_{kn}^t \leq x_n^t, n = 1,\cdots,N \\ \sum_{t=1}^{T}\sum_{k=1}^{N} z_k^t y_{km}^t \geq \beta y_m^t, m = 1,\cdots,M \\ z_k^t \geq 0, k = 1,\cdots,K \end{cases} \tag{6.9}$$

从上面的分析可以看出,全局Malmquist指数具有可传递性,因为其技术效率指数和技术进步指数均是可传递的,因此全局Malmquist指数测算不需要采用两个时期的几何平均值代替,且还能有效地避免同期Malmquist指数可能存在的线性规划无解问题。M_c^G和M_c具有相同的技术效率指数EC_c,但其技术进步指数和规模效率指数则不相同,因此在没有技术限制的条件下$M_c^G \neq M_c$。

全局Malmquist指数和同期Malmquist指数的比值表示两个时期的参考生产技术差距的几何平均值,即有:

$$M_c^G/M_c = \left[(M_c^G/M_c^{t+1}) * (M_c^G/M_c^t) \right]^{1/2}$$

$$= \left\{ \left[\frac{D_c^G(x^{t+1},y^{t+1}/D_c^{t+1}(x^{t+1},y^{t+1}))}{D_c^G(x^t,y^t/D_c^{t+1}(x^t,y^t))} \right] * \left[\frac{D_c^G(x^{t+1},y^{t+1}/D_c^t(x^{t+1},y^{t+1}))}{D_c^G(x^t,y^t/D_c^t(x^t,y^t))} \right] \right\}^{1/2}$$

$$= \left\{ \left[\frac{BPG_c^{G,t+1}(x^{t+1},y^{t+1})}{BPG_c^{G,t+1}(x^t,y^t)} \right] * \left[\frac{BPG_c^{G,t}(x^{t+1},y^{t+1})}{BPG_c^{G,t}(x^t,y^t)} \right] \right\}^{1/2} \tag{6.10}$$

式中,当$BPG_c^{G,s}(x^{t+1},y^{t+1}) = BPG_c^{G,s}(x^t,y^t)$,$s = t,t+1$时,$M_c^G = M_c$。

(二)指标选择与数据说明

选择科学合理的投入产出指标是准确测算实体经济增长效率的关键,而投入产出指标的确定一直是学术界争论的焦点,且争论目前仍未停息(Matthews,2013)。确定产出指标的主要目的就是要考察实体经济在生产要素投入下所获得的经济增加值,因此本书仍沿用前面的方法,采用各地区GDP扣减金融业增加值和房地产业增加值后的其他产业的总产值来衡量实体经济总产值并作为产出指标。毋庸置疑,劳动投入和资本投入是影响实体经济增长的关键性投入要素,因此,应该将实体经济的劳动投入和资本投入作为投入指标引入模型。其中,劳动投入(L)采用实体经济就业人数代替,用全社会就业人口总数减去金融业就业人数和房地产业就业人数得到;资本投入(K)采用实体经济部门的固定资产投资额代替,用全社会固定资产投资额减去金融业和房地产业固定资产投资额得到。为了保证研究样本的一致性,本章节测算实体经济增长效率的样本区间仍为1999-2013年,研究样本仍为中国其中的31个省、直辖市、自治区,共465个样本。各省份实体经济总产值的相关数据来源于历年的《中国统计年鉴》,实体经济劳动投入数据和固定资产投资数据分别来源于历年的《中国统计年鉴》《中国人口与就业统计年鉴》《中国固定资产投资统计年鉴》及Wind资讯数据库。投入产出变量的描述性分析如表6-1所示。

表6-1 投入产出指标的描述性统计量

	变量	平均值	最大值	最小值	中位数	标准差
产出指标	总产值(Y)	8 394.42	54 139.09	103.51	5 263.04	9 182.06
投入指标	劳动投入(L)	2 336.38	6 521.96	123.31	1 963.66	1 647.33
	资本投入(K)	3 834.35	27 928.96	50.57	2 015.92	4 507.03

数据来源:作者计算整理得到。

(三)指标数据有效性检验

朱南和谭德彬(2015)指出,用于测算效率的投入产出指标之间应满足以下两个法则:一是投入指标与产出指标应有相关性,二是投入与产出之间需要满足"等幅扩张性",即随着投入的增加产出不减少。因此,在进行实证之前必须检验投入产出指标间的相关性。本书利用SPSS18软件计算了31个省份1999—2013年投入产出指标的相关系数,结果如表6-2所示。相关性检验结果表明,劳动投入与实体经济产出的两个相关系数、资本与实体经济产出的两个相关系数都通过了显著性检验,而且相关系数值都比较大,说明实体经济的劳动投入和资本投入与总产值之间均具有显著正相关关系,符合模型的基本要求,且与实际情况相吻合。

另外,在测算实体经济增长效率之前还必须检验投入产出指标数量与样本数量之间的有效性。Cooper等(2007)指出,投入产出指标数量与样本数量之间必须满足关系式:$N \geqslant \text{Max}\{I*O, 3*(I+O)\}$。其中,I为投入指标个数,O为产出指标个数,N为决策单元数。本书中,$31 > \text{Max}\{2*1, 3*(2+1)\}=9$,所以本书选择的投入产出指标数量与样本数量具有合理性。

表6-2 各投入指标与产出指标的相关系数

年份	Kendall T相关系数		Pearson相关系数		Spearman秩相关系数	
	劳动	资本	劳动	资本	劳动	资本
1999年	0.617***	0.871***	0.754***	0.976***	0.786***	0.968***
2000年	0.600***	0.875***	0.740**	0.789***	0.769***	0.967***
2001年	0.591***	0.871***	0.736***	0.970***	0.759***	0.965***
2002年	0.583***	0.854***	0.731***	0.955***	0.756***	0.970***
2003年	0.583***	0.819***	0.732***	0.939***	0.752***	0.745***
2004年	0.600***	0.794***	0.757***	0.943***	0.757***	0.928***
2005年	0.613***	0.819***	0.782***	0.944***	0.770***	0.927***
2006年	0.604***	0.802***	0.794***	0.936***	0.768***	0.928***
2007年	0.622***	0.781***	0.812***	0.923***	0.784***	0.927***
2008年	0.630***	0.763***	0.828***	0.908***	0.796***	0.902***
2009年	0.626***	0.768***	0.830***	0.887***	0.801***	0.891***
2010年	0.630***	0.755***	0.837***	0.871***	0.813***	0.891***
2011年	0.630***	0.755***	0.841***	0.875***	0.811***	0.883***
2012年	0.639***	0.759***	0.848***	0.860***	0.815***	0.883***
2013年	0.626***	0.768***	0.852***	0.860***	0.810***	0.889***

注:*、**、***分别表示该相关系数在10%、5%和1%的水平下显著。

二、全要素生产率测算结果分析

根据前面的研究方法和基本模型,借助 MaxDEA Pro 6.0 软件测算了中国 31 个省份 1999—2013 年实体经济增长的效率及其变化情况。为了便于比较,本书同时测算了全局 Malmquist 指数、同期 Malmquist 指数及其分解结果,下面将从时间维度和省际维度来对其进行分析说明。

(一)基于时间维度的分析

表 6-3 显示了 1999—2013 年省际平均的 Malmquist 指数及其分解结果。总体来看,各年间的全局 Malmquist 指数和同期 Malmquist 指数具有一定的差异,但其变化趋势完全一致,呈上下波动趋势。1999—2013 年,中国实体经济增长的效率整体呈下降趋势,其中全局全要素生产率(M_c^G)平均增长率为-0.9%,技术效率(EC_c)的平均增长率为-0.8%,技术进步率(BPC_c)的平均增长率为-0.2%;同期全要素生产率(M_c)平均增长率为-1.6%,技术进步率(TP)的平均增长率为-0.8%,纯技术效率(PC)的平均增长率为-0.5%,规模效率(SC)的平均增长率为-0.3%。从表中的数据可以看出,全局全要素生产率(M_c^G)及其技术进步率(BPC_c)、同期全要素生产率(M_c)及其技术进步率(TP)4 者具有相似的变化趋势,且波动幅度较大,特别是 2003—2005 年、2008—2013 年两个阶段;全局 Malmquist 指数分解下的技术效率(EC_c)、同期 Malmquist 指数分解下的规模效率(SC)和纯技术效率(PC)在样本期间内的波动幅度较小,一直在 0.9~1.1 变动。综合分析它们的变动趋势可以发现,技术进步率对实体经济全要素生产率的影响较大,技术进步率的提升可以促进全要素生产率的提高,而纯技术效率和规模效率对全要素生产率的影响相对较小。

具体分阶段来看,全局全要素生产率和同期全要素生产率在 2000—2003 年内均小于 1,说明实体经济增长的效率呈负增长;在 2004—2008 年间,两个指数均大于 1(2006 年除外),说明这段时间内实体经济增长的效率有所提升;在 2009 年,全局全要素生产率和同期全要素生产率均出现大幅下降,分别达到最小值 0.776 和 0.720,其可能是因为 2008 年全球金融危机对中国实体经济的巨大冲击所致;2009 年以后,两个指数均又大幅增长,在 2011 年达到最大值,分别为 1.179 和 1.168,这可能与金融危机后中国 4 万亿元的投资计划有一定关系。2011 年开始,两个指数又出现了较大幅度的下降,2013 年分别下降到 0.832 和 0.767。从全局

Malmquist指数的分解来看,实体经济增长全要素生产率的下降是由技术效率(EC_c)和技术进步率(BPC_c)的共同下降所致,且以技术效率的下降为主导;从同期Malmquist指数的分解来看,实体经济增长全要素生产率的下降也是由技术进步率(TP)、纯技术效率(PC)和规模效率(SC)的下降共同所致,但以技术进步效率和纯技术效率的下降为主导。

在全局全要素生产率(M_c^G)大于1的年份中,技术效率(EC_c)大于1而技术变化率(BPC_c)小于1的年份有2005年和2007年,说明2005年和2007年实体经济增长的全要素生产率的增长主要由技术效率的提高所贡献;相反,技术效率(EC_c)小于1而技术进步率(BPC_c)大于1的年份有2000年、2004年、2008年、2010年和2011年,说明这些年份实体经济增长的全要素生产率增长主要由技术进步的上升所贡献。在全局全要素生产率(M_c^G)小于1的年份中,技术进步率(BPC_c)和技术效率(EC_c)同时小于1的年份有2001年、2002年、2012年和2013年,说明这4年实体经济增长的全要素生产率下降的主要原因是技术效率和技术进步的同步下降;技术效率(EC_c)大于1而技术进步率(BPC_c)小于1的年份有2003年、2006年和2009年,说明这3年实体经济增长的全要素生产率的下降主要原因为技术进步的下降。

表6-3 1999—2013年的Malmquist指数及其分解

年份	M_c^G	EC_c	BPC_c	M_c	TP	PC	SC
1999—2000年	1.092	0.994	1.098	1.094	1.100	0.984	1.010
2000—2001年	0.927	0.936	0.991	0.996	1.065	0.965	0.970
2001—2002年	0.925	0.940	0.984	0.942	1.002	0.974	0.965
2002—2003年	0.941	1.066	0.882	0.967	0.907	1.033	1.033
2003—2004年	1.082	0.929	1.165	1.143	1.230	0.950	0.978
2004—2005年	1.013	1.014	0.999	1.003	0.989	0.990	1.025
2005—2006年	0.955	1.013	0.943	0.937	0.925	1.008	1.005
2006—2007年	1.013	1.080	0.938	1.026	0.950	1.031	1.047
2007—2008年	1.058	0.996	1.063	1.014	1.019	0.990	1.006
2008—2009年	0.776	1.035	0.750	0.720	0.696	1.022	1.013
2009—2010年	1.174	0.949	1.237	1.154	1.216	0.993	0.956

续表

年份	M_c^G	EC_c	BPC_c	M_c	TP	PC	SC
2010—2011年	1.179	0.990	1.191	1.168	1.179	0.996	0.995
2011—2012年	0.990	0.991	0.998	0.966	0.974	1.018	0.974
2012—2013年	0.832	0.971	0.857	0.767	0.790	0.979	0.992
均值	0.991	0.992	0.998	0.984	0.992	0.995	0.997

数据来源：作者计算整理得到。

(二)基于省际维度的分析

下表6-4显示了各省份1999—2013年平均的Malmquist指数及其分解结果。分区域来看，沿海地区、内陆地区和沿边地区的全局全要素生产率(M_c^G)的均值分别为1.007、0.982和0.985，同期全要素生产率(M_c)分别为1.021、0.961和0.977，这说明在1999—2013年间，沿海地区实体经济增长的效率呈增长趋势，而沿边地区与内陆地区实体经济增长的效率呈下降趋势，其中内陆地区的实体经济增长效率最低。从Malmquist指数的分解情况来看，沿海地区的全局技术进步率(BPC_c)和同期技术进步效率(TP)、规模效率(SC)均大于1，而技术效率(EC_c)和纯技术效率(PC)均小于1，说明沿海地区主要由技术进步推动实体经济的效率不断提高；而内陆地区和沿边地区的两个Malmquist指数及各分解指数的均值都小于1，说明内陆地区和沿边地区实体经济增长的效率的下降由技术效率的下降、规模效率的下降及技术退步等共同导致。分省份来看，沿海地区中辽宁和福建的全局全要素生产率(M_c^G)小于1，而其他8个省份的则大于等于1；内陆地区全局全要素生产率(M_c^G)大于1的省份仅有宁夏，其他12个省份全部小于1；沿边地区全局全要素生产率(M_c^G)大于1的有吉林、内蒙古和新疆三省、自治区，其他5省份的也全部小于1。同期全要素生产率(M_c)也具有相似的省际分布情况，沿海地区除河北和福建以外的其他8省份，内陆地区的青海和宁夏2省、自治区、沿边地区的吉林、内蒙古和新疆3省、自治区的同期全要素生产率(M_c)大于1，其他省份的指数全部小1。全要素生产率小于1说明实体经济增长的效率在下降，大于1说明实体经济增长的效率在上升。

表6-4 省际Malmquist指数及分解

地区	省份	M_c^G	EC_c	BPC_c	M_e	TP	PC	SC
沿海地区	北京	1.044	0.992	1.052	1.053	1.061	0.994	0.999
	天津	1.025	1.003	1.022	1.043	1.039	1.000	1.003
	河北	1.006	0.991	1.015	0.989	0.998	0.989	1.002
	辽宁	0.991	0.991	1.000	1.021	1.030	0.993	0.999
	上海	1.017	1.000	1.017	1.041	1.041	1.000	1.000
	江苏	1.008	1.009	0.999	1.037	1.028	1.000	1.009
	浙江	1.009	1.009	1.000	1.038	1.029	1.006	1.003
	福建	0.975	0.977	0.997	0.965	0.988	0.979	0.999
	山东	1.001	1.009	0.992	1.015	1.005	1.004	1.005
	广东	1.000	1.000	1.000	1.008	1.008	1.000	1.000
	均值	1.007	0.998	1.009	1.021	1.022	0.996	1.002
内陆地区	山西	0.979	0.985	0.994	0.984	0.999	0.987	0.998
	安徽	0.960	0.975	0.985	0.92	0.943	0.976	1.000
	江西	0.962	0.971	0.991	0.932	0.960	0.972	0.999
	河南	0.981	0.997	0.984	0.934	0.937	1.000	0.997
	湖北	0.996	1.001	0.995	0.964	0.963	1.003	0.999
	湖南	0.993	1.008	0.985	0.945	0.937	1.009	0.999
	重庆	0.970	0.980	0.990	0.967	0.986	0.984	0.996
	四川	0.981	0.993	0.988	0.957	0.963	0.992	1.001
	贵州	0.963	0.973	0.990	0.921	0.946	0.979	0.994
	陕西	0.998	1.003	0.995	0.982	0.979	1.004	0.999
	甘肃	0.968	0.977	0.991	0.926	0.948	0.984	0.993
	青海	0.995	1.001	0.994	1.025	1.024	1.017	0.985
	宁夏	1.016	1.021	0.995	1.044	1.022	1.024	0.997
	均值	0.982	0.991	0.990	0.961	0.969	0.995	0.997
沿边地区	吉林	1.008	1.013	0.995	1.017	1.004	1.011	1.002
	黑龙江	0.975	0.982	0.993	0.952	0.970	0.983	0.999
	内蒙古	1.005	1.001	1.004	1.047	1.045	1.000	1.001
	广西	0.980	0.996	0.984	0.935	0.939	0.995	1.000
	云南	0.966	0.967	0.999	0.931	0.963	0.970	0.997

续表

地区	省份	M_c^G	EC_c	BPC_c	M_c	TP	PC	SC
沿边地区	西藏	0.955	0.965	0.989	0.944	0.978	1.000	0.965
	新疆	1.001	0.982	1.019	1.008	1.026	0.984	0.998
	海南	0.988	0.988	1.000	0.989	1.001	1.006	0.982
	均值	0.985	0.987	0.998	0.977	0.990	0.994	0.993

数据来源：作者计算整理得到。

在全局全要素生产率（M_c^G）大于1的省份中，技术进步效率（BPC_c）大于1的省份包括：北京、天津、河北、上海、浙江、广东、内蒙古和新疆等8个省、自治区、直辖市，说明这8个省、直辖市、自治区实体经济增长的全要素生产率的提升主要由技术进步所贡献；技术效率（EC_c）大于1的包括：天津、上海、江苏、浙江、山东、广东、宁夏、吉林和内蒙古等9个省份，说明这9个省份实体经济增长的全要素生产率的提升主要由效率改进所贡献；技术效率（EC_c）和技术进步率（BPC_c）同时大于1的省份包括：天津、上海、浙江、广东和内蒙古等5个省份，说明这5个省份实体经济增长的全要素生产率的提升由技术进步和技术效率共同推动。在全局全要素生产率（M_c^G）小于1的省份中，技术进步率（BPC_c）小于1而技术效率（EC_c）大于1的省份包括：湖北、湖南、陕西、青海等4省，说明这4个省份实体经济增长的全要素生产率下降的主要原因是技术进步的下降；技术进步率（BPC_c）大于1而技术效率（EC_c）小于1的省份包括：辽宁和海南，说明这2省实体经济增长的全要素生产率下降的主要原因在于技术效率的下降；技术进步率（BPC_c）和技术效率（EC_c）同时小于1的包括：福建、山西、安徽、江西、河南、重庆、四川、贵州、甘肃、黑龙江、广西、云南和西藏等13个省、自治区、直辖市，说明这13个省、自治区、直辖市实体经济增长全要素生产率下降的主要原因在于技术效率和技术进步的同步下降。

第四节 金融业态深化、财政政策激励与实体经济增长动力的实证研究

比较各省份各年全局Malmquist指数和同期Malmquist指数可以发现，两者之间的差异比较小而且变动趋势较一致，因此本节将仅采用全局Malmquist指数

及其分解结果来进行实证研究[①]。

一、模型设定与指标说明

为了全面考察金融业态深化、财政政策激励及其二者配合对实体经济增长动力的影响,本书将以实体经济全要素生产率和技术进步贡献率为被解释变量设定如下的面板数据模型[②]:

$$TFP_{it}(TPCR_{it}) = \beta_1 + \beta_2 FS_{it} + \beta_3 FI_{it} + \beta_4 FS_{it}*FI_{it} + X_{it}\varphi + \mu_i + \varepsilon_{it} \quad (6.11)$$

其中,TFP为实体经济增长的全要素生产率,$TPCR$为实体经济增长的技术进步贡献率;β_1表示常数项,φ为K*1维的参数系数向量,X_{it}为1*K维的控制变量向量,K为控制变量的个数。μ_i表示不随时间变化的各省市截面的个体差异,ε_{it}为随机扰动项。被解释变量全要素生产率(TFP_{it})利用前文的计算方法得到;借鉴鲁钊阳(2013)的方法,技术进步贡献率采用技术进步率与实体经济总产值增长率之比来代替,其中技术进步率用前文中全要素生产率的分解指数BPC代替。核心解释变量金融业态深化(FS_{it})和财政政策激励(FI_{it})两个指标的计算方法跟前文完全一致,这里不再赘述。

除金融业态深化、财政政策激励及其二者的配合以外,影响实体经济增长效率的影响还有很多,本书主要选择以下几个指标作为控制变量而引入模型。

实体经济直接融资比重(DF_{it})。借鉴蒋智陶(2014)的方法,本书采用实体经济直接融资额占融资总额的比重来代替。2000—2012年实体经济直接融资比重数据直接来源于各省份2005—2006年和2012年的《金融运行报告》,2013年各省份实体经济直接融资比重采用社会融资规模中企业债券和非金融企业境内股票融资总额占社会融资规模的比重来代替。

外资企业占比(FOE_{it})。覃毅和张世贤(2011)研究发现,外资企业的进入会对内资企业全要素生产率产生影响,一方面可以促进上游产业中内资企业全要素生产率及技术效率的提高,另一方面又会阻碍下游产业中内资企业全要素生产率及技术效率的改进。借鉴冉光和等(2013)的方法,采用各地区三资工业企

[①] 在实证研究过程中,本书仍然实证检验了金融业态深化、财政政策激励对同期Malmquist指数及其分解结果的影响,相关结论与全局Malmquist指数下的结论基本一致。

[②] 这里采用技术进步贡献率而非技术进步率,是为了更直观地体现技术进步对实体经济增长的影响程度。

业（包括外商投资和港澳台投资企业）资产总值占全部大中型工业企业资产总值之比来衡量。

国有经济比重（SOE_{it}）。王志刚等（2006）的研究表明国有化程度对生产效率具有负向影响，国有企业比重越大，生产的不确定性越高，生产效率越低。鉴于数据的可得性，本书采用各省份国有及国有控股工业企业资产总额占规模以上工业企业资产总额的比重来近似替代，相关数据来源于历年的《中国统计年鉴》。

企业研发投入强度（RD_{it}）。不难理解，企业的科技创新活动是技术进步的重要来源，而研发投入又是决定企业创新成果的关键性因素，因此，企业研发投入可能通过影响技术进步率进而影响全要素生产率的增长。本书采用各省份 RD 经费内部支出占 GDP 的比重来表示，相关数据来源于历年的《中国科技统计年鉴》。

劳动力素质（Edu_{it}）。劳动力素质的高低在一定程度上决定了劳动生产率的高低，而劳动生产率又直接作用于全要素生产率增长，因此，劳动力素质也是影响全要素生产率的主要因素之一。本书采用各省份劳动力平均受教育年限代替劳动力素质，用 primary、junior、senior 和 college 分别表示小学、初中、高中、大专及以上教育程度人口占 6 岁以上人口的比重，以 6 年、9 年、12 年和 16 年分别表示相应的平均受教育年限，因此 $Edu = 6*primary + 9*junior + 12*senior + 16*college$，相关数据均来源于历年的《中国统计年鉴》。

由于全要素生产率及技术进步率都是由当期值与上期值的比值计算得到，因此该部分的研究时间区间变为 2000—2013 年，研究对象仍为 31 个省份，样本总数为 31×14=434。采用 GDP 平减指数对所有与价格有关的原始数据进行平减处理，换算成以 2000 年为基期的可比价。各变量的描述性统计如下表 6-5 所示。

表 6-5 变量的描述性统计量

变量		平均值	最大值	最小值	中位数	标准差	样本数
被解释变量	TFP	1.003	1.798	0.597	0.989	0.157	434
	TPCR	8.399	31.437	2.997	7.949	3.001	434
核心解释变量	FS	0.239	0.980	0.037	0.200	0.175	434
	FI	0.283	0.784	0.070	0.255	0.129	434
	FS*FI	0.081	0.576	0.004	0.050	0.101	434

续表

变量		平均值	最大值	最小值	中位数	标准差	样本数
控制变量	DF	87.954	100.000	29.900	90.300	10.745	434
	FOE	23.671	89.064	1.155	16.123	21.772	434
	SOE	60.146	95.088	13.998	63.066	19.422	434
	RD	1.163	6.077	0.139	0.891	1.003	434
	Edu	8.161	12.028	3.362	8.196	1.193	434

数据来源：作者计算整理得到。

基于上述基本面板模型的设定和控制变量的选择，本书实证研究所采用的最终面板计量模型分别为：

$$TFP_{it}(TPCR_{it}) = \beta_1 + \beta_2 FS_{it} + \beta_3 FI_{it} + \beta_4 FS_{it}*FI_{it} + \varphi_1 DF_{it} + \varphi_2 FOE_{it} \\ + \varphi_3 SOE_{it} + \varphi_4 RD_{it} + \varphi_5 Edu_{it} + \mu_i + \varepsilon_{it} \quad (6.12)$$

二、模型估计与检验方法

针对静态面板数据，理论上存在三种可供选择的面板估计模型：混合效应（POLS）、固定效应（FE）和随机效应（RE）。实际运用过程中，可以根据样本数据特征选择合适的估计模型，具体的选择过程和选择标准为（张冰，2015）：以F检验确定是选择混合效应模型还是固定效应模型，F检验的原假设为"混合回归模型更优"，若拒绝原假设则选择固定效应模型，反之则选择混合效应模型；以布罗施和帕干（Breusch和Pangan）的拉格朗日乘数（LM）检验确定是选择混合效应模型还是随机效应模型，LM检验的原假设为"混合回归模型更优"，拒绝原假设则选择随机效应模型，反之则选择混合效应模型；以豪斯曼（H）检验确定是选择固定效应模型还是随机效应模型，H检验的原假设为"随机效应模型更优"，拒绝原假设则选择固定效应模型，反之则选择随机效应模型。如果F检验和LM检验均不显著，则说明应该选择混合效应模型，如果二者中有一个显著则需要再进行豪斯曼（H）检验。确定好面板估计模型以后，还需要对模型进行自相关检验（原假设为"不存在自相关"）和异方差检验（原假设为"不存在异方差"）。如果选定的估计模型存在自相关和异方差问题，则需要改用可行广义二乘法（FGLS）对静态面板模型进行重新估计，以消除自相关和异方差问题。本书利用Stata12.0软件对所有数据进行处理，限于篇幅，全国及各地区的模型检验结果均未列出。

三、实证过程与结果讨论

根据前文所设定的计量模型和估计方法,本书借助Stata12.0数据处理软件对模型进行了参数估计和检验,具体的回归结果分别如下表6-6和表6-7所示。

表6-6 实体经济全要素生产率(TFP)的模型参数估计结果

变量	全国 FGLS	沿海 FGLS	内陆 FGLS	沿边 FGLS
常数项	1.275*** (3.39)	1.397*** (4.18)	1.813*** (15.57)	1.178*** (4.85)
FS_{it}	0.023** (2.20)	0.389** (2.34)	0.389* (1.81)	0.615** (2.21)
FI_{it}	0.628*** (3.07)	0.153 (1.03)	0.065** (2.42)	0.401** (2.09)
$FS_{it}*FI_{it}$	−1.173** (−2.48)	−0.188** (−2.59)	−0.043 (−1.16)	−1.894** (−2.26)
DF_{it}	0.001 (1.06)	0.002* (2.04)	0.002 (1.12)	0.001 (1.28)
FOE_{it}	0.002* (1.74)	0.002** (2.28)	−0.001* (−1.76)	0.002** (2.30)
SOE_{it}	−0.002** (2.35)	−0.001** (−2.38)	−0.001*** (−3.79)	−0.002** (−2.32)
RD_{it}	0.28 (0.87)	0.041 (1.12)	0.004 (0.19)	0.032* (1.95)
Edu_{it}	0.002 (0.09)	0.061*** (3.19)	0.051*** (4.63)	0.064 (0.86)
Wald值	54.94***	103.20***	232.43***	112.88***
样本数	434	140	182	112

注:1. *、**、***分别表示在10%、5%、1%的水平下显著;2.( )内数字为该系数的Z统计量。

(一)金融业态深化、财政政策激励对全要素生产率(TFP)的影响

表6-6显示了全国、沿海、内陆、沿边4个不同区域样本情况下金融业态深化、财政政策激励及其二者配合对实体经济全要素生产率(TFP)的影响大小和方向。从表6-6中的结果可以看出,全国、东部、中部和西部地区的面板模型都存在异方差和自相关问题,应采用FGLS方法对面板模型进行估计。4个面板模型

估计的Wald值均在1%的水平下显著,说明模型设定是合理的,估计结果可信。

金融业态深化(FS)的系数在全国、沿海、内陆和沿边地区4个模型中都显著为正,说明金融业态深化对实体经济增长的全要素生产率具有显著正向促进作用。财政政策激励(FI)的系数在全国、内陆和沿边地区3个模型中显著为正,在沿海地区的模型中为正但不显著,说明财政政策激励对实体经济增长的全要素生产率具有正向促进作用,但存在明显的区域差异,这种正向促进效应在全国、内陆和沿边地区显著,在沿海地区不显著。金融业态深化和财政政策激励的交叉项(FS*FI)在全国、沿海、沿边地区3个模型中显著为负,在内陆地区为负但不显著,说明金融业态深化和财政政策激励在促进实体经济增长过程中存在不协调现象,使得二者配合对实体经济全要素生产率的影响显著为负。本文的这一研究结论与李思霖(2015)的结论相似,与现实情况也基本吻合。金融业态深化程度越高、财政政策激励力度越高,金融财政对实体经济增长的支持作用越大,其全要素生产率也就越高。但是金融财政对实体经济增长的影响机理存在一定差异,只有在两种协调配合的情况下才能发挥促进作用,如果二者之间配合不协调的会适得其反,对实体经济全要素生产率提高产生阻碍作用。

控制变量中,直接融资比重(DF)的回归系数在全国、内陆和沿边地区3个模型中都为正但不显著,在沿海地区显著为正,说明直接融资对区域实体经济全要素生产率增长具有一定的影响作用,但在不同区域有不同的影响效果,这一结果与蒋智陶(2014)基本一致。从理论上讲,提高直接融资比重有助于提高实体经济部门的融资效率,从而对金融服务实体经济增长效率的提高具有促进作用。但是,直接融资比重在我国实体经济融资总量中的占比还非常低,以银行信贷为主的间接融资占比非常高,资本市场发展的滞后和不健全使得实体经济直接融资的利用效率较低。这一结果说明,加快股票市场和保险市场等直接金融的快速发展,完善金融市场体系,扩宽并优化直接融资渠道,对于提高实体经济全要素生产率具有重要意义。

外资企业占比(FOE)的回归系数在全国、沿海、沿边地区3个模型中显著为正,在内陆地区显著为负,即外资企业的进入对全国、沿海、沿边地区实体经济全要素生产率具有显著正向促进作用,而对内陆地区实体经济全要素生产率具有显著阻碍作用。这说明外资企业的进入对实体经济全要素生产率的影响具有两面性,既可能对全要素生产率的增长产生促进作用,又可能对全要素生产率的增长产生阻碍作用。外资企业对实体经济全要素生产率的影响方向主要取决于该地区企业在产业链中所处的地位,若该地区企业大多数都处于产业链的下游,外资企业的进入可能对该地区实体经济全要素生产率的增长产生阻碍作用。

国有经济比重(SOE)的回归系数在全国、沿海、内陆和沿边地区4个模型中都显著为负,说明国有化程度对实体经济全要素生产率具有显著负向影响,这一结论佐证了王志刚等(2006)的观点。如果一个地区经济的国有化程度较高,即国有企业比重较大,国有企业对经济增长的贡献更大,政府的财政资金和金融机构的信贷资金都会向国有部门倾斜,而民营企业所能获得的资金支持太少,国有经济与民营经济的矛盾日益突出,从而阻碍实体经济全要素生产率的增长。

企业研发投入强度(RD)的回归系数只在沿边地区的模型中显著为正,在全国、沿海、内陆地区均为正但不显著。从理论上讲,企业研发投入强度越大,企业创新能力应相应越强,新产品、新技术、新设备也就越多,企业的生产效率也越高,即研发投入强度与全要素生产率之间是正相关关系。实证结果出现绝大多数模型中RD的回归系数为正但不显著,是因为中国企业对研发的重视程度不够,企业研发经费投入强度非常低,对实体经济全要素生产率的影响力度非常小。

劳动力素质(Edu)的回归系数在沿海地区和内陆地区的模型中显著为正,在全国和沿边地区的模型中不显著。从理论上讲,劳动是每个经济系统的主要投入要素,劳动力素质的高低直接影响劳动效率和劳动质量,特别是知识密集型行业,劳动者知识水平越高,企业的生产效率越高。回归结果中出现部分模型的系数不显著,可能是因为中国各地区劳动力平均受教育年限普遍较低,对实体经济部门特别是劳动密集型行业的影响较小,劳动力素质对实体经济生产效率的影响作用不明显。

(二)金融业态深化、财政政策激励对技术进步贡献率(TPCR)的影响

表6-7显示了全国、沿海、内陆、沿边4个不同样本情况下金融业态深化、财政政策激励及其二者配合对实体经济技术进步贡献率(TPCR)的影响大小和方向。从表6-7中的结果可以看出,全国、沿海、内陆和沿边地区的面板模型也都存在异方差和自相关问题,应采用FGLS方法对面板模型进行估计。4个面板模型估计的Wald值均在1%的水平下显著,说明模型设定是合理的,估计结果可信。

表6-7 技术进步贡献率(TPCR)的模型参数估计结果

变量	全国	沿海	内陆	沿边
	FGLS	FGLS	FGLS	FGLS
常数项	1.621*** (5.95)	0.969*** (4.78)	0.681*** (7.10)	1.578*** (4.88)
FS_{it}	8.836** (2.17)	9.204* (1.68)	8.250* (1.88)	8.874** (2.39)
FI_{it}	2.891** (2.54)	3.141 (0.19)	2.760* (1.68)	2.805* (1.86)
$FS_{it}*FI_{it}$	−10.543** (−2.34)	−10.663* (−1.87)	−10.132 (−0.05)	−9.202** (−2.20)
DF_{it}	0.027 (1.01)	0.031* (1.79)	0.023 (0.97)	0.021 (0.45)
FOE_{it}	0.064** (2.57)	0.051 (0.17)	−0.061** (−2.13)	0.042** (2.46)
SOE_{it}	−0.166*** (−2.69)	−0.212** (−2.22)	−0.181** (−2.26)	−0.144* (−1.74)
RD_{it}	1.359 (0.34)	1.476 (0.04)	1.323 (0.46)	1.284* (1.78)
Edu_{it}	0.762 (0.70)	0.812 (0.69)	0.617** (2.12)	0.624 (1.49)
Wald值	405.62***	315.60***	186.31***	144.23***
样本数	434	140	182	112

注:1.*、**、***分别表示在10%、5%、1%的水平下显著;2.( )内数字为该系数的Z统计量。

从表6-7中的结果可以看出,金融业态深化(FS)的回归系数在4个模型中均显著为正,财政政策激励(FI)的回归系数在全国、内陆和沿边地区3个模型中显著为正,在沿海地区的模型中为正但不显著,金融业态深化和财政政策激励的交叉项(FS*FI)的回归系数在全国、沿海、沿边地区3个模型中显著为负,在内陆地区模型中为负但不显著,与表6-6所显示的结果完全一致。说明金融业态深化对实体经济的技术进步贡献率具有显著正向促进作用,财政政策激励对实体经济的技术进步贡献率有正向影响,但存在明显的区域差异;金融业态深化和财政政策激励的配合不协调,会对实体经济的技术进步贡献率产生阻碍作用。

控制变量中,直接融资比重(DF)、国有经济比重(SOE)和企业研发投入强度

(RD)三个变量的回归系数显著性与表6-6中的结果几乎完全一致。直接融资比重(DF)的回归系数在全国、内陆和沿边地区的模型中为正但不显著,在沿海地区的模型中显著为正;国有经济比重(SOE)的回归系数在4个模型中全部显著为负;企业研发投入强度(RD)的系数在全国、沿海、内陆地区的模型中均为正但不显著,而在沿边地区的模型中显著为正。外资企业占比(FOE)的回归系数在全国和沿边地区的模型中显著为正,在内陆地区的模型中显著为负,在沿海地区的模型中为正但不显著。劳动力素质(Edu)的回归系数在全国、沿海、沿边地区均为正但不显著,而在内陆地区显著为正。

第五节 本章小结

本章首先利用全局Malmquist指数和同期Malmquist指数测算了中国其中的31个省、直辖市、自治区1999—2013年实体经济增长的全要素生产率及其分解指数。测算结果表明:1999—2013年中国实体经济增长的全要素生产率整体上呈下降趋势,主要由技术效率和技术进步同步下降的共同作用所致。分地区来看,内陆地区和沿海地区实体经济增长的全要素生产率的平均值非常低,而沿海地区相对较高;分省份来看,大多数省份的全要素生产率及其分解都呈现出明显的下降趋势,特别是内陆地区的省份。2008—2010年实体经济全要素生产率呈"V"型变化趋势。

在此基础上,本书建立静态面板模型实证研究了金融业态深化、财政政策激励及其二者配合对实体经济增长动力的影响。实证结果表明:金融业态深化、财政政策激励对实体经济全要素生产率及技术进步贡献率具有显著正向促进作用,二者配合不协调对实体经济全要素生产率和技术进步贡献率具有显著负向影响。控制变量中,国有经济比重对实体经济全要素生产率和技术进步贡献率具有显著负向影响;直接融资比重、企业研发投入强度和劳动力素质对全要素生产率和技术进步贡献率的作用在大多数情况下不显著;外资企业占比对全要素生产率和技术进步贡献率的影响具有不确定性。

第七章 金融业态深化、财政政策激励与实体经济增长结构

通过优化产业结构以获取新的经济增长点是中国经济新常态下稳定经济增长的重要举措。本章将从产业结构合理化和产业结构高级化两个层面来度量实体经济产业结构优化情况,并采用动态面板计量模型实证研究金融业态深化、财政政策激励及其二者配合对实体经济产业结构优化的影响。

第一节 引言

当前,中国经济正面临着"三期叠加"的严峻形势,经济增速放缓,经济产能过剩问题加剧,经济转型升级压力倍增。在这样的宏观经济形势下,中国经济要实现从粗放型增长向集约型增长转变、从中国制造向中国智造转变,加快产业结构调整和优化升级势在必行。而且,中国区域实体经济产业结构优化升级的空间还很大。统计数据显示,截至2013年底,中国第一、第二、第三产业占GDP的比例分别为4.9%、48.3%、46.8%,三次产业的结构顺序仍为"二三一";2014年底,这种产业结构顺序首次变成"三二一",第一、第二、第三产业占GDP的比例分别为4.8%、47.1%、48.1%。但若从省级层面来看,诸如河北、山西、河南、湖南等绝大多数省份的三次产业结构顺序仍为"二三一",距离"三二一"还有很长一段距离。一个国家或地区经济产业结构的优化可以通过优化资源配置实现产业结构合理化,也可以推动产业形态从低级向高级演进以实现产业结构高级化(刘嘉毅等,2014),即产业结构优化主要有产业结构合理化(Rationalization of Industrial Structure,RIS)和产业结构高级化(Advancement of Industrial Structure,AIS)两种形式。产业结构合理化是指在一定的经济发展阶段上为了实现特定的经济目标,政府根据科技水平、需求结构、资源禀赋、市场竞争结构、国际经济形势等外部条件重新配置生产要素,从而调整和优化产业结构,使各产业协同发展。产业结构高级化是指在一国的不同发展阶段,产业结构在合理协调的基础上从低级

到高级、从简单到复杂、从刚性到柔性的动态发展过程(高远东等,2015)。

影响产业结构优化升级的因素众多,金融和财政是其中最主要的两个因素。近年,不少学者对金融、财政与产业结构优化的关系进行了理论或实证研究。关于金融与产业结构优化关系的研究主要集中在以下几个方面:一是金融集聚与产业结构的关系,如黎平海和王雪(2009)、孙晶和李涵硕(2012)、邓向荣和刘文强(2013)、杨义武和方大春(2013)、施卫东和高雅(2013)等;二是关于金融发展与产业结构关系的研究,如曾国平和王燕飞(2007)、雷清和杨存典(2012)、胡荣才等(2012)、罗荣华等(2014)、鲁钊阳和李树(2015)等;三是关于金融结构、金融创新等与产业结构关系的研究,如鲍金红和陆文哲(2013)、李媛媛等(2015)等。现有文献中关于财政与产业结构优化关系的研究主要有:李子伦和马君(2014)总结和比较了财政支出政策、财政税收政策支持产业结构升级的国际经验及其对中国的启示。安苑和王珺(2012)研究发现市场化水平的提高可以有效缓解地方财政行为波动对产业结构升级的负向影响。储德银和建克成(2014)研究发现,税收政策可以促进产业结构调整,其中所得税的促进作用较显著,财政支出总量对产业结构升级具有显著负效应,其中政府投资性支出和行政管理支出的负效应较明显,相反教育支出和科技支出却有利于产业结构调整。除此之外,刘兰娟等(2013)、董万好和刘兰娟(2012)、贾敬全和殷李松(2015)分别实证研究了财政科技投入、财政科教支出、财政总支出对产业结构调整的影响。当然,也有少数学者综合考察了财政、金融对产业结构调整的影响。郭晔和赖章福(2010)比较研究了财政政策与货币政策对区域产业结构调整的影响效应,结果表明财政政策有助于产业结构调整,而货币政策对产业结构调整的促进效应不明显,财政政策和货币政策对三次产业的效应也存在明显的差异。何恩良和刘文(2011)研究发现,金融资本有助于产业结构合理化,但地方政府对金融机构实施的干预行为会阻碍金融产业甄别能力,进而对产业结构升级产生阻碍作用。郭琪(2011)研究发现财政政策结构调控的综合效应要高于金融政策,其中税收政策和信贷政策的作用较明显,在促进产业结构调整中存在金融职能的财政化趋势。鲁钊阳(2012)的研究得出了相似的结论,认为财政金融政策均能有效促进产业结构升级,而且财政政策的作用效应大于金融政策,财政政策的影响对金融政策具有干预作用。

综合来看,以上文献对本书的研究具有很好的借鉴价值,但也存在两个方面的不足:一方面现有文献分别研究金融、财政与产业结构优化关系的较多,而同时考察财政、金融以及金融财政配合对产业结构影响的几乎没有;另一方面,实体经济产业结构调整有合理化和高级化两种不同形式,但现有文献中同时考察这两种产业结构调整形式及其影响因素的较少。基于此,本章将同时从产业结构合理化和产业结构高级化两个方面来度量实体经济产业结构优化情况,并利用中国其中的31个省、自辖市、自治区1999—2013年的省际面板数据,建立动态面板计量模型实证研究金融业态深化、财政政策激励及其二者配合对实体经济产业结构优化的影响。

第二节 金融业态深化、财政政策激励与实体经济增长结构的理论分析

一、金融业态深化对实体经济增长结构的影响

金融业作为一个重要的生产性服务业,在实体经济产业结构合理化和高级化过程中具有重要的推动作用。金融业态深化与实体经济产业结构合理化和高级化之间呈正相关关系,即金融业态深化程度越高,其对实体经济产业结构合理化和高级化的促进作用越大。归纳起来,金融业态深化对实体经济产业结构的影响主要体现在以下三个方面。

(一)金融业态深化通过影响居民消费结构进而促进实体经济产业结构调整

一方面,随着金融创新的不断加快和金融业态深化程度的不断提高,金融产品和金融服务种类不断增加,为城乡居民提供了理财产品、股票、债券、基金、保险、信托、租赁等多样化、多层次的金融消费产品,既满足了居民多样化的金融需求,同时又不断诱导居民消费需求结构发生改变。另一方面,随着第三次工业革命浪潮的不断推进,淘宝、天猫、京东、唯品会、亚马逊等网上商城不断发展壮大,商业银行消费信贷、信用卡、手机银行、代缴代扣等金融业务推层出新,网上银行、余额宝、支付宝、微信支付等各种互联网金融产品也层出不穷,居民的生活方式和购物方式、消费习惯和消费理念等也随之发生着翻天覆地的变化。居民消费需求总量的扩张和消费结构的调整要求实体经济产业结构也随之调整和优

化,即金融业态深化通过改变居民消费结构进而促进实体经济产业结构优化。

(二)金融业态深化通过优化资本动态配置进而促进实体经济产业结构调整

金融"嫌贫爱富"的本性铸就了其强大的资本配置功能,金融部门将有效地引导资本从低回报率行业或地区向高回报率行业或地区流动,从而优化资本在不同产业部门间的动态配置。随着金融市场体系的不断完善和升级,金融系统通过产业资本形成机制、资本导向机制、信用催化机制、信息揭示机制、产融结合机制和风险管理机制(章睿等,2012),加快高端制造业和战略性新兴产业的资本积累速度、优化资本在不同产业部门间的配置结构、提高产业资本配置效率,进而促进实体经济产业结构合理化和高级化。同时,在金融资本流动过程中,劳动、技术、资源等其他生产要素也会跟着从低效益产业向高效益产业转移和积累,进而促进产业结构调整。

(三)金融业态深化通过融资渠道创新进而促进实体经济产业结构调整

实体产业从金融市场融资的渠道主要有以银行为主导的间接融资和以证券市场为主导的直接融资两种。间接融资对实体经济产业结构调整的影响主要是商业银行通过信贷资金在不同产业间的分配而实现,商业银行将更多的信贷资金投向国家重点扶持产业和经济效益高的产业。直接融资主要是指证券市场上股票发行融资和债券发行融资。随着中国金融市场体系的不断完善,资本市场对实体经济产业结构调整的影响作用越来越大。一方面,一级市场(特别是新三板、创业板等市场的发展)上通过发行股票或债券为企业融资,通过设定"门槛"促使资本向发展潜力大、经济效益好、科技含量高的环境友好型企业和行业流动;另一方面,二级市场通过股权转让、债务重组等方式实现企业并购和重组,进而对产业结构调整产生影响。

二、财政政策激励对实体经济增长结构的影响

财政政策激励作为一种重要的政府干预手段,其在很大程度上能对实体经济产业结构调整的进程、力度和效率产生重要影响。财政政策激励力度越高,其对实体经济产业结构合理化和高级化过程的影响作用越大。财政政策激励促进实体经济产业结构调整是一个"发出信号→信号传递→信号接收→信号反馈"的实施过程(储德银和建克成,2014)。具体来看,财政政策激励对实体经济产业结构合理化和高级化的影响主要体现在以下几个方面。

(一)财政支出激励通过结构优化和总量调控促进实体经济产业结构调整

政府可以通过改变财政支出结构和规模来改变社会需求结构,进而影响企业投资决策和生产决策以实现实体经济产业结构调整。首先,增加对农业、能源、交通、通信、水电等基础设施和基础性服务产业的财政投资比重,充分发挥政府投资的乘数效应和对私人投资的导向作用,加快这些产业的发展速度,有效解决产业结构失调问题。其次,政府增加教育性经费支出有助于提升劳动力综合素质,政府增加科技经费支出有助于加快科技进步和提高企业创新能力,不仅可以转变经济增长方式、提高实体经济增长质量和效益,还有助于推动实体经济产业结构不断向合理化和高级化发展。再次,政府对某些特定的地区、产业、企业或个人实施财政补贴政策,有助于提高重点扶持产业内企业或个人的生产积极性,加快这些产业的发展与壮大,从而促进实体经济产业结构的优化升级。

(二)税收优惠激励通过产量效应和替代效应促进实体经济产业结构调整

税收作为政府宏观调控的一种重要手段,其可以通过产量效应和替代效应在不同层面对实体经济产业结构产生影响。首先,政府通过确定适当的宏观税负水平并调整税负在不同地区、不同行业和不同规模企业之间的分配,进而调整地区间、行业间和组织间的产业结构。比如,政府对战略性新兴产业、高端制造业等产业实施税收优惠政策,相关产业链上所有企业的产量都会做出相应调整,社会总供给和总需求的关系变动直接影响市场均衡价格,最终促进实体经济产业结构调整。其次,地方政府根据特定时期内的产业政策目标,选择差异化的税种与税率并由此形成具有区域差异和产业差异的税制结构,通过税收政策调节消费、投资、贸易、资源配置等各种经济活动,进而促进实体经济产业结构合理化和高级化。比如,政府可以通过对某些商品实施减税或免税政策来改变消费者的购买行为进而影响企业生产决策和供给结构,以实现实体经济产业结构调整。类似地,若政府对生产要素实施行业差别税率和区域差别税率,可以引导各种生产要素在不同行业、不同区域之间重新流动和交换,从而改变企业的投资方向和生产投入决策,继而通过改变社会资源配置格局促进实体经济产业结构的合理化和高级化。

三、金融业态深化与财政政策激励配合对实体经济增长结构的影响

产业结构调整是一个长期的、复杂的动态化过程,不仅需要以金融为核心的市场力量加以作用,也需要政府财政的适度引导和干预。金融和财政是密不可分的,金融业态深化对实体经济产业结构的作用效果在很大程度上取决于财政政策激励的实施效果,财政政策激励对实体经济产业结构的作用发挥也离不开金融市场力量的协调配合。纵观中国产业结构调整的实践历程,在出台相关产业结构调整政策的同时,政府都必然要求金融机构等相关部门出台相应的的配套政策予以支持。金融对实体经济产业结构调整的影响主要是通过市场性金融和政策性金融两种方式。市场性金融发挥作用必须依赖于完善的金融市场以及有效的监管,政策性金融对实体经济产业结构的影响作用必须以政府财政作为坚强的后盾,必须要有财政政策的引导。

财政金融配合可以为国家重点扶持产业、战略性新兴产业、高端装备制造业等产业提供资金支持、税费优惠、风险担保、信息服务等多种财政金融服务,从而推动实体经济产业结构合理化和高级化发展。然而,由于金融和财政对实体经济产业结构影响的作用路径、作用机制、侧重点和作用时滞效应等各不相同,在具体实践过程中难免会出现两种作用重叠、冲突、干扰现象,以及政府财政干预过度或是金融市场失灵、市场监管不力等"越位"或"缺位"现象,从而导致财政金融配合对实体经济产业结构的影响作用大打折扣,甚至出现阻碍作用。因此,金融业态深化和财政政策激励配合对实体经济产业结构调整的作用大小和方向在很大程度上取决于二者配合的协调程度。若金融业态深化和财政政策激励二者配合的协调程度较高,其可以有效地促进实体经济产业结构调整和优化升级;若二者配合的协调程度较差,其不但不能促进实体经济产业结构调整,甚至可能产生阻碍作用。

第三节 金融业态深化、财政政策激励与实体经济增长结构的实证研究

一、计量模型设定

除了金融业态深化和财政政策激励以外,影响实体经济产业结构的因素还有很多。综合现有文献可以发现,影响产业结构优化的主要因素还包括社会消费需求、人力资源供给、外商直接投资强度、技术创新、制度安排、国际贸易等多

个方面(王吉霞,2009;闫海洲,2010;孙韩钧,2012;聂爱云和陆长平,2012;武晓霞,2014;高远东等,2015)。企业生产必须以社会需求为导向,社会需求总量和结构的变化必然引起产业结构的变化。人力资本对产业结构优化的影响主要体现在劳动力素质方面,劳动力素质的高低直接决定产业结构水平的高低,比如高素质劳动力密集区域可能以技术密集型的高技术产业为主。外商直接投资一方面是社会投资和资金供给的重要组成部分,另一方面又是国际资本与技术传播的载体,因此外商直接投资对产业结构优化具有重要的作用。聂爱云和陆长平(2012)指出,外商直接投资(FDI)可以提升第三产业的比重和降低第二产业比重,即总体上有助于产业结构优化升级。技术创新对产业结构优化的影响主要体现在以下三个方面:一是技术创新有助于企业生产技术、生产设备、生产工艺、产品种类的更新换代,二是技术创新催生新产业和新产业集群,三是技术创新可以有效提高企业生产效率和促进社会资源流动。制度安排是产业结构优化的制度保障,政府的产业政策及相应的制度安排可以影响社会资源配置方式、影响产业结构升级方向、产业结构升级状态、产业结构升级速度。王吉霞(2009)认为,一个国家或地区对外贸易规模和结构对内部产业结构具有明显的导向作用,对外贸易规模的扩大和结构的优化有助于国内产业结构的升级。除此之外,国民储蓄率、政府消费支出、人口流动、城市化率等其他众多因素也会影响产业结构优化。

基于以上分析,并考虑到数据的可得性以及变量间的共线问题,本书主要选择消费需求、人力资本、外商直接投资、技术创新、制度安排、国际贸易等几个影响因素作为控制变量。另外,实体经济产业结构优化是一个长期的动态发展过程,当期产业结构优化情况在很大程度上受前期产业结构优化情况的影响,因此本书设定如下的半对数动态面板模型:

$$RIS_{it} = \alpha + \beta_0 RIS_{i,t-1} + \beta_1 FS_{it} + \beta_2 FI_{it} + \beta_3 FS_{it}*FI_{it} + \beta_4 \ln XF_{it}$$
$$+ \beta_5 \ln H_{it} + \beta_6 FDI_{it} + \beta_7 \ln JS_{it} + \beta_8 ZD_{it} + \beta_9 MY_{it} + \mu_i + \varepsilon_{it} \quad (7.1)$$

$$AIS_{it} = \alpha + \beta_0 AIS_{i,t-1} + \beta_1 FS_{it} + \beta_2 FI_{it} + \beta_3 FS_{it}*FI_{it} + \beta_4 \ln XF_{it}$$
$$+ \beta_5 \ln H_{it} + \beta_6 FDI_{it} + \beta_7 \ln JS_{it} + \beta_8 ZD_{it} + \beta_9 MY_{it} + \mu_i + \varepsilon_{it} \quad (7.2)$$

其中,RIS_{it}和AIS_{it}分别表示第i省第t年的实体经济产业结构合理化水平和高级化水平;α为截距项;FS_{it}表示第i省第t年的金融业态深化,FI_{it}表示第i省第t

年的财政政策激励,$FS_{it}*FI_{it}$为金融业态深化和财政政策激励的交叉项,用于衡量二者的配合情况。XF_{it}表示第i省第t年的社会消费需求;H_{it}表示第i省第t年的人力资本;FDI_{it}表示第i省第t年的外商直接投资强度;JS_{it}表示第i省第t年的技术创新;ZD_{it}表示第i省第t年的制度安排;MY_{it}表示第i省第t年的对外贸易结构;β为各个解释变量的系数,μ_i表示不随时间变化的各省市截面的个体差异,ε_{it}为随机扰动项。

二、模型估计方法

在面板数据模型中,被解释变量的滞后项作为解释变量导致其与随机扰动项相关,也即解释变量具有内生性问题。如果采用普通面板数据模型的估计方法,解释变量的内生性问题必然导致参数估计的非一致性,使得估计结果失效。为了解决这一问题,可以采用 Arellano 和 Bond(1991)所提出的广义矩估计(GMM)方法来估计参数。差分 GMM 估计的基本思想是先做水平方程的一阶差分处理以消除个体效应μ_i,得到如下等式:

$$\Delta y_{it} = \beta_0 \Delta y_{i,t-1} + \beta_1 \Delta x_{it}^1 + \cdots + \beta_k x_{it}^k + \Delta \varepsilon_{it} \qquad (7.3)$$

上式中,x_{it}为方程的解释变量。由于$\Delta y_{i,t-1}$为内生变量,需要寻找一组恰当的工具变量Z_i才能得到一致的参数估计。工具变量Z_i必须满足矩条件$E(Z_i' \Delta \varepsilon_i) = 0$的基本条件,在此基础上,通过对目标函数$Q = \left[\frac{1}{n}\sum_{i=1}^{n} Z_i' \Delta \varepsilon_i\right]' W \left[\frac{1}{n}\sum_{i=1}^{n} Z_i' \Delta \varepsilon_i\right]$进行迭代并求出其最小值,从而得到参数的 GMM 模型估计。

在应用 GMM 估计时,为了得到更加稳健的估计结果,可以选择怀特逐期协方差矩阵(White period covariance)作为加权矩阵:

$$W = \left[\frac{1}{n}\sum_{i=1}^{n} Z_i' \Delta \varepsilon_i \Delta \varepsilon_i' Z_i\right]^{-1} \qquad (7.4)$$

差分 GMM 也存在明显的问题,比如差分 GMM 不能估计不随时间变化的变量Z_i,而且不适用于被解释变量持续性很强的情况等等。针对这两个问题,Arellano 和 Bover(1995)回到水平方程,并采用$\{\Delta y_{i,t-1}, \Delta y_{i,t-2}, \cdots\}$作为$y_{i,t-1}$的工具变量,从而提出了"水平 GMM"估计方法,该方法的前提是:扰动项$\{\varepsilon_{it}\}$无自相关,

$\{\Delta y_{i,t-1}, \Delta y_{i,t-2}, \cdots\}$ 与个体效应 μ_i 无关。

Blundell 和 Bond(1998)提出了"系统 GMM"(System GMM),即将差分方程和水平方程结合起来作为一个方程系统进行 GMM 估计。与差分 GMM 和水平 GMM 相比,系统 GMM 以因变量的一阶滞后项和内生变量的一阶差分作为水平方程中内生变量的工具变量,这样可以减少参数估计的偏差并提高方程的估计效率,而且系统 GMM 还可以估计不随时间变化的变量 Z_i 的系数(陈强,2014)。因此,可以说系统 GMM 比差分 GMM 和水平 GMM 更具有优势。

目前来看,差分 GMM 和系统 GMM 是学者们常用的动态面板模型估计方法。基于上述分析,本书将采用系统 GMM 来对上式(7.1)、(7.2)进行参数的稳健估计。针对动态面板数据模型,要增强参数估计结果的可靠性,还必须对模型设定的合理性和工具变量的有效性进行相关检验。针对方程,可以采用联合显著性 Wald 检验来判定方程的有效性,其原假设为"各解释变量的系数均为零",拒绝原假设说明方程设定有效。可以用 AR(1)和 AR(2)来检验模型设定的合理性,AR(1)和 AR(2)的原假设为"扰动项 $\{\varepsilon_{it}\}$ 无自相关",分别检验方程扰动项的差分是否存在一阶或二阶自相关,若检验结果接受原假设,则说明方程设定是合理的。针对工具变量有效性的检验,可以采用 Sargan 过度识别检验来判断,其原假设为"所有工具变量均有效",若检验结果接受原假设说明工具变量有效,参数估计结果也是可靠的。

但是,差分 GMM 和系统 GMM 都主要适用于短动态面板,对长动态面板模型不再适用。因为,尽管基于工具变量或 GMM 的估计方法是一致估计,即当 n 趋于无穷大时动态面板没有偏差,但对于时间 T 较大而截面数 N 较小的长面板可能存在较严重的偏差(陈强,2014)。Nickell(1981)指出,当 T 趋于无穷大时,动态面板偏差将趋于 0。在全国样本下,T=15,N=31,属于短面板;沿海地区中,N=10<T=15;内陆地区中,N=13<T=15;沿边地区中,N=8<T=15,可见,沿海、内陆和沿边地区都属于长面板。因此,差分 GMM 和系统 GMM 方法都只适用于全国样本,而对沿海、内陆、沿边地区都不再适用。针对长动态面板,可以采用"偏差校正 LSDV 法"(Biased-corrected LSDV,简称"LSDVC")进行模型估计。对于 N 较小而 T 较大的长面板,无论在偏差大小还是均方误差方面,LSDVC 方法都要明显优于差分 GMM 或系统 GMM 方法(Kiviet,1995;Judson、Owen,1999)。然而,LSDVC 估计方

法也具有明显的缺陷,它要求所有解释变量都是严格外生的,这在绝大多数模型中都无法满足,因此现有文献也很少采用该方法来估计长面板的动态模型。针对长面板动态模型的估计问题,有学者建议对所有数据取3年或5年的平均处理,以降低数据结构的时间维度(徐建炜等,2012;Chen,2011)。由于本书样本的时间长度为15年,采用3年平均处理将沿海、内陆和沿边地区的长面板转化成短面板,从而采用GMM估计方法对动态面板模型进行回归处理,然后采用静态面板模型对三个区域样本的结果进行稳健性检验。静态面板模型选择与估计方法在第六章已经介绍了,这里不再赘述。

三、指标选择与数据说明

(一)被解释变量与核心解释变量

从本质上讲,产业结构合理化是衡量要素投入结构与产出结构耦合程度的指标,学者们大多采用产业结构偏离度系数来进行衡量。产业结构偏离度系数主要考察各产业劳动力就业结构与产出结构之间的耦合性,其计算公式为:

$$E = \sum_{i=1}^{n} \left| \frac{Y_i/L_i}{Y/L} - 1 \right| = \sum_{i=1}^{n} \left| \frac{Y_i/Y}{L_i/L} - 1 \right| \tag{7.5}$$

其中,E为产业结构偏离系数,Y为GDP,L为全社会就业人口总数,$i=1、2、3$,分别表示第一产业、第二产业、第三产业。Y_i/Y表示产业结构,即第i产业产值占GDP的比重,L_i/L表示就业结构,即第i产业就业人数占全社会就业总人数的比重,$\frac{Y_i/Y}{L_i/L}$表示第i产业的比较劳动生产率。当$\frac{Y_i}{L_i} = \frac{Y}{L}$,即各产业劳动生产率相等时,$E=0$,经济达到古典经济假设的均衡状态。因此,$E$值越大表示经济越偏离均衡状态,产业结构越不合理;$E$值越小表示经济越接近于均衡状态,产业结构越合理。但是,产业结构偏离度系数没有考虑各产业在经济体中的不同地位(重要程度),而且绝对值的计算也颇为不便。因此,干春晖等(2011)提出采用泰尔指数来衡量产业结构合理化,其计算公式为:

$$T = \sum_{i=1}^{n} \left(\frac{Y_i}{Y} \right) \ln \left(\frac{Y_i/L_i}{Y/L} \right) \tag{7.6}$$

泰尔指数既考虑了各产业在经济体的地位,又有效地避免绝对值的计算。当经济处于均衡状态时T=0。然而,吕明元和尤萌萌(2013)认为泰尔指数忽视了绝对值的真正作用,可能出现不同产业偏离度的抵消情况,从而可能造成"假合理"情况。因此,他们在综合产业结构偏离度系数和泰尔指数的基础上进行了改进并提出了新的指数 SR,计算公式为:

$$SR = \sum_{i=1}^{n}(\frac{Y_i}{Y})\sqrt{(\frac{Y_i/L_i}{Y/L}-1)^2} \tag{7.7}$$

其中,SR 表示含有各产业权重结构偏离度的加权和,Y_i/Y 表示各产业在经济体中的权重。SR 值越大表示产业结构合理化水平越低,SR 值越小表示产业结构合理化水平越高,即 SR 值与产业结构合理化之间呈负相关关系。本书将 SR 进行取倒数处理并乘以 100,使得 SR 值与产业结构合理化水平之间呈正相关关系,具体计算公式为:

$$RIS = 100\bigg/\left[\sum_{i=1}^{n}(\frac{Y_i}{Y})\sqrt{(\frac{Y_i/L_i}{Y/L}-1)^2}\right] \tag{7.8}$$

RIS 表示实体经济产业结构合理化水平,其值越大表示实体经济产业结构越合理,经济越接近均衡状态;其值越小表现实体经济产业结构越不合理,经济越偏离均衡状态。

关于产业结构高级化的度量,现有文献中大多根据克拉克定律采用非农产业(即第二产业和第三产业)产值占 GDP 的比重来衡量产业结构高级化水平(高远东等,2015;陈立泰和刘艺,2013),或是采用新产品产值来衡量产业结构高级化(付宏等,2013)。除此之外,刘伟等(2008)、田新民和韩端(2012)利用产业比例关系和产业劳动生产率的乘积来构建产业结构高级化的测量指标,但他们关于劳动生产率标准化处理的方法存在较大的主观性;付凌晖(2010)通过构建产业产值占比的空间向量,并计算分向量与产业由低层次到高层次排列的向量的夹角来测度产业结构高级化水平,但该方法更适合用于时间序列数据分析。吴敬琏(2008)曾指出,在产业结构升级过程中,经济服务化是一个重要的特征,第三产业(服务业)产值的增长率明显高于第二产业和第一产业产值的增长率。因此,本文借鉴干春晖(2011)的方法,可以采用第三产业产值与第二产业产值之比来衡量产业结构高级化水平,计算公式为:

$$AIS = \frac{Y_3}{Y_2} \tag{7.9}$$

其中，AIS表示产业结构高级化水平，其值越大表明产业结构在向服务化方向发展，即产业结构在不断升级。Y_2、Y_3分别表示第二产业和第三产业产值。

根据第三章所构建的金融业态深化评价指标体系和测评方法，计算出金融业态深化综合指数；财政政策激励(FI_{it})。根据第三章所构建的财政政策激励评价指标体系及各指标的权重，计算出各省市各年财政政策激励的综合指数。金融业态深化(FS_{it})和财政政策激励(FI_{it})两个指标的计算方法与过程这里不再赘述。

(二)控制变量

消费需求(XF_{it})，消费需求包括社会公共消费需求和居民个人消费需求两个部分，其中居民个人消费需求对产业结构优化的影响更大。为了全面反映全社会消费需求对产业结构优化的影响，本文借鉴孙韩钧(2012)的方法，采用社会消费品零售总额来衡量消费需求。

人力资本(H_{it})，考虑到人力资源对产业结构的影响主要体现在劳动力素质方面，因此本文采用劳动力素质水平作为人力资源的替代指标，并采用劳动力平均受教育年限来衡量，具体计算方法与第六章相关内容完全一致。

外商直接投资强度(FDI_{it})，本书采用各省份外商直接投资额占当期GDP的比重来表示。国内统计资料所提供的FDI实际利用额是以美元计价的，采用各年年末的汇率中间价将其折算成以人民币计算的价格。

技术创新(JS_{it})，衡量技术创新的间接指标主要有RD经费投入、专利数量、技术进步效率等，本书采用人均RD经费投入作为技术创新的替代指标。

制度安排(ZD_{it})，对于制度的量化测度目前还处于探索阶段，已有度量指标也是见仁见智。考虑到固定资产投资对产业发展的重要作用，本书借鉴高远东等(2015)的方法，采用全社会固定资产投资中非国有经济占内资的比重作为制度安排的量化指标。

国际贸易(MY_{it})，理论上讲，以工业制成品占进出口总额的比重为替代指标的国际贸易结构更能反映国际贸易对产业结构调整的影响，但现有统计资料中无法获得各省份工业制成品进出口总额，本书借鉴武晓霞(2014)的方法采用各省份进出口总额占GDP的比重作为替代指标。

(三)数据说明

同第五章一致，本章的研究对象仍为全国31个省份，时间区间为1999—2013年，研究样本共计31×15=465个。社会消费品零售总额、GDP及各产业产值、固定资产投资、劳动力平均受教育年限、进出口总额等指标的相关数据来源于历年的《中国统计年鉴》和国研网统计数据库,各省份人口总额、各产业就业人口数来源于历年的《中国人口与就业统计年鉴》和各地区的统计年鉴,各省份RD经费投入数据来源于历年的《中国科技统计年鉴》,外商直接投资(FDI)的数据来源于Wind资讯数据库。同前面章节一样,为了使数据具有可比性,采用GDP平减指数对所有与价格有关的数据进行平减处理,将其换算成以1999年为基期的可比价。各指标的描述性统计分析如下表7-1所示。

表7-1 各指标描述性统计量

变量	平均值	最大值	最小值	中位数	标准差	样本量
RIS	2.261	14.949	0.160	1.492	2.202	465
AIS	72.501	250.866	26.142	63.326	33.997	465
FS	0.244	0.980	0.037	0.202	0.175	465
FI	0.285	0.784	0.070	0.256	0.130	465
FS*FI	0.083	0.576	0.004	0.050	0.102	465
XF	7.283	9.989	3.664	7.457	1.209	465
H	2.078	2.487	1.081	2.100	0.168	465
FDI	2.788	14.647	0.063	1.987	2.494	465
JS	4.898	9.183	1.966	4.869	1.287	465
ZD	57.882	88.145	3.806	59.475	14.811	465
MY	31.433	179.913	3.204	12.975	39.499	465

数据来源:作者计算整理得到。

四、实证过程与结果讨论

根据前文所设定的计量模型和估计方法,本章采用STATA12.0软件进行模型参数估计和检验,实体经济产业结构合理化的模型估计结果见表7-2所示,实体经济产业结构高级化的模型估计结果见表7-3所示[①]。

[①]实证研究过程中,本文也采用LSDVC估计方法对沿海、内陆和沿边地区的数据进行了模型估计,发现回归结果与系统GMM估计结果并无实质性差异。

(一)金融业态深化、财政政策激励对实体经济结构合理化的影响分析

下表7-2显示了全国、沿海、内陆、沿边共4个样本下金融业态深化、财政政策激励及其二者配合对实体经济产业结构合理化(RIS)的影响。从表中的结果可以看出,模型(1)估计的Wald值在1%的显著性水平下通过检验,Sargan检验在10%的显著性水平下接受原假设,即所有工具变量均有效,AR(2)的检验结果都在10%的水平上接受原假设,说明一阶差分后的残差项不存在二阶自相关,即模型设定是合理的。因此,可以认为全国样本模型中系统GMM估计得出的结果是科学可信的。

表7-2 实体经济产业结构合理化(RIS)的模型参数估计结果

变量	全国(模型1)	沿海(模型2)	内陆(模型3)	沿边(模型4)
$RIS_{i,t-1}$	0.851*** (13.97)	0.862*** (10.43)	0.779*** (11.30)	0.531*** (3.96)
FS_{it}	2.757** (2.18)	5.117** (2.33)	1.606*** (3.46)	1.922** (2.57)
FI_{it}	5.441* (1.83)	14.095*** (3.22)	0.507 (0.90)	0.615*** (2.71)
$FS_{it}*FI_{it}$	−6.481* (−1.82)	−13.447** (−2.30)	−2.626** (−2.20)	−1.761* (−1.87)
XF_{it}	0.810*** (2.69)	1.329*** (3.89)	0.108** (2.08)	−0.046 (−0.57)
H_{it}	1.720 (1.32)	7.179*** (2.68)	0.147 (0.30)	−0.050 (−0.17)
FDI_{it}	0.010 (0.40)	−0.028 (−1.00)	−0.020 (−1.26)	0.019* (1.69)
JS_{it}	0.142 (0.93)	0.603* (1.87)	−0.010 (−0.19)	0.086* (1.82)
ZD_{it}	−0.024*** (−2.97)	−0.035*** (−3.13)	−0.001** (−2.13)	−0.004** (2.35)
MY_{it}	0.006 (0.88)	0.015** (2.10)	0.129** (2.83)	0.001 (0.17)
Wald值	2152.02***	1553.12***	510.87***	1619.24***
AR(1)检验的P值	0.056	0.091	0.013	0.034
AR(2)检验的P值	0.209	0.195	0.974	0.745
Sargan检验的P值	0.128	0.116	0.496	0.103

注:1. *、**、***分别表示在10%、5%、1%的水平下显著;2.( )内数字为该系数的Z统计量。

根据表中的结果可以看出,全国、沿海、内陆及沿边地区实体经济产业结构合理化的滞后一期($RIS_{i,t-1}$)与当期的合理化呈正相关,说明前期的实体经济产业结构合理化水平对后期有明显的促进作用,这与现实情况是相吻合的。实体经济产业结构调整是一个长期过程,后期的调整都是在前期的基础上进行的,前期的产业结构合理化水平越高,经过后期的进一步调整后将变得更加合理。

金融业态深化(FS)的系数在4个模型中全部显著为正,说明金融业态深化对实体经济产业结构合理化具有正向促进作用。财政政策激励(FI)的系数在模型(1)、模型(2)和模型(4)中显著为正,在模型(3)中为正但不显著,说明财政政策激励对实体经济产业结构合理化的促进作用具有显著的区域差异,在全国、沿海、沿边地区能对实体经济产业结构合理化产生显著的正向促进作用,在内陆地区能对实体经济产业结构合理化产生正向促进作用,但还不够显著。金融业态深化和财政政策激励的交叉项(FS*FI)在模型(1)、模型(2)、模型(3)和模型(4)中均显著为负,说明金融业态深化和财政政策激励之间的配合不够协调,对实体经济产业结构合理化具有负向影响。本书的这一研究结论与何恩良和刘文(2011)、鲁钊阳(2012)的相关研究结论基本一致,与中国的实际情况也相吻合。在促进实体经济产业结构合理化发展的过程中,随着金融产业的不断发展和金融市场效率的不断提升,金融对实体经济的支持不断增强,金融企业在政策的指引下或者自发地选择为优质企业、战略性新兴产业提供各种融资服务,从而引导实体经济产业结构合理化发展;地方政府通过财政补贴、税收优惠、财政投资等各种手段引导辖区内实体经济产业结构向既定目标优化,从而产生正向促进作用;但是,金融和财政对实体经济产业结构优化的作用机理各不相同,作用侧重点不同,两者之间难免出现相互干扰的情况,只有在协调配合的情况下才能发挥出"1+1>2"的效果。因此,加快实体经济结构合理化发展,不仅需要提高金融业态深化和财政政策激励的程度,更需要强化二者的协调配合。

控制变量方面,消费需求(XF)的系数在模型(1)、模型(2)和模型(3)中显著为正,在模型(4)中为负但不显著,说明在全国、沿海、内陆地区消费需求的增加对产业结构合理化具有正向促进作用,而在沿边地区消费需求的变化对产业结构合理化水平没有显著影响。人力资本(H)的系数在模型(2)中显著为正,在模型(1)、模型(3)和模型(4)中均不显著,说明在全国、内陆和沿边地区人力资源质量对产业结构优化的作用还未能充分发挥。出现这一结果可能的原因是,我国内陆地区和沿边地区人力资源水平普遍较低,劳动力成本的比较优势难以发挥,实体经济产业结构调整受到限制,而沿海地区人力资源水平较高,有利于实体经济产业结构调整。外商直接投资(FDI)的系数只在模型(4)中显著为正,在其他3个模型中均不显著,说明FDI对实体经济产业结构合理化的影响作用非常有限,在部分区域甚至有阻碍作用。深入分析FDI的区域分布和产业分布特征可知,我国FDI存在严重的结构性倾斜,导致了实体经济产业结构偏差,从而不利于实体经济产业结构调整。同时,我国部分省份盲目地引入过量FDI,破坏了原有的经济系统环境,从而限制了实体经济产业结构的调整。技术创新(JS)的系数在模型(2)和模型(4)中显著为正,在模型(1)和模型(3)中不显著,说明在沿海和沿边地区技术创新有助于实体经济产业结构合理化发展,而在全国地区和内陆地区技术创新对实体经济产业结构合理化的作用不显著。技术创新作用是影响产业结构优化的重要因素之一,是加速产业结构优化的动力所在。但是,中国各省份研发投入强度整体偏低,而且投资结构也不合理,直接限制了技术创新对实体经济产业结构优化作用的显著发挥。制度因素(ZD)的系数在模型(1)、模型(2)、模型(3)和模型(4)中全部显著为负,说明在全国、沿海、内陆和沿边地区制度因素对实体经济产业结构优化具有阻碍作用。理论上讲,制度作为产业结构优化的主要原因之一,对产业结构优化具有重要的影响作用。本书的实证结果说明我国当前阶段的制度安排与产业结构优化之间还存在诸多不相适应的地方,导致实体经济产业结构优化面临困难。国际贸易(MY)的系数在模型(2)和模型(3)中显著为正,在模型(1)和模型(4)中为正但不显著,说明在沿海地区和内陆地区国际贸易有利于实体经济产业结构合理化发展,而在全国和沿边地区的作用不显著。众所周知,我国沿海地区和部分内陆地区的对外开放水平较高,进出口活动频繁,进出口总额较高,进出口产品结构的变化会促使区域内产业结构随之发生变化,因此,国际贸易对实体经济产业结构合理化具有一定的促进作用是符合客观实际的。

(二)金融业态深化、财政政策激励对实体经济结构高级化的影响分析

表7-3显示了全国、沿海、内陆、沿边共4个样本下金融业态深化、财政政策激励及其二者配合对实体经济产业结构高级化(AIS)的影响。同时,本书根据克

拉克定律,采用非农产业(第二产业和第三产业)产值占实体经济产值总额的比重来衡量实体经济产业结构高级化水平,记为ais_{it},并用其替换公式(7.2)中的AIS,然后进行模型回归处理,结果见表7-3中最后一列的模型(9)。从表7-3的结果可以看出,所有样本的Wald值在1%的水平下显著,Sargan检验在10%的水平下拒绝原假设,说明工具变量是有效的,AR(2)值在10%的水平上接受原假设,说明一阶差分后的残差项不存在二阶自相关,即模型设定是合理的,说明GMM估计结果是科学可信的。

表7-3 实体经济产业结构高级化(AIS)的模型参数估计结果

变量	全国(模型5)	沿海(模型6)	内陆(模型7)	沿边(模型8)	全国(模型9)
$AIS_{i,t-1}$	0.222*** (5.89)	0.707*** (8.78)	0.537*** (8.35)	0.080** (2.20)	0.158*** (4.10)
FS_{it}	155.295*** (5.29)	110.419* (1.77)	68.502* (1.81)	144.790** (2.24)	14.398* (1.68)
FI_{it}	58.316* (1.78)	180.350** (2.00)	87.179 (1.03)	147.702*** (2.93)	59.293*** (5.83)
$FS_{it}*FI_{it}$	−199.274*** (−3.29)	−180.043* (−1.69)	−221.173*** (−3.85)	−443.773*** (−2.86)	−62.188 (−3.37)
XF_{it}	4.346 (0.95)	66.435*** (3.94)	23.623** (2.44)	2.952 (0.37)	8.059*** (6.25)
H_{it}	−109.119*** (−6.25)	−32.120 (−0.45)	−98.308*** (−2.88)	−81.188*** (−2.80)	−11.133** (−2.13)
FDI_{it}	−1.787** (−2.10)	0.209 (0.17)	−2.409** (−2.07)	1.112 (0.49)	−0.434* (−1.71)
JS_{it}	6.535* (1.72)	35.289*** (3.27)	−7.461 (−0.81)	−0.110 (−0.02)	−2.013* (−1.92)
ZD_{it}	−0.012 (−0.07)	−0.220** (−2.49)	−0.179** (−2.58)	−0.297 (−0.82)	0.066 (1.41)
MY_{it}	−0.003 (−0.05)	−0.058 (−0.66)	−0.017 (0.97)	−1.151*** (−3.25)	0.015 (0.85)
Wald值	268.14***	298.62***	368.71***	194.69***	543.34***
AR(1)检验的P值	0.004	0.075	0.003	0.008	0.004
AR(2)检验的P值	0.390	0.720	0.122	0.288	0.106
Sargan检验的P值	0.232	0.122	0.211	0.210	0.089

注:1. *、**、***分别表示在10%、5%、1%的水平下显著;2. ( )内数字为该系数的Z统计量。

金融业态深化(FS)的系数在5个模型中全部显著为正,财政政策激励(FI)的系数在模型(5)、(6)、(8)和(9)中显著为正,在模型(7)中为正但不显著,金融业态深化和财政政策激励的交叉项(FS*FI)在模型(5)、(6)、(7)和(8)中全部显著为负,在模型(9)中为负,但不显著,说明金融业态深化、财政政策激励及其二者配合对实体经济产业结构高级化的影响与对产业结构合理化的影响完全一样。在全国、沿海、内陆及沿边地区,金融业态深化提升对实体经济产业结构高级化具有正向促进作用;财政政策激励对实体经济产业结构高级化的促进作用具有显著的区域差异,在全国、沿海、沿边地区能对实体经济产业结构高级化产生显著的正向促进作用,在内陆地区能对实体经济产业结构高级化产生正向促进作用,但还不够显著;在全国、沿海、内陆及沿边地区,金融业态深化和财政政策激励在促进实体经济产业结构优化的过程中可能存在相互干扰的情况,二者配合不够协调,导致其对实体经济产业结构高级化产生负向影响。

控制变量方面,消费需求(XF)的系数在模型(5)和模型(8)中为正,但不显著,在模型(6)、模型(7)和模型(9)中显著为正,说明在沿海地区和内陆地区消费需求有助于实体经济产业结构向高级化发展,而在全国地区和沿边地区消费需求对实体经济产业结构高级化的影响不明显。人力资本(H)的系数在5个模型中均为负,在模型(5)、模型(7)、模型(8)和模型(9)中均显著,在模型(6)中不显著,说明人力资本水平的提高不但没能促进实体经济产业结构向高级化发展,反而具有一定地阻碍作用,一方面可能是我国各地区人力资本水平较低,推动产业结构高级化发展更多是依靠就业人口的流动,另一方面可能是高学历的劳动者大多数流向了虚拟经济部门和实体经济中的第二产业,对实体经济第三产业的影响作用很小。外商直接投资(FDI)的系数在模型(5)、模型(7)和模型(9)中显著为负,在模型(6)和模型(8)中不显著,说明外商直接投资对实体经济产业结构高级化具有一定的负向作用。技术创新(JS)的系数在模型(5)中显著为正,在模型(6)中显著为负,在模型(7)和模型(8)中为负但不显著,在模型(9)中显著为负,说明在全国范围内人均研发经费支出的增加有助于实体经济产业结构高级化发展,但在不同的区域其作用具有较大的差异,在沿海地区对实体经济产业结构高级化具有显著正向影响,而在内陆地区和沿边地区则不显著。制度因素(ZD)的系数在模型(5)—(8)中全部为负,在模型(6)和模型(7)中显著,在模型

(5)和模型(8)中不显著,在模型(9)中为正但不显著,这与高远东(2015)的结论基本一致,说明当前的制度安排对实体经济产业结构高级化具有一定的阻碍作用。国际贸易(MY)的系数在模型(5)—(8)中全部为负,但只在模型(8)中显著,其他三个模型中都不显著,在模型(9)中为正但不显著,说明对外贸易对实体经济产业结构高级化发展具有一定的阻碍作用,可能的原因在于进出口产品更多的以工业产品为主,而国际贸易对第三产业发展的作用较小。

(三)稳健性检验

由于实证过程中对沿海、内陆和沿边地区的样本数据进行了3年平均处理,为了检验动态GMM估计结果的稳健性,本书采用静态面板数据模型对沿海、内陆和沿边地区的样本数据进行了重新估计,具体结果见表7-4所示。从表中的回归结果可以看出,所有模型都存在自相关和异方差问题,应采用FGLS方法对模型进行回归估计。每个方程的Wald值都在1%的水平下显著,说明方程是合理的。金融业态深化(FS)、财政政策激励(FI)的系数在所有6个模型中均显著为正,金融业态深化和财政政策激励的交叉项(FS*FI)在6个模型中均显著为负(模型15中不显著除外),其他控制变量的系数和显著性也只有细微的差别,并没有什么实质性改变。稳健性检验结果与前文的实证结果几乎完全一致,说明前面的回归结果是稳健的,即金融业态深化和财政政策激励对实体经济产业机构合理化和高级化具有显著正向促进作用,而金融业态深化和财政政策激励的配合不协调,使其对实体经济产业结构合理化和高级化具有阻碍作用。

表7-4 稳健性检验结果

变量	产业结构合理化			产业结构高级化		
	沿海(模型10)	内陆(模型11)	沿边(模型12)	沿海(模型13)	内陆(模型14)	沿边(模型15)
估计方法	FGLS	FGLS	FGLS	FGLS	FGLS	FGLS
FS_{it}	13.694*** (3.02)	0.502** (2.39)	3.628*** (5.61)	299.899*** (19.47)	83.691*** (11.82)	58.430* (1.76)
FI_{it}	6.016** (2.25)	0.691*** (2.74)	0.368** (2.61)	96.421*** (5.39)	31.667*** (3.12)	100.276*** (3.62)
$FS_{it}*FI_{it}$	-23.237*** (-2.66)	-2.686*** (-3.01)	-6.259*** (-4.24)	-394.893*** (-11.00)	-276.350*** (-10.81)	-80.030 (-0.81)

续表

变量	产业结构合理化			产业结构高级化		
	沿海 (模型10)	内陆 (模型11)	沿边 (模型12)	沿海 (模型13)	内陆 (模型14)	沿边 (模型15)
XF_{it}	2.897*** (10.01)	0.023* (1.75)	0.135* (1.78)	28.578*** (11.05)	0.283 (0.55)	1.948 (0.46)
H_{it}	2.052*** (2.62)	1.913*** (16.51)	0.552* (1.92)	−82.895*** (−7.16)	−47.684*** (−10.85)	−9.856 (−0.57)
FDI_{it}	0.168*** (9.38)	0.083*** (10.76)	−0.011 (−0.44)	0.716*** (3.31)	−0.391 (−1.22)	2.575*** (3.49)
JS_{it}	0.269* (1.86)	−0.040*** (−2.62)	0.017 (0.58)	−3.912*** (−3.39)	−1.916*** (−4.01)	1.853 (1.04)
ZD_{it}	−0.112*** (−17.38)	−0.015*** (−15.38)	−0.007** (−2.10)	−0.216*** (−3.10)	−0.138*** (−4.73)	−0.323*** (−3.49)
MY_{it}	0.001 (0.32)	0.006** (2.31)	0.006* (1.64)	0.019 (0.64)	0.312*** (3.43)	−0.504*** (−4.58)
Wald值	1 467.03***	3 857***	436.12***	2 426.93***	5 311***	3 238.15
样本数	150	195	120	150	195	120

注：1. *、**、***分别表示在10%、5%、1%的水平下显著；2. ( )内数字为该系数的Z统计量。

第四节 本章小结

本章在分析实体经济产业结构优化影响因素的基础上构建动态面板模型，采用GMM估计方法实证研究了金融业态深化、财政政策激励及二者配合对实体经济产业结构合理化和高级化的影响。实证研究结果表明，实体经济产业结构合理化和高级化都受前期水平的显著影响，前期产业结构合理化和高级化水平的提高会对后期的发展产生显著的正向促进作用。无论是在全国、沿海、内陆还是沿边地区，金融业态深化、财政政策激励及其二者配合对实体经济产业结构合理化和高级化的影响作用效果是一致的，即金融业态深化、财政政策激励对实体经济产业结构的合理化和高级化具有显著的正向促进作用，二者配合因为不协调而对实体经济产业结构的合理化和高级化产生显著的阻碍作用。因此，要加快实体经济产业结构向合理化和高级化发展，必须不断提高金融业态深化程度和财政政策激励力度,同时强化金融业态深化和财政政策激励的协调配合,发挥出"1+1>2"的政策效果。除此之外,消费需求、人力资本、外商直接投资、技术创新和国际贸易等对实体经济产业结构合理化和高级化的影响作用具有较大的区域差异,在不同的地区具有不同的影响作用方向;现有的制度安排对实体经济产业结构的合理化和高级化具有显著的阻碍作用,加快实体经济产业结构优化必须进行制度变革和制度创新。

第八章　金融业态深化、财政政策创新促进实体经济增长的机制设计

金融财政与实体经济增长之间是相互促进、相互制约的互动关系。没有金融财政的有效支持,实体经济增长就失去了动力源泉;没有实体经济的稳定可持续增长,金融业态深化和财政政策激励就失去了坚实的基础。要促进实体经济可持续健康发展,必须建立与金融业态深化、财政政策创新相关的长效机制。基于此,本章将从金融业态深化、财政政策创新及其二者配合三个方面来设计促进实体经济增长的长效机制。

第一节　金融业态深化促进实体经济增长的长效机制

在全球金融资本主义逐渐兴起和快速发展的国际金融形势下,金融"脱媒"发展、虚拟经济和实体经济之间相背离的趋势日益严重,金融与经济之间的关系正发生着剧烈变化。结合中国经济金融发展的客观形势,有针对性地设计金融业态深化促进实体经济增长的长效机制,积极引入金融资源,强化金融与实体经济之间的协调关系,推进实体经济又好又快的发展。本书将从科技创新促进机制、多元金融协调机制和绿色金融服务机制三个方面来设计金融业态深化促进实体经济增长的长效机制。

一、科技金融促进机制

金融发展是实体经济增长的第一推动力,科技创新是实体经济增长的第一生产力,科技金融逐渐成为实体经济增长的第一竞争力。一方面,科技金融发展推动了新型非银行金融机构的产生和发展,打破了传统行业垄断金融资源的局面,有效地优化了金融市场体系,促进了金融机构业务向多元化以及混业经营发展,改善了金融机构性质日益同质化的局面,拓宽了金融机构的服务功能。另一方面,科技金融发展促进了金融产品、金融服务、金融工具的创新,为中小企业特别是科技型中小企业提供了多样化的融资渠道,降低了交易成本,扩宽了经营空

间,提高了市场盈利能力,为实体经济增长创造了新增长点(张林,2016)。因此,构建与创新驱动新常态相适应的科技金融促进机制是促进实体经济可持续发展的核心。科技金融促进机制主要包括以下四个方面。

(一)发挥政府引导作用,为科技金融发展创造并充实外部条件

在科技金融发展过程中,政府具有不可替代的重要引导作用。政府可以通过制定各种政策鼓励和支持社会资本、金融资本对科技创新的投入;可以通过财政补贴、税收优惠等手段鼓励保险公司、担保公司、中介组织等为科技金融提供配套服务;可以利用财政专项资金引导建立科技型企业融资联合担保平台,形成杠杆效应,发挥财政专项资金"四两拨千斤"的引导效应。

(二)探索建立政策性科技银行

构建与科技型中小企业融资特征相适应的、以科技银行为核心的信贷体系,对辖区内重大科技专项、重大科技产业化项目、科技成果转化项目、高新技术产业化项目和高新技术产品出口项目等各种科技项目提供融资服务。鼓励和引导银行开发设计专门针对科技型企业的知识产权质押贷款,无形资产质押贷款,产品销售订单、合同、欠条抵押贷款,集合委托贷款等新型科技金融信贷产品。建立科技信贷的保险、担保联动体系,加强银行与保险公司、担保公司的合作,降低银行科技信贷风险。

(三)整合科技金融资源,夯实科技金融发展基础

搭建包含政府、金融机构、科研单位、科技企业、中介组织等多种主体的科技金融服务平台,加快推进财政科技投入、银行信贷、科技保险、资本市场、风险投资、科技担保等各种科技金融产品的组合与创新,形成"政府+银行+企业+保险+担保+券商+创投+风投+科技服务中介"的科技金融服务体系,为实体企业发展提供一揽子综合化的、专业化的科技金融服务。

(四)营造良好的科技金融发展环境,保障科技金融市场稳定

完善科技金融法律法规,健全金融监管方式和手段,营造公平竞争的市场环境,保障各类科技金融市场主体的合法权益;完善科技金融风险预警与分散机制,开展科技金融保险配套服务,防范科技金融风险的不良扩散和过度转移。

二、多元金融协调机制

随着中国经济社会的不断发展与经济产业结构的优化调整,社会金融需求

日益多样化和复杂化,要不断满足社会多样化的金融需求,促进实体经济协调发展,就必须有多元化的、协调的金融服务供给与之相对应。因此,设计与金融需求相适应的多元金融协调机制是促进实体经济协调可持续发展的保障。多元金融协调机制不仅要求银行、证券、保险、信托、担保等各项金融服务在不同产业不同企业间实现协调配置,还要求银行、证券、保险、信托、担保5大金融行业之间实现协调与配合。多元金融协调机制具体包括以下五个方面。

(一)银行信贷协调机制

银行信贷支持是促进实体经济协调可持续发展的重要力量。商业银行应始终坚持金融服务实体经济的基本经营理念毫不动摇,坚持公平公正、不偏不倚的基本服务原则毫不动摇。根据不同区域、不同产业、不同行业内实体企业的多元化金融需求,商业银行应加快创新金融信贷产品和金融服务,促进区域间、产业间、行业间的协调发展。遵循市场化和国际化发展趋势,加强外资银行与内资银行的协调配合,尽可能满足"引进来""走出去"和"土生土长"企业的各种金融需求。

(二)证券融资协调机制

证券市场的股票融资和债券融资是实体企业解决资金难题的主要手段。加快完善包括主板市场、中小板市场、股权交易市场、创业板市场、新三板市场、产权交易市场的多层次资本市场体系,以满足不同类型、不同规模实体企业的融资需要,实体企业可以根据自身发展阶段和发展水平合理地选择不同细分的资本市场,根据自身经营状况、财务能力以及社会声誉等选择股票融资或债券融资。证券市场还应该为实体企业收购兼并、资产重组、技术转让等行为提供服务,增强实体企业市场竞争力,支持实体企业做大做强。

(三)保险服务协调机制

风险无处不在,实体企业的各项生产经营活动,特别是科技创新活动和农业生产经营活动,面临着巨大的风险。加快完善实体经济保险服务体系,开发设计各种保险产品,逐步丰富保险产品种类、提高保险覆盖面,加强保险机构与其他金融机构的合作,建立利益共享机制。建立和完善实体经济风险预警制度,强化实体经济风险评估、监控和处理工作,提高实体经济风险控制能力。规范实体经济财务信息披露制度,增强保险机构与实体企业之间的信息对称,提高保险市场的服务效率。

(四)信托投资协调机制

信托独特的制度优势和灵活多样的运作模式使其成为服务实体经济的重要参与者,与银行、证券、保险机构相比,信托在服务实体经济增长过程中更具有主动性。广泛募集民间闲置资金,建立产业基金、创业基金、私募投资基金,对符合区域产业政策导向的创业企业、战略性新兴产业以及科技创新型中小微型企业提供资金融通服务;利用信托投资填补银行、证券和保险对实体经济的金融服务空白,与银行、证券、保险实现良性衔接。

(五)担保服务协调机制

小微型民营企业往往因为缺乏有效的抵(质)押物而受到金融机构的信贷配给,担保服务是解决这一难题的有效办法。根据各地区实体企业发展需要,加快发展专门从事融资担保、进出口退税贷款担保、综合授信担保、工程保证担保、履约担保、投标担保等担保业务的各种专业担保机构,并在此基础上形成担保联盟或担保集团;根据担保业务种类、金额大小、企业资信、期限长短等分类设计担保费率,为实体企业提供多样化的担保服务,解决实体企业融资难题。

三、绿色金融服务机制

面对资源约束趋紧、环境污染加剧的形势,构建与资源环境相适应的绿色金融服务机制是促进实体经济可持续发展的关键。绿色金融以国家绿色政策为行动指南,将绿色经济政策融入金融管理服务过程中,突出金融支持绿色经济的发展,谋求长远经济效益与社会效益的双赢。绿色发展理念是中国"十三五"发展规划中五大发展理念之一,绿色金融是绿色发展理念的核心。设计促进实体经济增长的绿色金融服务机制,主要包括以下三个方面。

(一)优化绿色金融服务机制的顶层设计

顶层设计是绿色金融服务机制的基础和核心,优化绿色金融服务机制的顶层架构设计、充分发挥政府在绿色金融体系建设中的宏观主导作用是绿色金融服务体系建设的首要任务。首先,要筑牢绿色发展思想根基,引导金融系统树立绿色金融服务的基本价值观,帮扶实体企业创新引进环保利益模式,最终建立以政府为纽带、金融系统和实体部门共赢的绿色金融长效利益机制。其次,要加快完善绿色金融的法律法规、动态监测评价体系、奖惩制度等一系列制度规范建设,加强绿色金融发展的监管和协调,为绿色金融发展营造良好的法制环境。

(二)构建绿色保险与绿色信贷的银保互动机制

绿色保险和绿色信贷是绿色金融的两个重要组成部分,二者的协调互动是绿色环保型实体企业快速发展的外部驱动力。绿色保险又称环境污染责任保险,是被保险人因发生意外的环境污染事故造成他人的人身伤害或财产损失时,以依法应承担的赔偿责任为保险对象的一种责任保险。绿色信贷是指银行类金融机构将信贷资金投放到绿色产业部门或从事环保事业的专业机构,同时对污染型企业和机构进行信贷配给的一种经营策略。构建绿色保险与绿色信贷的互动机制,首先筛选污染排放少、资源利用效率高的绿色清洁型企业作为绿色保险与绿色信贷的切入点,保险机构和信贷机构联合强化对清洁型实体企业提供优质服务;鼓励信贷机构和保险机构联合开发设计保单质押贷款保险、保单抵押贷款等多种类型的融资保险产品,扩宽绿色保险与绿色信贷互动的空间。

(三)构建绿色证券与绿色风险投资的协调配合机制

绿色证券是指以上市公司环保信息披露和核查制度为核心而制定的一套专门针对高污染、高排放、高能耗实体企业的证券市场环保准入制度和环境绩效评估办法。绿色风险投资是指把社会募集资金投向具有较大潜在市场风险的资源节约型、环境友好型的产业或项目,以期成功后获得高额收益的投资行为。绿色证券与绿色风险投资的协调配合有利于清洁型实体企业的直接融资,为实体经济发展提供了资金来源保障。构建绿色证券与绿色风险投资的协调配合机制,首先要明确绿色证券和绿色风险投资的业务范围和业务种类,完善相关的法律法规和制度文件,明确相关金融机构的权利和责任,为绿色证券和绿色风险投资的合作创造条件;其次要充分挖掘并发挥绿色证券和绿色风险投资的环境经济效应,鼓励和支持证券机构和风险投资机构相互合作,联合扩大业务范围和种类,提高直接融资的覆盖面和服务质量。

第二节 财政政策创新促进实体经济增长的长效机制

纵观世界各国实体经济的发展历程,政府财政政策的激励与支持是重要的影响因素之一。对中国实体经济发展而言,前面章节的理论与实证研究均表明,财政政策激励对实体经济增长具有重要的促进作用,但在财政支持实体经济增长的具体实践过程中也暴露出诸多问题。因此,科学有效地设计财政政策创新促进实体经济增长的长效机制至关重要。具体来讲,财政政策创新促进实体经济增长的长效机制主要包括财政投资驱动机制、财政补贴引导机制和税费减免扶持机制等三个方面。

一、政府投资驱动机制

政府投资的实质也是一种重要的宏观经济调控手段,可以有效弥补市场失灵和协调社会投资比例关系,对经济社会发展和实体经济产业结构调整具有重要的导向作用。政府对实体部门的投资,特别是对一些公益性行业、公共基础设施、科教文卫体的投资,是促进实体经济发展的重要外部驱动力。因此,政府投资驱动机制是财政政策创新促进实体经济增长的基础机制。政府投资驱动机制主要包括以下三个方面。

(一)优化财政资金对公共基础设施建设投资

公共基础设施是实体经济发展的基础,完善的基础设施有助于为实体经济发展创造良好的外部条件。中央和地方政府分级建立财政专项资金池,加大财政资金对公共基础设施建设的投资,同时审时度势优化财政专项资金投资比例,将有限的财政资金科学合理地配置到机场、公路、铁路、水利、电网、网络、通信等各种基础设施项目中,防止财政资金投资的"畸形化",为加快实体经济发展的区域协调和产业结构协调奠定基础。

(二)强化资源开发与环境污染治理项目投资

资源开发有助于为实体经济发展提供充足的生产要素,环境污染治理有助于为实体经济发展营造良好的外部环境。坚持地方政府与企业投入为主,中央政府必要扶持为辅的原则,各地方因地制宜进一步增加资源开发与环境保护投资,不断提高资源开发与环境污染治理投资占GDP的比重;优化财政投资结构,重点投资有利于资源开发和环境保护的技术研发与推广项目,并对企业投资环保基础设施建设给予适量的财政补贴。

(三)增大科教文卫体等社会公益项目的投资

投资科教文卫体等公益项目有助于国民综合素质的提高和社会科技进步,从而有助于提高经济增长质量和增长效率。增大对科研院所、高等院校、科技研发机构以及实体企业研发部门的科技研发经费投入,强化科研人才队伍建设,增强社会创新能力以加快科技进步;增大对基础教育、职业教育、技能培训等项目的投资,提高社会劳动力综合业务素质;加大对社区图书馆、大型社区文体活动、文化艺术节、全民健身运动会等项目的投资,丰富群众精神文明生活;加大对社区诊所、卫生院、专科医院、公共卫生监督站等项目的投资,提高居民卫生保健水平。

二、财政补贴引导机制

财政补贴是指根据中央或地方政府的某些经济目标和任务,在一定时期内向某些特定行业、特定地区的企业或特殊个人所提供的一种财政资金无偿补助。财政补贴是一种重要的宏观经济调控手段,对社会总需求和社会总供求具有重要的调节作用,对社会投资和资源配置具有重要的引导作用。凡是能享受政府财政补贴的行业、企业或个人,一般都是政府重点扶持的对象,是吸引社会资本投资的"香饽饽"。有效的财政补贴机制对促进实体经济增长具有重要的引导作用,是财政政策创新长效机制的核心。财政补贴引导机制包括以下三个方面的内容。

(一)对战略性新兴产业按其贡献大小实施财政贴息政策

战略性新兴产业是未来科技和产业发展的新方向,是实体经济发展的特色推动力。对战略性新兴产业实施财政贴息计划,可以在一定程度上降低其融资难度和融资成本,直接提升其产业竞争力,降低产业的"低端锁定"风险。根据战略性新兴实体企业的生产经营规模、产品种类和质量、企业产品销售辐射范围、企业社会声誉等多个方面建立企业贡献综合评价体系,对不同产业、不同类型的战略性新兴企业分类实施差异化的财政贴息政策。

(二)对创新能力超强的中小微型企业实施财政专项资金支持政策

在新常态背景下,实体经济增长方式必须向创新驱动转换,创新能力超强的企业将成为实体经济发展的领头羊。利用财政资金为该类企业搭建合作交流平台,建立信息共享机制,形成知识技术溢出效应;对该类企业提供财政资金直接支持,有效解决其资金短缺难题,帮助其扩大生产规模,对该类企业的创新产品提供销售担保、价格补贴或直接购买,推动该类企业发展壮大,进而充分发挥其引领示范作用。

(三)对利于吸收社会就业的民营企业实施财政奖励计划

民营企业是中国实体经济的重要组成部分,是中国实体经济创新的真正主体,更是中国社会劳动力就业的主战场,加快民营企业发展是中国解决失业人口再就业和新增就业岗位的重要渠道。利用财政专项资金,在合法的条件下对民营企业按其生产经营规模和吸纳就业人口数量进行适量的财政资金奖励,降低民营企业的经营风险,提高民营企业生产积极性和社会公益意识,增强民营企业的市场竞争力。

三、税费减免扶持机制

税费减免是指根据国家一定时期内的经济、政治、社会目标,对特定区域、特定行业、特定企业、特定生产经营活动给予减轻或免除税费负担的财政政策激励手段。税费减免和财政补贴均是财政支持实体经济发展的重要手段,但与财政补贴相比,税费减免手段减少了税费征收、补贴发放等的一些中间环节,节约了大量的交易成本,在实践过程中比财政补贴政策更具经济效率(张冰,2015)。因此,设计科学的税费减免扶持机制,为实体经济部门营造良好的税费减免环境,对促进实体经济可持续发展具有重要的推动作用。税费减免的扶持机制主要包括以下三个方面。

(一)针对从事实体经济的企业和个人实施税收豁免政策,以增强企业市场竞争力和提高个人可支配收入

对市场竞争压力大、吸收就业人口多、经营收入较少的中小型企业、微型企业和科技创新企业实施减免增值税、企业所得税政策,扩大其利润空间;对直接服务于实体经济的虚拟经济业务实施适度的增值税豁免政策,增强其服务实体经济的持续性;对从事科技创新和技术研发的个人免征个人所得税,提高他们工作的积极性和工作热情,并吸引更多的劳动力投身创新科研工作。

(二)加快税收政策改革,强化"结构性减税"政策,扩大减税政策覆盖面

顺应国际税改趋势,降低企业所得税税率以提高企业市场竞争力,降低企业增值税、财产税等各税种的税率以提升企业经营利润;根据经济社会发展目标,及时顺势调整各项企业税种的征收标准和个人所得税的起征点,最大限度地降低实体企业和个人的税收负担。

(三)加快深化收费制度改革,整顿乱收费现象,降低实体经济税费负担

实体经济的收费主体主要包括各级政府和以银行、证券为主的金融部门。现阶段,要不断提高实体经济的市场竞争力,必须加快清除各种各样的乱收费现象从而净化实体经济发展的外部环境。积极转变政府职能,规范政府收费制度和收费行为,严厉惩治乱收费现象,降低政府对实体经济的收费水平;加大对虚拟经济收费的政府干预,规范银行证券的收费标准,强化政府对金融部门的收费监管,积极引导虚拟经济更好地服务实体经济。

第三节 金融财政配合促进实体经济增长的长效机制

金融财政对实体经济增长的作用机制各有不同,在促进实体经济增长过程中不可避免地涉及二者的协调配合问题。若二者不能协调配合支持实体经济增长就可能造成政策的冲突而削弱实际作用效果,或造成资源供给的重复和浪费;只有二者实现协调配合才能发挥出"1+1>2"的作用效果,提高金融财政资源的协调优化配置作用,从而有效地促进实体经济又好又快增长。后文将从风险防范化解机制、资源成果共享机制、国有民营协同机制三个方面来设计金融财政配合促进实体经济增长的长效机制。

一、风险防范化解机制

在金融财政支持实体经济增长的过程中,无论是财政系统、金融系统还是实体经济部门,风险无处不在。风险一旦爆发,必将导致损失,进而对实体经济增长产生阻碍作用。因此,如何利用金融财政手段构建科学的风险防范化解机制是促进实体经济增长的关键和核心。毋庸置疑,市场经济条件下的保险市场是风险防范化解的主要力量,但是中国保险市场发展相对滞后,单独依靠保险市场的力量还不足以有效地防范和化解各种风险,还必须引入政府干预实施财政风险担保措施;当保险市场发展健全以后,财政风险担保再逐步退出市场,充分发挥市场的风险控制防范化解能力。后又将从三个方面来构建金融财政配合促进实体经济增长的风险防范化解机制。

(一)构建实体经济创新保险与财政风险担保相配合的双保险机制

鼓励和支持保险公司进行产品创新,根据实体企业各种创新活动所面临的风险开发设计相应的保险产品,从而既满足实体企业科技创新的保险需求,又充分发挥保险市场的风险调控、防范和分散作用;建立财政风险担保基金,对市场力量无法预防和分散的少数额外风险给予补充,在控制财政开支的情况下实现财政部门、实体企业、保险机构之间的"三赢"局面。

(二)建立实体企业市场融资保险与财政风险担保相配合的双保险机制

以大型保险公司为主、中小型保险公司为辅,成立专门的风险评估部门和产品设计部门,为实体企业特别是民营企业的股票融资、债券融资、信贷融资设计特殊保险产品,再由财政风险担保基金为少数不易控制的系统性风险和额外风险提供再担保支持,以最小的财政杠杆最大限度地防范和分散实体企业的市场融资风险,从而降低实体企业融资成本和扩宽实体企业融资渠道,为实体企业的发展壮大提供充分的市场融资支持,实现实体企业、保险公司、财政部门、商业银行、证券公司之间的共赢局面。

(三)建立实体企业产品销售保险与财政购买兜底相配合的双保险机制

毋庸置疑,实体企业在产品仓储、运输及销售过程中会面临着腐烂变质、产品滞销、价格波动等各种风险。保险公司专门为实体企业设计多样化的保险产品和差异化的保险费率,为实体企业产品的仓储、运输提供足额保险服务;充分发挥政府宏观调控职能,创新和完善地方政府财政购买制度,并根据市场形势适时调整,为实体企业特别是重点扶持企业的滞销产品实施优先购买的倾斜政策和价格保护的照顾政策,解决实体企业产品销售难题。

二、资源成果共享机制

在资源禀赋日益趋紧的新常态下,实现资源共享是经济社会可持续发展的基本前提;另一方面,经济社会持续健康发展的最终目标是实现发展成果共享与共同富裕。因此,金融财政配合促进实体经济增长的一个重要机制就是资源成果共享机制。顾名思义,资源成果共享机制主要由资源共享机制和成果共享机制两个部分构成。

(一)资源共享机制

归纳起来,资源共享机制的核心是区域资源整合、共享文化建设、共享模式选择。首先,加快建设区域城市协作网络和资源共享平台,从共享链的视角来整合区域资源和优化配置稀缺资源,引导越来越多的城市参与资源共享网络并形成一种竞争合作的相互关系,实现共享链整体利益最大化。其次,加强区域共享文化建设,为区域资源共享创造良好的外部"软"环境。由中央政府和地方政府牵头进行制度创新,取消地方保护主义、打破区域市场分割、加强区域交流合作,努力营造区域合作与资源共享的氛围,逐渐树立全民共享意识和自愿共享观念。再次,充分发挥金融的资源配置功能,因地制宜因势利导选择合适的区域资源共享模式。对区域内所有资源实施板块化管理,确定可共享的核心板块和基础板块,将有限的信贷资金重点投向可共享的核心板块,根据资源板块的特征制定差异化的、灵活的资源整合模式和共享模式,从而建立区域资源共享系统。

(二)成果共享机制

发展成果共享机制的核心思想是人人奉献、人人享受、共同富裕。首先,创新和规范国民收入分配制度,健全工资水平决策机制和正常增长机制,坚持按劳分配制度,努力保证居民收入与经济增长同步;适时调整个人所得税制度和财政补贴制度,加大再分配力度,加强个人合法收入保护,不断扩大中低收入水平的劳动力的收入来源,不断缩小贫富收入差距;大力实施因人因地施策的精准扶贫和精准脱贫,不断加大贫困地区基础设施建设,推进贫困地区公共服务均等化。其次,实施政府、企业、个人众筹制度,建立健全社会保障体系,努力实现社会保障全员覆盖。建立和完善全国统筹的城镇职工"五险一金"制度,实施"多缴多得、不缴不得"的奖惩机制;加快"新农合""新农保""五保户""低保"等各种农村社会保障制度的建设和完善,不断提高农村社会保障覆盖面和保障力度,并保证各种保障制度的政策持续性和稳定性。再次,发挥政府参与和引导职能,增加义务教育、医疗保健、就业指导、创业扶持、公共卫生、食品安全、环境保护等各种基本公共服务供给;创新公共服务提供方式,鼓励和吸引社会资本参与公共服务供给,增强公共服务共建能力,建立普惠性公共服务供给体系。

三、国有民营协同机制

随着民营企业的不断发展壮大,民营经济已经成为国民经济的中坚力量。国有经济与民营经济好比实体经济的"两条腿",二者同等重要缺一不可,民营经济发展过于滞后将导致实体经济成为"瘸子"。因此,要促进实体经济可持续发展,必须合理配置金融财政资金并建立国有经济与民营经济的协同机制,促进国有经济与民营经济的协调同步发展。金融财政配合促进实体经济增长的国有民营协同机制包括以下两个方面的内容。

(一)实施差异化的金融财政政策,大力支持民营企业的发展

实践过程中,民营企业往往因为多种原因受到金融机构的信贷配给和财政部门的忽视,很难获得金融财政资金支持。首先,分类设立国有企业和民营企业发展创新的财政专项基金,重点支持科技型和创新型民营企业的发展壮大;根据企业规模和行业不同制定差异化的企业税率,对民营企业实施免税、抵税或优惠税率政策,减轻民营企业的税费负担。其次,鼓励银行类金融机构设立科技专项贷款,增大民营科技企业的信贷投放比例和覆盖范围,同时鼓励保险机构开展科技信贷保险,强化银保合作;鼓励银行类金融机构创新专门针对民营企业的信贷产品,接受民营企业订单抵押贷款、应收账抵押贷款、联保贷款、资产抵押贷款等。再次,鼓励银行部门和证券部门降低民营企业的信贷利率和上市费率,减少民营企业间接融资和直接融资的成本,同时在风险可控条件下适度减少民营企业的信贷审批发放程序和股票债券发行程序。

(二)建立国有企业与民营企业的对口互助机制

一般情况下,国有企业在企业规模、战略管理、资产质量、市场竞争力等各方面都优于同类民营企业,当然民营企业也具有管理灵活性等多种优势。因此,实施同一行业内国有企业与民营企业的对口互助机制有助于逐步缩小国有企业与民营企业之间的差距,从而实现国有经济与民营经济的协同发展。首先,鼓励国有企业和对口民营企业之间互相签定产品赊销合同,国有企业与民营企业在产品的销售与购买过程中只需办理货款勾销处理,而无需进行大量的资金划拨,一方面节约中间交易成本,一方面有助于保障民营企业的资金流动性。其次,鼓励金融机构创办国有企业与对口民营企业之间的资金对接平台,国有企业与对口民营企业之间直接洽谈资金借贷条件,金融机构只承担中介作用和担保作用而收取少量的费用;同时,鼓励国有企业为对口民营企业提供信贷担保,解决民营企业贷款难问题。再次,鼓励国有企业与民营企业共同出资搭建技术交流合作

平台,共同研发新产品与新技术,一方面解决民营企业研发过程的资金难题和人才困境,一方面又提高民营企业产品和服务的技术含量,从而增强市场竞争力。

第四节　本章小结

基于前文理论分析与实证研究的结果,本章构建了金融业态深化、财政政策创新及其二者配合促进实体经济增长的长效机制,其中金融业态深化促进实体经济增长的长效机制主要包括科技金融促进机制,绿色金融服务机制,多元金融保障机制三个方面;财政政策创新促进实体经济增长的长效机制主要包括政府投资驱动机制,财政补贴引导机制和税费减免扶持机制三个方面;金融财政配合促进实体经济增长的长效机制主要包括风险防范化解机制、资源成果共享机制和国有民营协同机制。

第九章 研究结论、政策建议与研究展望

本章首先对本书的研究内容及相应的研究结论进行归纳和总结；其次根据研究结论从基础建设投资、产业结构优化、科技创新能力、人力资本存量、深化对外开放5个方面提出促进中国实体经济增长的政策建议；最后指出本书选题还可以进一步深入研究的方向和问题。

第一节 研究结论

本书在回顾相关金融发展理论、财政激励理论、经济增长理论的基础上，构建了金融业态深化、财政政策激励与实体经济增长的理论分析框架，分析了金融业态深化和财政政策激励支持实体经济增长的现状及问题，从规模、动力、结构三个视角实证研究了金融业态深化、财政政策激励及其二者配合对实体经济增长的影响，并以此为基础设计了金融业态深化、财政政策创新及其二者配合促进实体经济增长的长效机制。通过上述研究，本书得到以下研究结论。

一、改革开放以后，中国实体经济呈快速增长趋势，但表现出明显的阶段性特征和较大的区域差异

1978年以来，中国实体经济总量增长了近157倍，年均增长率高达15.46%，2014年已达551 342.00亿元。以沿海地区、内陆地区和沿边地区为区域划分标准，中国实体经济增长表现出明显的阶段性特征和较大的区域差异。从实体经济总量来看，沿海地区实体经济总量的均值明显高于内陆地区和沿边地区，沿海地区、内陆地区和沿边地区实体经济总量之比为3.18∶1.49∶1；衡量实体经济区域差异的基尼系数、泰尔指数和对数离差均值三个指数均较大，且集中在0.28~0.43。从实体经济增长率来看，2008年以前沿海地区实体经济年均增长率明显高于内陆地区和沿边地区，2008年以后内陆地区实体经济增长加速，明显高于沿海地区和沿边地区，呈现出"内陆经济崛起"新格局。从区域实体经济空间集聚

现象来看,衡量区域实体经济空间相关性的Moran's I指数呈先增后减的倒"U"型变动趋势,2008年达最大值0.353。从实体经济全要素生产率来看,2008—2010年中国实体经济全要素生产率呈"V"型变动趋势;样本期间沿海地区实体经济全要素生产率和技术进步率明显高于沿边地区和内陆地区。

二、金融业态深化和财政政策激励对区域实体经济增长均具有明显的促进作用,但在实践过程中也存在诸多问题

本书通过建立空间计量模型、静态面板模型、动态面板模型考察了金融业态深化和财政政策激励对实体经济增长规模、增长动力、增长结构的影响。计量模型回归结果表明,金融业态深化和财政政策激励两个变量的系数均显著为正,说明二者对实体经济增长具有明显的促进作用,金融业态深化程度和财政政策激励力度越高,实体经济增长越快。然而,在金融财政支持实体经济增长的过程中也逐渐暴露出诸多问题,主要表现为四个方面:一是实体经济区域发展极不协调,差距极为显著;二是实体经济与虚拟经济不协调,虚拟经济增长速度明显高于实体经济增长速度;三是国有经济与民营经济不协调,国有经济与民营经济之间的矛盾日益突出;四是技术创新与产业结构优化不协调,技术创新不足制约产业结构优化。

三、金融业态深化与财政政策激励配合不协调显著地制约区域实体经济增长

本书分别建立空间计量模型、静态面板模型、动态面板模型考察了金融业态深化和财政政策激励配合对实体经济增长规模、增长动力、增长结构的影响。计量模型回归结果表明,衡量金融业态深化和财政政策激励配合的交叉项的系数全部显著为负,说明金融业态深化和财政政策激励配合对实体经济增长规模、增长动力和增长结构均具有负向作用,显著地制约实体经济增长。产生这一结果的根本原因是,在支持实体经济增长的过程中,财政政策和金融政策配合不协调,政策效率偏低。因此,要利用财政金融手段促进实体经济又好又快增长,不仅需要不断提升金融业态深化程度和财政政策激励力度,更需要加强金融业态深化和财政政策激励二者的紧密合作与协调配合。

四、促进实体经济又好又快地增长需要构建金融业态深化、财政政策创新及其二者协调配合的长效促进机制

金融业态深化促进实体经济增长的长效机制主要包括科技金融促进机制、

绿色金融服务机制、多元金融保障机制;财政政策创新促进实体经济增长的长效机制主要包括政府投资驱动机制、财政补贴引导机制、税费减免扶持机制;金融财政协调配合促进实体经济增长的长效机制主要包括风险防范化解机制、资源成果共享机制和国有民营协同机制。

第二节 政策建议

实体经济的持续增长离不开金融业态深化和财政政策激励及其有效协调配合,而金融业态深化和财政政策激励又必须以实体经济的有效增长为基础。没有实体经济的持续健康发展作为基础保障,实体经济增长与金融业态深化和财政政策激励三者之间将可能形成恶性循环关系。因此,社会各界应该高度重视实体经济和回归实体经济,加强实体经济的供给侧结构性改革和总需求管理,全方位多渠道夯实实体经济的发展基础,齐心协力推动实体经济又好又快地发展。下文将从基础建设投资、产业结构优化、科技创新能力、人力资本存量和深化对外开放5个方面提出促进实体经济增长的相关政策建议。

一、根据实体经济发展需要加大基础建设有效投资

完善的基础设施是实体经济增长的物质基础,是实体企业招商引资的先决条件。然而,基础设施建设投资具有规模大、期限长、外部性强等特征,必须根据实体经济发展的实际需要,有选择性、有针对性地增加有效投资,不能为增加GDP而盲目地增加无效投资或重复投资。

1.各地区因地制宜研究和创新基础设施建设的投融资模式,鼓励社会各类资本参与基础设施建设,不断提高基础设施建设资金的数量和质量,增大基础设施建设的有效资金投入。科学决策优化布局,努力实现基础设施建设资金在城乡之间、行业之间、区域之间的合理配置和高效利用,尽可能避免重复投资和无效投资,促进城乡协调、行业协调和区域协调发展。

2.各地区根据自身实体经济发展需要,有选择性地增大交通运输及仓储、水利水电等基础工程的投资,夯实实体经济发展的基础条件;增加城镇商务酒店、写字楼、商场、办公楼、公租房等建筑设施投资,强化实体企业和居民社区水、电、气、网等的综合服务,满足生产生活的基本需要;强化实体企业和公共社区的废

气净化厂、污水处理厂、垃圾回收站等环境保护设施建设,加快实现绿色生产、绿色消费、绿色生活的发展道路。

3.加强农村和偏远城镇的物流超市、农贸集散市场、金融服务终端、家电维修、广播电视、网络通信、乡村机耕道等重要基础设施建设和公共服务供给,扩大农村消费需求以刺激农村经济发展;加强农村沼气池、太阳能、垃圾集中处理点、集中供水等基础建设,美化农村生活环境;加快农村社区图书馆、公共娱乐场所和健身器材、医疗卫生服务站等公共设施建设,丰富农村居民的精神文明生活;加强农村小学、初中和高中学校的基础建设投资,改善农村办学条件。

二、完善区域产业政策,加快实体经济产业结构优化

加快实体经济产业结构调整是化解产能过剩以实现实体经济存量调整和增量优化的重要抓手,是经济新常态下供给侧结构性改革以扩大实体经济有效供给的核心内容。各省份应根据区域产业发展动态及时调整产业政策,加快实体经济产业结构的合理化发展和高级化发展。

(一)高度重视并积极采取措施促进传统产业的改造升级

利用现代高新技术和装备改造传统农业,转变农业发展方式,提高农业经营效益,加快农业现代化进程;制定有助于传统产业改造的倾斜政策,引导土地、劳动、技术、信息、能源等核心生产要素向传统优势产业流动,重塑传统产业的竞争优势;加强传统优势企业高级技工和高素质管理人才的培养,引领传统产业走"高、精、尖"发展道路,加快培育拥有中国特色的国际高端品牌。

(二)大力培育和发展战略性新兴产业与先进制造业

制定倾斜性产业政策,找准重点突破领域,适时调整方向和布局,重点支持信息技术产业、高端制造业、新材料产业、新能源与节能环保产业、新生物工程产业的发展;增强产业配套能力,加强企业技术更新和改造,鼓励企业兼并重组以淘汰落后产能,形成产业发展特色和优势;加快培育和扩展新兴市场,解除市场准入障碍,创新商业发展模式,增强产业市场竞争力。

(三)多措并举推动服务业特别是生产性服务业的快速发展

大力发展服务业一方面需要深化市场改革、简化审批程序,放宽服务业市场准入条件,打破部门分割、行业垄断和地区封锁,积极引导各类社会资本向服务业集聚,为服务业企业营造有序的市场环境;另一方面需要加快有利于服务业发展的财税、金融、价格、投资等政策改革,优化服务业发展的外部软环境,提升各类服务业对区域实体经济增长的支持能力。

三、增加研发经费投入,提升实体经济科技创新能力

科技创新是提高实体经济效益的关键,是促进实体经济增长的根本动力。研发经费投入是科技创新的物质前提和基础保障,没有稳定的研发经费投入,科技创新也就无从谈起。因此,不断提高企业研发经费投入强度是加快实体企业创新进而促进实体经济有效增长的重要举措。

1.各级地方政府牵头、各类实体企业参与,构建有利于提高区域科技创新产出的政策促进体系,从制度层面入手破解科技创新的区域割据局面,加强区域内、区域间的技术转让和技术交流合作,提高区域创新产出的数量和质量,充分发挥科技创新及其空间溢出效应对实体经济增长的促进作用。发挥地方政府引导作用,创新实体企业科技研发经费管理模式,鼓励和引导社会其他资本向企业科技创新领域聚集,同时加强企业科技创新资金的优化配置和使用监管,不断提高企业科技创新资金的运行效率。

2.各级政府不断提高财政科技投入总量和财政科技投入比例,并加强财政科技投资的使用监管;科技管理部门牵头,社会各类资本联合建立科技创新基金,对实体企业特别是技术溢出效应强的实体企业提供科技创新资金补贴,对企业科技创新融资提供财政贴息和财政风险担保,减免实体企业科技创新融资的税费,有效解决实体企业科技创新融资难、融资贵问题。鼓励以国有银行为主的商业银行增大科技信贷投放比重,将更多的信贷资金投向科技创新项目;根据当地实体企业的科技创新活动类型,研发设计多样化的科技信贷产品,比如不同期限不同利率水平的科技信贷,以满足各类实体企业多元化的科技信贷需求,增强金融对科技创新的支持作用。

3.实体企业应加快完善企业内部科技创新制度,成立专门的科技创新领导小组,制定有利于创新产出的科技发展规划;强化企业科技创新经费的投入和管理,按照逐年递增的比例计提部分企业利润作为企业来年的科技研发经费投入,起草企业科技创新经费管理办法,建立专门的科技经费管理账户,制定完善的科技经费明细账目,适时监控企业科技经费的计提与运用。

四、加强职业技术教育,提高实体经济人力资本存量

劳动是实体经济的重要投入要素,人力资本数量的多寡和质量的高低直接影响实体经济增长效率和质量。因此,提高人力资本存量有助于提高实体经济生产效率和经济效益。

1.根据实体经济发展需求,及时调整职业技术学科建设并颁布大学生就业新政策,加快实体企业人才队伍的供给侧结构性改革。根据社会就业形势适时调整各类专业的招生计划,适度减少人才饱和学生就业困难专业的招生规模,不断扩大社会紧缺人才专业的招生规模;强化实体企业人才招聘和管理改革,提高实体经济部门就业人员的工资福利水平,引导有思想、懂技术、敢创新的优秀大学毕业生向实体经济部门转移和流动,为实体企业发展储备优秀人才,提高实体经济部门的人力资本水平。

2.加强和规范各类高等职业院校和专科技术院校建设,大力开设各种职业技能专业并重点开展职业技能课程,同时鼓励部分本科院校和科研院所聘请实践经验丰富的专家开展各类职业培训班,高度重视职业技能的理论知识教育。创新职业技能教育模式,鼓励各类人才培养单位与实体企业紧密合作,创建多样化的学生实践基地,支持和鼓励学生到实体企业实习工作,将课堂上学到的理论知识运用到生产实践中,将生产实践中遇到的问题带回理论课堂,真正实现理论与实践的紧密结合。

3.各类实体企业应树立人才是企业核心竞争力的意识,加快完善企业人才培养计划,将人才培养提升到战略高度。设立企业内部人才基金,支持企业员工带薪参与职业技能培训和再教育,以差旅费补贴等方式鼓励企业员工与研发单位、科研院所等外部机构的交流合作;建立企业内部人才培训基地,按期聘请企业外部高级技术人才和高端管理人才到企业开展专题讲座,帮助企业员工及时更新和补充专业技术知识。

五、深化对外开放与区域合作,促进实体经济国际化

在经济全球化的21世纪,加强国际经济金融交流合作,努力形成深度融合的互助互利新格局是世界经济发展的客观要求。中国实体经济要在激烈的国际竞争中立于不败之地,必须扩大对外开放和参与国际经济合作。

1.加快对外开放体制改革与制度创新,主动与国际规则接轨,坚定不移奉行

互利共赢的对外开放战略。健全有利于国际合作共赢的对外开放体制机制,主动争取同更多的国家和地区建立友好合作关系,互相实施免签、落地签或简化签证手续;以"一带一路"倡议为发展契机,深挖与沿线国家的合作潜力,加快完善双边与多边合作机制,强化贸易、投资、教育、科技、旅游、环保、医疗、扶贫、基础建设等领域的国际区域合作,加快形成国际区域合作互利共赢新局。

2.重点加快国际贸易和投资的相关政策改革,鼓励实体企业"引进来,走出去"。优化对外贸易和国际投资的区域战略布局,创新对外贸易模式和国际投资模式,适度放宽市场准入门槛,扩大对外开放领域;完善出口退税、出口信贷、国际支付结算、跨境上市融资、海关监督查验、商品质量认证、卫生检疫等各种配套服务,营造良好的国际贸易和国际投资环境,鼓励内资实体企业"走出去"和外资实体企业"引进来"。

3.加强内陆沿边地区对外开放基地和基础设施建设,以"中欧班列"国际铁路为纽带大力发展外向型产业集群;共享自由贸易实验区的实践经验,积极搭建国际技术、信息、服务合作平台,提高自贸区建设质量,加快自贸区的试点和推广,鼓励并支持沿海地区全面参与全球经济合作与竞争;深化中国内地(大陆)与港澳台地区的合作发展,支持内地(大陆)企业与港澳台企业的自由贸易往来,深化内地(大陆)同港澳台地区在科技、文化、教育、环保、民生等领域的交流与合作,实现内地(大陆)与港澳台经济协同发展。

第三节 研究展望

本书系统地研究了金融业态深化、财政政策激励与实体经济增长的理论基础、理论分析框架,金融业态深化和财政政策激励支持实体经济增长的现状及问题,从规模、动力、结构三个视角实证分析了金融业态深化、财政政策激励及其二者配合对实体经济增长的影响,并设计了金融业态深化和财政政策激励促进实体经济增长的长效机制。尽管如此,由于多方面的原因,本书仍存在一些研究不足和值得进一步研究的问题,主要包括以下几个方面。

1.本书主要运用金融学、财政学、计量经济学等相关知识来对金融业态深化、财政政策激励与实体经济增长之间的关系进行了理论与实证研究,未来可以更多地融合制度经济学、政治学、社会学等其他学科的知识,从制度变迁、政府职能等不同的角度来对上述问题进行进一步的交叉研究。

2.随着环境污染问题的不断加剧以及社会各界环境保护意识的不断提高,将环境问题纳入经济增长分析框架具有非常重要的意义。因此,在未来的研究中,可以将环境问题纳入中国实体经济增长的分析框架中,比如测算环境管制下的实体经济全要素生产率、环境管制对实体经济产业结构的影响等。

重要参考文献

【1】安苑,王珺.财政行为波动影响产业结构升级了吗?——基于产业技术复杂度的考察[J].管理世界,2012(9):19-36.

【2】陈刚,尹希果,潘杨.中国的金融发展、分税制改革与经济增长[J].金融研究,2006(2):99-109.

【3】陈佳贵,黄群慧等.工业大国国情与工业强国战略[M].北京:社会科学文献出版社.2012.

【4】范方志,张立军.中国地区金融结构转变与产业结构升级研究[J].金融研究,2003(11):36-48.

【5】方先明,孙爱军,曹源芳.基于空间模型的金融支持与经济增长研究——来自中国省域1998-2008年的证据[J].金融研究,2010(10):68-82.

【6】付宏,毛蕴诗,宋来胜.创新对产业结构高级化影响的实证研究——基于2000-2011年省际面板数据[J].中国工业经济,2013(9):56-68.

【7】付凌晖.我国产业结构高级化与经济增长关系的实证研究[J].统计研究,2010,27(8):79-81.

【8】干春晖,郑若谷,余典范.中国产业结构变迁对经济增长和波动的影响[J].经济研究,2011(5):4-17.

【9】韩立岩,王哲兵.我国实体经济资本配置效率与行业差异[J].经济研究,2005(1):77-84.

【10】何德旭,饶明.资产价格波动与实体经济稳定研究[J].中国工业经济,2010(3):19-30.

【11】李敬,冉光和,万广华.中国区域金融发展差异的解释——基于劳动分工与Shapley值分解方法[J].经济研究,2007(5):42-54.

【12】刘金全.虚拟经济与实体经济之间关联性的计量检验[J].中国社会科学,2004(4):80-90.

【13】刘骏民,伍超明.虚拟经济与实体经济关系模型——对我国当前股市与实体经济关系的一种解释[J].经济研究,2004(4):60-69.

【14】罗能生,罗富政.改革开放以来我国实体经济演变趋势及其影响因素研究[J].中国软科学,2012(11):19-28.

【15】吴敬琏.当代中国经济改革教程[M].上海:上海远东出版社.2010.

【16】吴晓求.实体经济与资产价格变动的相关性分析[J].中国社会科学,2006(6):55-65.

【17】向松祚.新资本论[M].北京:中信出版社.2015.

【18】张林,冉光和,陈丘.区域金融业态深化、FDI溢出与实体经济增长-基于面板门槛模型的研究[J].经济科学,2014(6):76-89.

【19】张林.金融发展、科技创新与实体经济增长——基于空间计量的实证研究[J].金融经济学研究,2016,31(1):15-26.

【20】张毓峰,张勇,阎星.区域经济新格局与内陆地区发展战略选择[J].财经科学,2014(5):103-112.

【21】Alfaro, L., Chanda, A., Kalemli-Ozcan, S., et al."Does Foreign Direct Investment Promote Growth? - Exploring the Role of Financial Markets on Linkages"[J], Journal of Development Economics, 2010(91): 242-256.

【22】Barro R.Government Spending in a Simple Model of Endogenous Growth[J]. Journal of Political Economy, 1990, 98(5): S103-S125.

【23】Qian Y.Y., Roland G.Federalism and the Soft Budget Constraint[J]. American Economic Review, 1998(77): 265-284.

【24】Romer P.M.Endogenous Technological Change[J]. Journal of Political Economy, 1990, 98(5) part2: 71-102.